Treasures for Scholars Worldwide

第10卷 2020年3月 Volume 10 March 2020

JOURNAL OF SOCIETY FOR CHINESE STUDIES LIBRARIANS

主 编　　马小鹤　蒋树勇
Editors-in-Chief　Xiaohe Ma　Shuyong Jiang

广西师范大学出版社
· 桂林 ·

图书在版编目（CIP）数据

天禄论丛：中国研究图书馆员学会学刊. 第 10 卷，2020 年 3 月 / 马小鹤，蒋树勇主编. —桂林：广西师范大学出版社，2020.3
　　ISBN 978-7-5598-2676-3

　　Ⅰ. ①天… Ⅱ. ①马… ②蒋… Ⅲ. ①社会科学—文集 Ⅳ. ①C53

中国版本图书馆 CIP 数据核字（2020）第 040676 号

天禄论丛
TIANLU LUNCONG

广西师范大学出版社出版发行
（广西桂林市五里店路 9 号　邮政编码：541004）
　网址：http://www.bbtpress.com
出版人：黄轩庄
全国新华书店经销
广西广大印务有限责任公司印刷
（桂林市临桂区秧塘工业园西城大道北侧广西师范大学出版社集团有限公司创意产业园内　邮政编码：541199）
开本：720 mm × 1 010 mm　1/16
印张：19.75　　　字数：300 千字
2020 年 3 月第 1 版　2020 年 3 月第 1 次印刷
定价：88.00 元
如发现印装质量问题，影响阅读，请与出版社发行部门联系调换。

邱振中先生题词

王 冀

1995年王冀在国会图书馆办公室

《天禄论丛》第 10 卷编辑委员会

主　编

马小鹤　哈佛大学

蒋树勇　伊利诺伊大学厄巴那香槟校区

编　委

郑力人　康奈尔大学

杨　涛　罗格斯大学

李国庆　俄亥俄州立大学

徐　鸿　昆山杜克大学

舒　悦　史密森博物学院图书馆

Journal of Society for Chinese Studies Librarians
Volume 10
Board of Editors

Editors-in-Chief

Xiaohe Ma	Harvard University
Shuyong Jiang	University of Illinois at Urbana-Champaign

Members

Liren Zheng	Cornell University
Tao Yang	Rutgers University
Guoqing Li	Ohio State University
Hong Xu	Duke Kunshan University
Yue Shu	Smithsonian Libraries

卷首语

马小鹤　蒋树勇

《天禄论丛》创刊之宗旨,在于为北美中国研究馆员提供一个文史园地,发表人文社会科学研究的成果。北美中国研究馆员坐拥书城,时时与中国研究的师生、访问学者交流,帮助他们做文史研究,自己也常有研究论著发表。《天禄论丛》就是为同仁提供发表更多成果的学苑。馆员们浸润在文山史海之中,进行文史研究有其特别的优势。其中一个优势自然是找资料方便,并熟练掌握搜寻资料的技能,一旦确定题目,往往事半功倍,成果迭出。另一个优势就是近水楼台先得月,可以利用各自的特色馆藏。即使观点不一定能令人耳目一新,但是资料的新颖,几乎稳操胜券。试看本期的诸篇作品,即可验证。

本期共刊出 21 篇文章,首先刊出一组向前辈王冀先生致敬的 3 篇文章。我们请杨丽瑄翻译了美国参议员吉姆·里施(James E. Risch)2019 年 1 月 15 日在参议院向王冀博士致敬的发言;还请曹淑文翻译了周原的《毕生致力于图书馆事业》;并请王成志撰写了王冀回忆录的读后感。北美东亚图书馆能发展到今天如此兴盛的地步,前辈们功不可没。向前辈致敬,也是我辈同仁自勉,立志使前辈开创的事业更上层楼。

其他文章不妨按照国会图书馆分类法,大致分成八组。

宗教类收录了 2 篇文章。陈智音研究藏传佛教有年,这次以《圣三蕴经》为主线,探讨了将藏文佛经重新翻译为汉文的过程中传统释义的依据与应用。马小鹤则继续其摩尼教研究,在翻译一篇英文旧作的基础上加以修订成文。

史学类本期成果比较丰硕,共有 5 篇文章,以人物研究为主。欧文·拉铁摩尔(Owen Lattimore,1900—1989)是美国杰出的东方学家、中国边疆问题专家、外交家,其手稿现存美国国会图书馆,宋玉武以这批手稿为主要资料,研究了抗日战争以及战时的中美关系,分析了拉铁摩尔在此期间的活动与影响。艾格尼丝·史沫特莱(Agnes Smedley,1892—1950)是美国著名左派记者,以对中国共产党领导革命的报道著称,撰有《朱德传》等8本著作。其档案收藏在亚利桑那州立大学,刘倩与亚大档案馆馆长罗伯特·斯平德勒(Robert Spingdler)合作,以这批档案为资料,刊布了一些珍贵照片,图文并茂地详述了史沫特莱的传奇人生。贾德纳(Charles S. Gardner)是美国汉学家,曾任哈佛大学教授,著有《中国传统史学》《美国中国学》等书,王立详细记叙了他对美国汉学研究所做的杰出贡献以及将所收藏中文善本捐赠给布朗大学的始末。孙念礼(Nancy L. Swann)是美国汉学家,撰有《班昭传》,译注了《汉书·食货志》,为普林斯顿大学葛思德东亚图书馆的事业鞠躬尽瘁。郑美卿记叙她在加拿大期间的工作与学术研究。与以上几位名人相比,雷希正(John Albert Lacey,1917—2002)罕为人知,正如文章题目所言,诚为"一位被遗忘的美国外交官",关于他的资料十分难寻。朱润晓将散见资料汇集整理,回顾了他的生平,讲述了他将自己的珍贵中文收藏捐赠给欧柏林大学的始末,介绍了这些收藏中的善本。

地理类收录了陈熙的1篇文章,此文系统地从馆藏地、语种、时间、内容等方面,对哈佛大学馆藏中国古旧地图的总体情况进行了分析。

书刊宣传类收录了宫玉振对陈之宏所著《当中国和世界相遇:中英双语商务金融案例》的书评,高度评价其所选案例极具代表性,如阿里巴巴在中国打败eBay(电子港湾)、胶卷巨人柯达在中国先胜后败等。

教育类收录了杨岸琳的1篇文章,从爱荷华大学所藏《钦定书经图说》发端,探讨清季教育中体西用的潮流。废科举之后,经学衰退,而清廷仍欲编撰新版简易经学教材,以坚持中学为体。

艺术类收录3篇文章。文礼(Archibald Gibson Wenley,1898—1962)是二十世纪初美国为数不多的受过全面训练的东亚艺术专家之一。舒悦介绍了文礼怎样从一个对中国艺术一无所知的门外汉,历经在中国、法国和日本的多年训练,终于成为中国艺术专家的历程;也介绍了他为佛利尔美术馆的发展呕心沥血的努力。李国庆则继续其印章研究,这次考订了北美达特茅斯学院等四家图书馆中文古籍上的钤印,以小见大,窥见小小印章背后的文化传承。高玉华介绍了吴紫栋捐赠给香港冯平山图书馆的晚清状元吴鲁家族四代人的学术墨宝。

文学类以北美东亚图书馆协会中文资料委员会2018年主办的"民国时期上海的电影文化及相关出版物"研讨班的报告为主,收录了4篇文章。何剑叶、蒋树勇撰写了研讨班纪实,向我们介绍了研讨班的总体情况。何剑叶整理了程健的演讲,综述了上海民国电影的书面资料、电影资料馆藏资源、网络电影资源,以及北美图书馆藏资源,对稀见资源的数字化保存提出了一些建议。蒋树勇整理了周欣平的演讲,以伯克利所藏方保罗中国电影档案中的民国电影杂志为基础,追溯了民国电影发展历史,探讨了这一时期社会和文化的变化。曹淑文回忆了自己在北京上小学时,曾饰演《红灯记》中的李奶奶,以及她与扮演李奶奶的著名演员高玉倩的交往。

图书馆学收录了杨丽瑄、涂丰恩在2019年东亚图书馆学会年会上发言的中文译文,他们介绍了哈佛燕京图书馆的收藏情况、数字化工程以及数字人文服务。

总览上述诸文,一方面可以看到大多数文章与图书馆的密切关联,多与作者所在图书馆的特色收藏有关;另一方面,又不限于图书馆和信息科学的范围,而是利用特色馆藏,开展史学、人物传记、地理学、教育史、艺术、电影等多方面的研究。这一特色显示北美中国研究馆员正在向不断提高学术水平的方向努力。

目 录

筚路蓝缕

向王冀博士致敬 …………………………… 吉姆·里施撰 杨丽瑄译/001
毕生致力图书馆事业:王冀先生荣休致词 … 周　原撰 曹淑文译/003
拥书权拜小诸侯
　——王冀回忆录读后感 …………………………………… 王成志/006

佛国仙境

重译三十五佛名的新发现
　——探讨佛典藏译汉中传统释义的依据与应用 ………… 陈智音/013
福建霞浦县明教遗迹概述 ………………………………… 马小鹤/031

以史为鉴

从美国国会图书馆藏"欧文·拉铁摩尔手稿"看中国抗日战争及战时中
美关系 ……………………………………………………… 宋玉武/045
史沫特莱档案收藏在美国及其传奇人生
　………………………… 刘倩　罗伯特·斯平德勒/063
中美文化使者,琳琅典籍珍藏
　——美国汉学家贾德纳及其中文藏书 ………………… 王　立/082
女汉学家孙念礼在加拿大期间的工作与学术研究 ………… 郑美卿/102
一位被遗忘的美国外交官
　——雷希正先生与欧柏林大学的中文馆藏 …………… 朱润晓/125

山海舆地
美国哈佛大学中国古旧地图馆藏特色与学术价值 ………… 陈　熙/141

图书评论
用经典案例勾勒中国当代商业历史
　　——陈之宏教授《当中国和世界相遇：中英双语商务金融案例》读后
　………………………………………………………… 宫玉振/156

中体西用
守旧与革新：爱荷华大学所藏《钦定书经图说》漫谈 ……… 杨岸琳/164

翰墨丹青
文礼其人其事 ……………………………………………… 舒　悦/180
北美四家图书馆中文古籍钤印经眼录 …………………… 李国庆/196
私器公藏：晚清状元吴鲁四代家学文物归藏香港大学冯平山图书馆
　………………………………………………………… 高玉华/218

银屏内外
"民国时期上海的电影文化及相关出版物"研讨班纪实
　………………………………………… 何剑叶　蒋树勇/226
上海民国电影资源现状之我见 ………… 程　健撰　何剑叶整理/239
从伯克利藏中国电影期刊看民国电影发展及社会文化变化
　………………………………………………………… 周欣平/249
缅怀心中的"李奶奶"——高玉倩 ………………………… 曹淑文/268

天禄琳琅
哈佛燕京图书馆的东亚数字人文项目 ………… 涂丰恩　杨丽瑄/276

CONTENTS

Blaze the Trail
A Tribute to Dr. Chi Wang
················ James E. Risch tr. by Sharon Yang / 001
Life Long Passion for Librarianship: A tribute to Dr. Chi Wang on His Retirement ················ Yuan Zhou tr. by Shuwen Cao / 003
Book Review of Chi Wang's Memoir ················ Chengzhi Wang / 006

Religions
Findings in Re-Rendering the Names of the Thirty-Five Buddhas —— Can Buddhist Exegetic and Hermeneutic Traditions help the New-Era Tibetan-Chinese Buddhist Translations ················ Sherab Chen / 013
A Survey of Remains of the Religion of Light in Xiapu County, Fujian Province ················ Xiaohe Ma / 031

History
The Anti-Japanese War and Sino-U.S. Relation during World War II: A Survey of Owen Lattimore Papers at the Library of Congress
················ Yuwu Song / 045
Agnes Smedley's Archives in America and Her Legendary Life
················ Qian Liu Robert Spindler / 063
An Envoy of the Sino-American Cultural Exchange with the Gem of Classical Books ——American Sinologist Charles S. Gardner and the Chinese Collection at Brown University ················ Li Wang / 082
Nancy Lee Swann's Work and Academic Research during Her Years in Canada ················ Macy Zheng / 102
A Forgotten American Diplomat ——Mr. John A. Lacey and Chinese Collection of Oberlin College ················ Runxiao Zhu / 125

Geography
China-related Ancient Map Collection in Harvard University: Features and Academic Value ·· Xi Chen / 141

Book Review
An Original Approach to Chinese Contemporary Business Studies —— A Reflection on Professor Zhihong Chen's Book *When China Meets the World*: *Bilingual Business-Finance Cases* ············ Yuzhen Gong / 156

Revolution
Tradition and Revolution ——*the Imperial Illustrated Book of History* in the University of Iowa ································ Anlin Yang / 164

Fine Arts
Archibald GibsonWenley ······································· Yue Shu / 180
Seals in the Catalogues of Chinese Ancient Books in Four North American Libraries ·· Guoqing Li / 196
Four Generations of Wu Lu Scholarly Works and Cultural Relics Find a Permanent Home at Fung Ping Shan Library, University of Hong Kong Libraries ·· Angela Ko / 218

Film Culture
The CCM Seminar on Shanghai Film Culture and Related Publications during the Republic Period, a Narrative Report
·································· Jianye He Shuyong Jiang / 226
Shanghai Cinema during the Republic Era, An Overview of Collections, Archives, and Digital Resources ······ Jian Cheng Jianye He edited / 239
The Development of the Chinese Film Industry and the Changing Social Cultural Trends during the Republic Era as Reflected by the Movie Magazines in the C.V. Starr East Asian Library of University of California at Berkeley ·· Peter Zhou / 249
In Memory of Beijing Opera Artist—— Gao Yuqian ··· Shuwen Cao / 268

Library Science
East Asian Digital Scholarship Programs at the Harvard-Yenching Library ································ Feng-en Tu Sharon Yang / 276

向王冀博士致敬①

◎吉姆·里施②撰　杨丽瑄③译

议长先生，我今天发言是为了向王冀博士长期卓越的职业生涯致敬。美国国会图书馆于1928年成立中国分部，今年（2018）正好是90周年，王博士在国会图书馆工作了将近50年，退休前他担任的最后职位为国会图书馆中国暨韩国部主任。

王博士于1949年从中国来到美国时还是一位高中学生，他在华盛顿特区获得了大学本科和硕士学位，于1969年取得乔治城大学美国外交史博士学位，此后逐步完成了美国梦，他首先成为美国公民，继而结婚生子，建立家庭，并在美国国会图书馆成就了辉煌的职业生涯。

进入国会图书馆前王博士在美国国务院外交学院工作了三年，他在国会图书馆的47年间历任数职，于1975年升任中国暨韩国部主任，直至2004年荣退。任职期间王博士将图书馆的中文馆藏从三十万册左右增加到超过一百万册，在他的领导下国会图书馆中国暨韩国部逐渐成为美国人心目中从事中国研究的最佳去处之一。除了馆藏建设，任职期间王博士也会见了无以计数的美国参议员、众议员、各级官员和来访学者，帮助他们有效利用国会图书馆的各项丰富资源。

1972年尼克松总统访问中国后，王博士利用国会图书馆馆员的身份以促

---

① 此文原刊登于Congressional Record - Senate，January 15，2019，S215。https://www.congress.gov/116/crec/2019/01/15/CREC-2019-01-15-pt1-PgS214.pdf。这是吉姆·里施（James E. Risch）在会上的发言。
② 吉姆·里施现任爱达荷州的美国参议院议员。
③ 杨丽瑄，美国哈佛大学哈佛燕京图书馆公共服务与东亚数码学术馆员。

进中美两国图书馆间的合作和教育交流为名义而访问中国,在两国刚开始建立关系的微妙时期,此次访问获得了巨大成功,也促成未来两国图书馆间的持续交流和大量图书采购,这次成功的访问更促进了中美间的相互了解。

虽然国会图书馆中韩文部日后被裁撤,其馆藏也被并入国会图书馆亚洲部的馆藏中,但中韩文馆藏以及王博士为发展此一重要馆藏建设所做出的贡献则不会因此磨灭,多年来他为加深美国对中国的了解而做出的努力令人钦佩,这一点在今日此时的意义尤为凸显。此外,身为华盛顿特区的非盈利组织——"美中政策基金会"的联合创始人和总裁,王博士持续致力于改善中美两国间的相互了解,他在该领域设置了私人奖学金,并出版了多本关于中美关系的书籍,并发表了多篇相关文章。

虽然退休多年,王博士对他在国会图书馆工作的几十年始终没有忘情,他珍惜从一开始只为糊口而从事的工作逐渐转变为终身职志的那份热情,他也特别享受与诸位国会议员见面会谈时的美好时光。

当前面对中美关系充满挑战的时期,国会图书馆丰富的馆藏资源定能再次发挥作用,以提供充分有用的信息来帮助大家了解复杂而多变的中美关系。

毕生致力图书馆事业:王冀先生荣休致词[①]

◎周　原[②]撰　曹淑文[③]译

我非常荣幸能在东亚图书馆协会(Council on East Asian Libraries,缩写CEAL)年会上向王冀博士致敬。王博士曾任国会图书馆(Library of Congress,缩写LC)中文部主任,至2004年10月退休,他已在图书馆界工作了四十七年,为前来国会图书馆使用其珍贵中文收藏的几代读者服务,备受业内同仁的尊敬。我今天难以在几分钟之内尽数王博士的出色成就,这里只简述一下其中的几个亮点。

王博士在国会图书馆的职业生涯始于1958年的缩微胶卷项目。1958年,他在新成立的远东语言部任编目员,领导了一个创新项目。此项目使用图书馆刚从日本购买的摄影复制机(photocomposing machine)制作中日韩文字目录卡片,结束了手工抄写复制中日韩目录卡片的工作流程,这在当时是个了不起的技术突破。

王博士在远东语言部任职后不久,国会图书馆获得了国家科学基金会(National Science Foundation)的资助,用以扩充该馆亚洲科技方面文献的收藏。从马里兰大学获得农学学位的王冀,被国会图书馆科学和技术部招募,成为该部亚洲科技馆藏负责人。在此职位上,他帮助该部发展建设了中日韩科技

---

① 本文是基于2005年3月30日在芝加哥的CEAL年会上为王冀先生荣休而作的致词。作者感谢国会图书馆Laura Wong所提供的王冀先生职业成就的相关宝贵资料。原文"Life Long Passion for Librarianship: A Tribute to Dr. Chi Wang on His Retirement",刊载于 *Journal of East Asian Libraries*: Vol. 2005: No. 136, pp. 39—40. Available online at: https://scholarsarchive.byu.edu/jeal/vol2005/iss136/6.

② 周原,美国芝加哥大学东亚图书馆馆长。

③ 曹淑文,美国普林斯顿大学图书馆专业馆员。

资料的核心馆藏,使该部成为亚洲本土外亚洲科技资料收藏最全的机构之一。在 20 世纪 60 年代,王先生还编辑了三个重要书目:《国会图书馆藏中文科技连续出版物》[1]《中国大陆科技高校组织及其出版物:选编指南》[2]《中国大陆的核科学:书目选编》[3]。

1967 年,王冀转到东方部(后改为亚洲部)并担任中文及韩文部副主任,主任吴光清博士是一位杰出的中国学学者和图书馆员。因那年月无法直接从中国大陆购买和搜集出版物,王先生与吴博士密切合作,采用与香港和台湾的书商加强合作及与港台的图书馆和学术单位开展文献交换等方式发展有关现代中国的馆藏。1969 年,王先生获得了乔治城大学(Georgetown University)东亚史博士学位,同时辅修了美国外交史及苏联外交政策。王先生的学位是经过七年的努力,边在图书馆全职工作,边上夜校而获得的。获得博士学位后,他开始在乔治城大学兼职教课,并指导国际关系、中国历史和外交专业的研究生。1971 年,王博士应香港中文大学副校长的邀请,担任该校图书馆总馆馆长。他从国会图书馆获准离职两年,在香港中文大学领导建立新的图书馆系统,还在沙田校区建立新的实体图书馆。他把美国国会图书馆分类法及英美编目条例(Anglo-American Cataloging Rules, 2nd edition,缩写 AACR2)介绍给香港,并与香港图书馆协会合作组织了很多活动。1975 年,吴光清博士退休,王冀出任国会图书馆中文及韩文部主任。在王先生任副主任和主任期间,亚洲部的中文收藏得到了极大扩展。20 世纪 60 年代后期,该部有大约 35 万册中文馆藏;到 2004 年,中文馆藏已增长到近百万册。多年来,国会图书馆亚洲部一直被誉为拥有亚洲以外最好的中文收藏之一。

王博士在图书馆领域有着杰出的服务记录,他为推进国际交流与合作做出

---

[1] Library of Congress, *Chinese Scientific and Technical Serial Publications in the Collections of the Library of Congress*, Washington, D.C.: United States Government Printing Office, 1961.

[2] Wang Chi, *Mainland China Organizations of Higher Learning in Science and Technology and Their Publications: A Selected Guide*, Washington, D.C.: Library of Congress, 1961.

[3] Wang Chi, *Nuclear Science in Mainland China: A Selected Bibliography*, Washington, D.C.: Library of Congress, 1968.

了巨大贡献。1989 至 1995 年，他担任东亚图书馆协会中文资料委员会主席，也是华人图书馆员协会（Chinese American Librarians Association，缩写 CALA）初创以来的支持者。他还服务于美国图书馆协会（American Library Association，缩写 ALA）国际关系圆桌会。1972 年，尼克松总统访问北京不久，王先生受中国政府邀请前往北京，重建国会图书馆与北京图书馆（现中国国家图书馆）之间的出版物交换关系，并最终于 1979 年签署了正式交换协议。他还促进了国会图书馆与中国重要大学图书馆之间建立出版物交流关系。

在促进中美图书馆人员交流方面，王博士也做出了重要贡献。1979 年，他帮助安排了第一个美国图书馆员代表团访问中国，此团以国会图书馆副馆长威廉姆·威尔士（Willian J. Welsh）为团长。从 20 世纪 80 年代到 2001 年，他六次带领美国和加拿大的东亚图书馆员代表团访问中国。1982 年，他帮助建立了国会图书馆与中国图书馆之间的人员交流项目，该项目得到图书馆资源理事会（Council on Library Resources）的资助。中国图书馆界的一些现任领导即是这一项目的受益者。多年来王冀与中国图书馆学会保持着密切联系，他帮助筹划了 1996 年在北京举行的国际图联（International Federation of Library Associations and Institutions，缩写 IFLA）会议。1992 年，北京图书馆（现中国国家图书馆）向王冀先生颁发了促进国际交流贡献奖。2005 年，他被任命为中国国家图书馆的顾问，这是一个很高的荣誉。

从国会图书馆退休后，王博士继续活跃在学术界。他担任"美中政策基金会"（U.S.－China Policy Foundation）主席。基金会位于华盛顿，属非营利教育性质，计划通过其委员会，资助中美之间图书馆和博物馆的各种交流活动。他还将继续在乔治城大学任教，并且被邀请担任该校东亚收藏的顾问。现在，请大家和我一起感谢王博士在图书馆和东亚研究领域所做的长期而卓越的服务。我们祝愿他在追求自己的新兴趣中万事如意。

拥书权拜小诸侯
——王冀回忆录读后感

◎王成志[①]

《王冀的中美历史回忆》[②],回顾了王冀自己作为一个读书人在历史风云变幻中的阅历。

王冀的父亲王树常(1885—1960)出生于奉天辽中(今属沈阳市)的一个农民家庭,清末留学日本,日本陆军大学毕业,为东北军重要将领。1928年张学良开始主政东北,王树常任军令厅长。他主张结束军阀割据和国家分裂局面,1929年,他积极在东北军和国民政府间沟通,促成张学良东北易帜。1930年任河北省主席。1935年任国民政府军事参议院副院长。1936年12月"西安事变",张学良扣留蒋介石,宋美龄等曾请王树常等前往西北解救蒋介石。王树常随后任河南绥靖主任,负责改编当地东北军。1939年受蒋介石之命率军事考察团赴美考察。1949年,王树常对傅作义晓以民族大义,劝他不要在北平开战。傅作义听从王树常劝告,最终促成北平和平解放。王树常后任全国政协委员、民革中央第三届团结委员会委员。王树常足智多谋,正直善良,在关键历史时期更是以国家和民族利益为重。这些优秀品质很大程度上影响了王冀。

王冀于高中快毕业时,决定赴美读书。1949年在父亲的朋友、部下和亲戚特别是于斌大主教等人的大力帮助下,辗转经中国台湾、香港赴美留学。他首先入纽约曼哈顿学院进修英文。1950年,进马里兰大学学习农科,计划毕业后

---

① 王成志,美国哥伦比亚大学东亚图书馆中国研究馆员。
② 《从北京到华盛顿:王冀的中美历史回忆》,香港商务印书馆,2008;北京:华文出版社,2012;*A Compelling Journey from Peking to Washington——Building a New Life in America*, Maryland: Hamilton Books, 2011.

回国效力。1956年任马大中国学生会会长。当时中美没有外交关系，中国政府委托印度大使馆向想回国的中国同学提供旅费。王冀成为印度大使馆联系人，帮助华盛顿地区二十多位中国毕业生返回祖国。大学毕业后不久，王冀得到了在美国国务院外交学院担任讲师的机会，教中国文化和语言。

1957年，王冀辞去外交学院的工作，开始一边在国会图书馆工作，一边利用业余时间在乔治城大学历史系读研究生。他攻读硕士、博士的心得颇值得后辈学子参考。攻读硕士时，他主修远东历史，辅修美国外交史和苏联外交政策，另外还要学两门外语。他的硕士论文题目是《中国共产党的起源》(Origins of the Chinese Communist Party)，1968年撰写博士论文《1928至1931年少帅张学良与东北》(Young Marshall Chang Hsueh-Liang and Manchuria：1928—1931)，内容是张学良执政东北的历史，论文获得颇高的评价。作为一个农科学生转行读历史，坚持下来很不容易，一个关键的原因是研究历史乃其兴趣所在，所以学习时格外有动力。他认为，依据自己的特点、自己的个性，来寻找自己愿意学、适合自己学的专业非常重要，他希望更多的中国留学生能够按照自己兴趣学习。

王冀1969年获得博士学位后，在乔治城大学历史系任兼职教授。他每年第一学期教中国古代史、中国外交通史，第二学期教中国近代史、中美外交史，这四门课他教了十多年。20世纪80年代后，他的教学负担过重，遂改为每学期教一门课，中国古代史或中国近代史。后来增开中国当代史"1949年以后的中国"(China since 1949)。他对自己教学经验的回顾，让我们体会到美国的中国学已经有了多么巨大的进步。当时很多教中国史的美国教授上课从不用中文材料，而是直接使用美国学者写的英文书籍。他们一向认为教中国历史只依靠美国学者的资料就已经足够了，所以根本不需要中文基础。王冀认为这是一个很大的误区，读中国历史不会汉语、不读中文书籍是不行的，无论是中国历史材料研究还是当代的新研究都需要具备汉语阅读能力。王冀开设了中国历史目录学这门课，以培养学生研究中国传统典籍的能力。当时美国学术界有些人很反对中国人教历史，他们认为中国人教汉语理所应当，但是在美国大学教历史不够资格。历史这样的人文学科需要极高的英文造诣，同时传统的美国教授认为讲授中国历史并不需要懂汉语,所以理所当然该由美国人来教。王冀在乔治城大学教中国历史,在美国大学中国历史学界中还引起了小小的波澜。

这几十年间,王冀在教学之外,除发表很多学术文章外,还出版了多部英文学术著作,比如,1989年的《西安事变》、1995年的《转型中的中国》、2001年的《1989年后美国国会与美中关系报告》、2009年的《乔治·布什与中国》、2013年的《二战以来中美关系简史》和2015年的《奥巴马挑战中国》[①]等。他也曾在哥伦比亚大学、普林斯顿大学、哈佛大学、耶鲁大学、夏威夷大学等高等学府做过客座讲座。他指导过七八十位研究生,帮助他们顺利完成研究,获得大学的最高学位。王冀还是美国历史学会、亚洲学会、图书馆学会、美国大学教授学会等学术团体的会员。

1957年底,王冀接受朋友的建议,参加了国会图书馆招聘助理编目员的考试。考试时,发给每人十本书,要求把书名、出版社、出版日期、作者、页数用钢笔工整地写在十张卡片上。结果王冀因为书法很漂亮,事先又做足了准备,在27人中脱颖而出,1958年开始受聘在国会图书馆全职工作。当时国会图书馆花万元购进一套庞大的日产摄影复制仪。入职不久的王冀负责参照日文说明书来安装和调试。组装和试用成功后,他受到同事和上司的称赞以及国会图书馆的特别嘉奖。他领导的这个创新项目,使用摄影复制仪器自动印刷中日韩文书目卡片,代替人工手写,是国会图书馆自动化进程的重要组成部分。

国会图书馆科技部主任看到关于王冀安装摄影复制仪的报道,遂主动邀请王冀申请亚洲科技专员一职,以扩充中文科技书刊的收藏,并建议王冀在申请之前,编写中国科技方面的工具书。王冀博览报刊,编撰了《中国大陆科技高校

---

① *The Xi'an Incident*, editor. New York: M.E. Sharpe, 1989. *China: A Nation in Transition*. Washington, D.C.: Congressional Quarterly Press, 1995. *U.S. Congress and America-China Relations since 1989: A Report*. Washington, D.C.: Georgetown University, 2001. *George W. Bush and China: Policies, Problems and Partnership*. Maryland: Lexington Books, 2009. *The United States and China Since World War II: A Brief History*. Armonk, New York: M.E. Sharpe, Inc, 2013. *Obama's Challenge to China: The Pivot to Asia*. Abingdon, United Kingdom: Routledge, 2015.

组织及其出版物:选编指南》,1961年正式由美国政府印刷局出版,[1]深受好评,他也顺利应聘为亚洲科技专员。当时美国已经隐约了解到中国正在研制原子弹,但并不深入。王冀投入很大精力关注中国核物理进展。1964年中国成功试爆原子弹,美国原子能委员会主席要求王冀写一个介绍中国核能研究状况的报告。三年后,这个报告在美国《核子月刊》上发表,[2]引起极大的轰动。1968年,国会图书馆出版他编写的《中国大陆的核科学:书目选编》。[3] 他还在《原子能科学家会刊》上发表关于中国核物理政策和项目的文章。[4]

国会图书馆馆长了解到王冀的这些工作以后,于1967年将他升为中文部副主任。他在中文部的工作重点是收集中国当代的政治、经济、文化方面的出版物。1970—1972年、1984—1986年,王冀两度受香港中文大学之邀,出任图书馆馆长,领导了图书馆总馆的建设,协调崇基、新亚、联合三个书院图书馆的馆藏建设,统一其编目制度,训练馆员,使香港中文大学不同的图书馆变成一个有序一致的图书馆系统。

1975年王冀接任美国国会图书馆中文部主任,他与中外学者广泛联系。他的体会对中国研究馆员甚有启发。他说:"很多人认为图书馆工作是枯燥乏味的,我刚进图书馆时,也抱有这样的想法,不过随着对工作的深入了解,这样的想法很快就改变了。"因为在国会图书馆工作,可以接触到许多学界人士,在帮助学者的同时从中汲取知识提升自己。中文部为数不很多的读者当中,绝大部分都是在中国历史、文学、文化等方面造诣极高的学者,比如费正清(John King Fairbank)、史景迁(Jonathan Spence)、李约瑟(Joseph Needham)、胡适、何炳棣、余英时、邓嗣禹、黄培等。王冀也为张纯如这位不懂中文的年轻作家提

---

[1] *Mainland China Organizations of Higher Learning in Science and Technology and Their Publications*:*A Selected Guide*. Washington,D.C.:United States Government Printing Office,1961.

[2] "Nuclear research in Mainland China",*Nuclear News*,May 1967.

[3] *Nuclear Science in Mainland China*:*A Selected Bibliography*. Washington,D.C.:Library of Congress,1968.

[4] "China's Nuclear Programs and Policies". *Bulletin of the Atomic Scientist*,March 1983,pp. 18—21.

供背景知识、资料、咨讯,介绍协助者,帮助她写成《南京暴行:被遗忘的大屠杀》(*The Rape of Nanking: The Forgotten Holocaust of World War II*)这部轰动世界的著作。

王冀不仅以中美关系作为自己主要的学术研究领域,也发挥图书馆员的专长,编撰过中美关系的书目,①研讨过如何在国会图书馆建设中文收藏。② 而且他自己就是一个加强中美关系的身体力行者,可谓新的历史时期"图书馆外交"的开路先锋和主力队员。③ 抗战时期袁同礼、费正清推动的中美"图书馆外交",对推动中美关系发展起了重大作用。④ 中美关系中断二十多年后,1972 年的中美"乒乓外交"人所共知,但"图书馆外交"则十分低调。王冀当时正在香港中文大学图书馆任馆长,受到新华社驻香港分社副总编辑邀请访问内地。王冀遂写信给基辛格,请求批准。2 月 21 日尼克松总统访华,5 月王冀得到批准访华,他是当时唯一一位有官方背景返回大陆的华人,他的访华实际上乃中美在正式建交前开展文化交往的一环。王冀与当时北京图书馆领导决定先通过互相赠书的方式来实现图书交换,这是两国图书馆交往中很重要的一步。1973 年中国第一个图书馆访问团访美,一行十二人,由王冀负责安排联系并且全程陪同,这是中美学术交流的大事。中美正式建交后,王冀继续以各种方式为加强两国图书馆界的交流出力。他向中国政府有关领导提出,中国有专门的图书公司购买外国图书,却没有向外国销售图书的公司,国外的图书馆采购中国图书往往不得其门而入,而且也不利于向外国学者介绍中国,让外国学者有充足的资料研究中国。后经中宣部批准,成立了负责中国图书出口的中国出版对外贸易总公司,有力地推动了中美文化交流。

王冀推动中美友好来往而具有长期影响力的工作之一是成立"美中政策基

---

① *United States-China Relations: A Bibliographic Guide*. Washington, D.C.: Academic Press of America, 1991.

② *Building a Better Chinese Collection for the Library of Congress*. Maryland: Scarecrow Press, 2012.

③ Zhao Huanxin, "Library Diplomacy: How Chi Wang Helped Build US-China Ties". *China Daily*, May 28, 2019.

④ 王成志《袁同礼、费正清与抗战时期中美学术文化交流》,《安徽大学学报》,2019 年第 2 期,第 77—84 页。

金会"。1992 年,王冀在国会图书馆举办纪念《上海公报》签署 20 周年的座谈会,美国政界、学界有 150 多人到场。其中有何志立(John Holdridge),他曾任白宫安全理事会亚洲事务最高顾问,是《上海公报》的起草人之一,1971 至 1975 年任美国驻北京联络处副主任;有傅立民(Charles W. Freeman, Jr.),他是尼克松访华时的翻译,曾任驻华使馆官员、美国国防部副部长、美国国家情报委员会主席;还有国会图书馆亚洲部主任恒慕义的儿子恒安石(Arthur W. Hummel, Jr.),恒安石出生于中国山西,在中国读书期间,曾被侵华日军关进现山东潍坊的潍县集中营,越狱逃脱,后任美国驻中国大使(1981—1985),任内促成了中美三个联合公报之一——《八一七公报》的签署,此公报专门处理美国对台军售问题。王冀与何志立、傅立民、恒安石等一起商量,并得到中国驻美大使李道豫的支持,经过三年筹备,成立了"美中政策基金会"。该基金会除举行和参与中美关系有关的各种活动外,也出版学术刊物《华盛顿现代中国期刊》(Washington Journal of Modern China)。王冀在退休后,仍通过这个基金会继续推动中美友好关系发展。

  王冀与张学良的直接交往始于 1988 年蒋经国去世、张学良解除软禁之后。张学良说王树常忠诚厚道,将王冀视为忘年交。回忆录中细致地记录了王冀与张学良的多次交往,披露了一些以前不为人知的历史细节。王冀与宋美龄的交往也是王冀传记的一个内容。王冀与宋美龄的交往始于 1994 年。早在 1930 年,张学良曾派王树常率军支持蒋介石赢得中原大战,宋美龄曾与张学良夫人于凤至、王冀的母亲罗淑宜结拜为干姐妹。王冀与宋美龄初次见面,就畅谈了一个半小时,宋美龄将他视为"小朋友"。根据书中记述,宋美龄说当年国共完全可以避免兵戎相见,现在悔之晚矣,有生之年是看不到中华统一了。书中首次披露,王冀向宋美龄提出二战时代的大国重要人物——罗斯福、斯大林、丘吉尔、蒋介石、戴高乐等均已不在了,只有宋美龄硕果仅存。抗战关键时期,宋美龄到美国国会演讲,宣传中国抗战成就和中美友谊,呼吁美国政府和人民继续支持中国抗战;演讲精彩,轰动美国政界。1995 年是二战胜利 50 周年,王冀希望能为宋美龄安排一次美国国会演讲,纪念其对中国和二战胜利的贡献。宋美龄经过慎重考虑,不顾自己已经 90 多岁,毅然答应王冀做华盛顿之行。宋美龄时隔半个多世纪重返美国国会,再次发表震惊世界的演讲。宋美龄的演讲说到:在二战期间,1943年她曾在国会演讲,呼吁美国人民支持中国抗战,这是她第二次来华盛顿国会发言,美国和中国在二战中是并肩奋斗抗击法西斯的老朋友,希望中国人民和美国人民世代友好下去。而这次国会演讲的台前幕后,各方统筹和协调,甚至宋美龄专机的包租和费用,都由王冀精心细致地负责安排和解决。

王冀曾问宋美龄有没有写回忆录,宋美龄回答:"关于回忆录,如果要写的话,我看不如你来写吧。你一定要尽量客观写,不用总说我的好话,该批评就批评,写完给我看看就行了。"王冀就开始撰写《百年回首话沧桑》,此书已于2018年出版。[①] 王冀不仅在学术上研究中美关系史,而且在现实生活中力促中美友好,因此他关于中美关系史的学术著作就与个人阅历融为一体。[②]

王冀既是图书馆学家,又是学者,也是民间大使。他曾任美国国会图书馆中文部主任数十年,大力促进中美图书馆界的交流,又曾两度出任香港中文大学图书馆馆长,对美国的中文图书收藏贡献良多。他在中国历史和中美关系方面著述甚丰,在大学里教书育人,对培养美国的中国研究人才也做出了贡献。再者,他是中美建交前后"图书馆外交"的开路先锋与主力队员,与美国、中国的政界、学界联系密切,创办"美中政策基金会",不遗余力推动中美友好,有广泛而深远的影响。

[①] 《百年回首话沧桑——宋美龄生平侧写》(*A Profile of Soong Mei-ling*),Washington, D.C.:U.S.-China Policy Foundation,2018.

[②] 《七十载见证与回忆——我所经历的中美外交》(*Seventy Years of Witness and Memory: My Experiences in U.S.-China Diplomacy*),Washington,D.C.:U.S.-China Policy Foundation,2018.

重译三十五佛名的新发现
——探讨佛典藏译汉中传统释义的依据与应用

◎ 陈智音[①]

摘　要：

　　本文以藏文重译《圣三蕴经》为主线，以翻译过程中遇到的三个关于佛名的疑难问题为实例，分析梵藏汉经典文献对勘的结果，呈现在藏传经典注释文献中寻找传统释义依据以解决翻译难点的过程与新发现，力求揭示佛教术语名称背后的义理信息，并总结新时期佛典藏译汉工作中应当运用的方法论。

关键词：

　　翻译方法论；佛典翻译；藏传佛教；佛教注释学；佛教释义学

Findings in Re-Rendering the Names of the Thirty-Five Buddhas
——Can Buddhist Exegetic and Hermeneutic Traditions help
the New-Era Tibetan-Chinese Buddhist Translations

◎　Sherab Chen

Abstract：

　　This paper is a continued effort on constructing an applicable Tibetan to Chinese Buddhist translation methodology. Presenting three cases of difficult points in re-rendering the Thirty-Five Buddhas' names of the ārya-triskandha-sūtra from Tibetan to Chinese, the author discusses his findings in collating Sanskrit, Tibetan and Chinese canonical scriptures and classical textual

---

　　① 陈智音，美国俄亥俄州立大学图书馆电子资源发现图书馆员。

materials, and how he resorted exegetic resources transmitted in the Tibetan Buddhist hermeneutic traditions in order to support his decision in translation.

Keywords:

Translation Methodology; Buddhist Translation; Tibetan Buddhism; Buddhist Exegetics; Buddhist Hermeneutics

  本文在佛典藏译汉实践基础上，继续总结新的佛典翻译方法论。在此前的努力中，笔者已曾揭示对勘藏汉佛教古典文献中所发现的一些规律。其中特别值得注意的一点是就同一梵文语源而言，当一个梵文术语具有多释性时，古典藏译多采取意译法，而古典汉译往往采取音译法。而当汉译也作意译时，我们又会发现藏译与汉译存在取义上的不同。为利于引发进一步的讨论，我们这里先举一例。例如梵文 arhan[①]一词在佛教中指获得个体解脱的最高境界，该词本身含义具有多释性，古典汉译中最常见的是一个音译形式：阿罗汉。在一些古汉译典籍中我们也见到"应"（值得）或"应供"（值得供养）这样的意译。而在藏译典籍中，我们普遍见到的则是 dgra bcom pa（灭敌）这一意译。这并不是说藏传佛教的译师们不了解 arhan 具有"值得"这种释义法。藏传佛教翻译传统的权威经典《译语释中卷》（sgra sbyor bam po gnyis pa/madhyavyutpatti）[②]中的 arhan 词条下就明确指出该术语具备"值得天人供养"及"灭烦恼敌"的两种释义，但该梵文词条配合的藏文译例则是依据后一种释义的 dgra bcom pa（灭敌），也就是我们在藏文佛教典籍中所普遍见到的形式。此类例证说明了古藏汉佛典翻译取向上的差异性，并且这种差异性在对于名称类术语的处理中尤为明显。

  但仅有对此种差异性的认知仍不足以建立新时期从事由佛典藏译汉工作的则例，因为在当前的翻译需求中，我们不再是从梵文原典进行翻译，我们要翻

---

  ① 这个词的原形是 arhat，arhan 是其阳性单数主格形式。

  ② 为行文便利，正文中所引梵藏文典籍标题首次出现时，均先给出已有的或笔者所作的汉译题名，然后在括号中给出原文标题的标准罗马转写。因罗马转写系统特性，标题第一字母不作大写。对于过长的经题，其原文罗马转写提供于脚注之中。再次出现时，则仅用汉译题名。详细的文献书目信息均列于文后参考书目处，以便对照。

译的是汉译阙如的而在藏译中保存下来的经典（不论其有无存世梵文本）以及直接用藏文著述的各类文本。这使得我们的翻译必须在体现藏传译典与藏文著述本身风格的同时，兼顾汉传佛教典籍中已有的则例；避免无视古典汉译佛教传统，制造与汉传佛教经典割裂的"藏传佛教"汉译。此外，我们在进行佛典藏译汉时，也不能仅仅停留于藏文文本的表面。正如下文即将讨论的，由于藏传佛教自身的文本传承特质，一些情况下单纯的字面对译不能达到翻译的真正目的。这时，寻求文字背后的佛教注释或释义学传统，如有可能，找到古典汉传佛教（或其他语言文本）中的支持或其他有助益的线索，才能提高翻译质量，力求达到"信、达、雅"的翻译准则。与此同时，使我们的译文能为进一步的讲说与修习提供有深度及可对应的翻译文本。

本文将以最近完成的包含三十五佛名的《圣三蕴经》新译项目为主线，选出在其中三尊佛名上出现的疑难问题为例，分析文献对勘的结果，呈现在藏传经典注释与著述中寻找传统释义的过程与新发现，探索名称背后的义理信息，以期总结规律，完善佛典藏译汉方法论。

三十五佛名与《圣三蕴经》

从古印度兴起的大乘佛教注重积集资粮与净化业障的修习，因此不论是在汉传还是在藏传佛教中都强调这两种法门的重要性。在大乘佛教中，净化业障的方法之一就是称诵佛名并发露悔除①自身所作的一切恶行，其中称诵三十五佛名可以说是这一修法的代表。在汇总大乘佛教修习法门的《大宝积经》第二十四会有一个优波离请问品，其中的一段经文具体地讲述了凡夫位的菩萨如何称诵三十五尊佛名而发露悔除自身恶行的方法，就是这一修法的经典依据。这一修法广泛流传于汉藏佛教地区，因此这一经文也独立成篇，并且有不同的经

---

① "发露悔除"是继承玄奘并运用于新时期佛典藏译汉中的一个标准译例。这是一个佛教律部典籍中的术语，其梵文是 deśa 或 deśanā（源于词根 diś，说出）。玄奘译作"发露悔除""发露""悔除"及"悔"等。但历史上这个术语与另一律部典籍中的术语 kṣāma（音译"忏摩"，意为"乞求容恕"）发生混淆，而产生了"忏悔"一词，并最终成为一个流行的汉语新词。我们为了翻译的严谨与正确，仅使用"发露悔除"的译例。

题。根据藏传典籍,主要有两种经题:因为其目的是为了让菩萨对自身的堕犯进行发露悔除,所以题名《菩提堕犯发露悔除》(byang chub kyi ltung ba bshags pa/bodhi[syā]-patti-deśanā);因为从仪轨形式上具有礼敬、发露悔除与回向三部分,所以题名《圣三蕴经》(vphags pa phung po gsum pa zhes bya ba'i mdo/ ārya-triskandha-sūtra)。其中礼敬部分的修习方法,按照藏传佛教仪轨,就是在称诵三十五尊佛名的同时向这三十五尊佛顶礼。为便于论述,以下以《圣三蕴经》代称此部称诵三十五佛名而作发露悔除的藏文经典。

经初步调查,此部经文有出自尼泊尔的梵文本存世。在本次重译项目中,笔者仅以能够获取的一种梵文本进行了对勘(详见文后参考书目,以下简称"存世梵文本")。此经在现存汉文古译中,除了见于唐菩提流志所译《大宝积经》(卷九十优波离会第二十四)之外,还有几种单行本形式,如西晋敦煌三藏所译《佛说决定毗尼经》与唐不空译《佛说三十五佛名礼忏文》等。此外这一段经文也见于印度法称菩萨著、宋日称所译的《大乘集菩萨学论》(卷第十一清净品第八之二)之中。

相对于汉译存在多种异本异译的情况,藏译较为统一,其根本经文见于藏文大藏经佛说部(甘珠尔)所录由印度法师耆那密多罗(jinamitra,胜友)①与西藏译师益希德(ye shes sde,智军)等翻译的《圣大宝积法门十万品中决定毗奈耶名为优波离请问品(第二十四品)》②。我们在藏传佛教主要教派各自的念诵集中均可见到此部经文的单行本。但我们将流通的藏文单行本与甘珠尔中的经文以及注释类文献中的引文对勘时,仍会发现许多文字上的细微差别。在藏文大藏经论疏部(丹珠尔)中,还保存了两部作者归属印度祖师的注疏。这些注疏只有藏译本,未见有梵文本。在藏文大藏经之外,也有各派西藏祖师对此经所作注释及修习仪轨。

---

① 为行文便利,本文中的梵文或藏文人名首次出现时均先给出汉文音译,然后在括号中给出该名称的标准罗马转写以及意译。在此后出现时则使用最通行的汉译名称形式(意译或音译)。因罗马转写系统的特性,人名第一字母不作大写。

② (藏文)vphags pa dkon mchog brtsegs pa chen po'i chos kyi rnam grangs le'u stong phrag brgya ba las vdul ba rnam par gtan la dbab pa nye bar vkhor gyis zhus pa zhes bya ba'i le'u ste nyid shu rtsa bzhi ba。具体书目信息请见文后参考资料处。

我们在甘珠尔中还见到一部题名翻译过来是《大乘圣三蕴经》的独立经文。① 它与本文中讨论的《圣三蕴经》属于同类经典，但其中没有三十五佛名的内容。此部藏译佛经有一个古汉译对应本：隋阇那崛多等译《大乘三聚忏悔经》。因不涉及三十五佛名，所以不在本文探讨范围之内。此外，在西藏本土著述中还有一类涉及如何观想三十五佛形象，因此也与造像学相关，这些作品对了解称诵三十五佛名作发露悔除这一法门在藏传佛教中的发展有重要意义。②但因本文关注点在于把握三十五佛名称释义以便抉择佛名的翻译，所以仅利用其中与佛名形式相关的内容。

藏传《圣三蕴经》注释文献

以下是本次重译项目中主要依据的几部包含藏传佛教三十五佛名称释义信息的典籍及其相关介绍。

《菩提堕犯发露悔除释》（byang chub kyi ltung ba bshags pa'i vgrel pa/bodhipatti-deśana-vṛtti）：从这部注疏的后跋中可获知其作者归属于印度祖师龙猛（slob dpon chen po vphags pa klu sgrub，圣龙猛大轨范师），译者是印度祖师寂护（rgya gar gyi mkhan po shanta rakshi ta/śāntarakṣita，印度寂护堪布，8世纪）与西藏译师尼瓦天音（bod kyi lo tsa ba [s]nyi ba de ba gho sa/devaghoṣa，西藏尼瓦族译师天音）。③（以下简称龙猛注）

《菩提堕犯发露悔除释 - 菩提萨埵学次第》（byang chub kyi ltung ba bshags pa'i vgrel pa byang chub sems dpa'i bslab pa'i rim pa/bodhisya-āpatti-deśa-vṛtti-bodhisat[t]va-śikṣākrama）：作者归属于印度祖师胜敌（slob dpon

---

① （藏文）vphags pa phung po gsum pa zhes bya ba theg pa chen po'i mdo/（梵文）ārya-triskandhaka-mahāyāna-sūtra.

② 关于三十五佛造像学研究，可参考 Jeff Watt（2015），*Thirty-five confession Buddhas main page*，Himalayan Art Resources. https://www.himalayanart.org/search/set.cfm?setID=660（2019年7月30日）。

③ 此部藏译注疏有 Brian C. Beresford(1993) 的英文翻译，作为 *The Confession of Downfalls* 一书的一部分由 Library of Tibetan Works & Archives 出版。

dze ta ri/jetāri dgra las rnam par rgyal ba,轨范师杰达利此曰胜敌,10 世纪),译者是尼泊尔班智达(bal po'i pand ita/paṇḍita,具体名称不详)与西藏的恰译师(chags lo tsa ba,? chos rje dpal,法尊吉祥)。(以下简称胜敌注)

《堕犯发露悔除释义》(ltung bshags kyi vgrel pa):作者为西藏(觉囊派)祖师多罗那他(ta ra na tha/tāranātha,1575—1634)。(以下简称多罗那他释)

《三十五善逝赞 - 恒河水流》(bde bar gshegs pa sum cu rtsa lnga bstod pa rab tu byed pa gangga'i chu rgyun):作者西藏(格鲁派)祖师乌曲·达磨跋扎(dharma-bhadra,法贤,1772—1851)。(以下简称法贤赞)

限于篇幅,本文对以上两部丹珠尔中所录注疏的作者归属问题,例如第一部注疏的作者"龙猛"是否与著名的印度佛教中观宗开派人物(在汉传佛教中更多以"龙树"这一名称为人所熟知者)为同一人,无法详加讨论。多罗那他在其《堕犯发露悔除释义》的结尾部分有对这两部注疏的评议,他说:"对此法门的注疏在现今丹珠尔中有两部,其一即说为胜敌所著并由恰译师所译者,其二即说为龙猛所著并由寂护班智达与尼瓦天音译师所译者。但似乎并非彼二轨范师所著,甚至是否印度注疏也应存疑。在义理方面,既有善说,也有一些似为错误之处……我在此[释义]中仅引用了两部注疏中的一些善妙部分。"(笔者所作汉译)这里多罗那他所指的"似为错误之处"主要是针对此注疏中显示的各尊佛手中所持标志物问题。因为有不同的观想三十五佛形象的传统,而多罗那他似乎倾向于诸佛不应持有标志物的观修法。笔者认为,姑且不论其作者归属以及如何观想诸佛形象问题,可以肯定的是,这两部藏译注疏为此后西藏本土关于三十五佛法门的著述开辟了先河,并体现了藏传佛教经典释义的传统。这两部注疏提供了对理解三十五佛名称含义有价值的释义信息,例如归属龙猛的注疏中对每一尊佛名的含义都从"智慧、事业、功德"三个方面进行阐发,因此对我们选择佛名形式及其译法有极大助益。

疑难、探索与发现

1. "吉祥喜"还是"勇喜"?

这是在第六尊佛名藏汉对译上存在的问题。此尊佛的名称在所有藏文流通单行本中均写作 dpal dgyes,字面意为"吉祥喜"。查甘珠尔(德格版)《优波离请问品》中此尊佛名即作 dpal dgyes(吉祥喜)。如果不与存世梵文本和丹珠尔所录印度注疏及西藏祖师著述中的引文对勘,不与古汉译中的名称形式比照,我们大可以轻松地将此佛名按照藏文本的流通形式译作"吉祥喜"。事实上这也正是大多晚近汉译者之所为。但这里恰恰是问题所在。首先,存世梵文本中此佛名为 vīra-nandi,vīra 意为"勇",nandi 意为"喜"。在古汉译中,此佛名在西晋敦煌三藏与唐菩提流志的译文中均作"精进喜";在唐不空与宋日称的译文中均作"勤勇喜"。"精进"或"勤勇"可还原为梵文 vīrya 或 vīra。这两个词同源于词根 vīr,指人(勇士)的时候是 vīra,指其品德的时候就是 vīrya,后者即古汉译"精进"与"勤勇"所表达的含义。因此可以说,此佛名的古汉译形式与存世梵文本中的形式在名义上相互支持,而与藏文通行本中的名称形式在名义上不对应。

我们再看一下藏传印度注疏与西藏祖师著述中的情况。在龙猛注与胜敌注(纳唐、德格及北京版)中,此佛名均写作 dpa' dgyes(勇喜),而不是 dpal dgyes(吉祥喜)。龙猛注中对佛名的释义为:

dpa' dgyes ni lho nub dga' ba dang ldan pa'i zhing na/ dmar ser nyi ma dang padma dmar po bsnams pa'o// de yang dpa' ni ye shes dang las te snga ma bzhin du shes par bya'o//

勇喜,西南具喜刹土中,[身色]红黄,持日与红莲花。复次勇者,智慧与事业如前[一尊佛名]应知。

前一尊即第五尊佛名为 dpa' sde(勇军),其中 dpa'(勇)的释义是:

dpa' bo ni ye shes te vgran zla med cing mi tshugs pa'o// yang na dpa' bo ni las te sems can gyi vkhor ba'i g.yul thams cad vjoms pa'o//

勇士者，智慧无匹敌且不可破坏。勇士复指其事业即摧灭有情一切轮回军阵。

胜敌注中将第五与第六尊佛名结合释义为：

dpa' bo'i sde ni dpa' bo'i rigs te/ mi mthun pa'i phyogs vjoms pa'o// de la dgyes pas na dpa' dgyes so//

勇军者，勇士之类，即摧灭违逆品者。于此而生欢喜故称勇喜。

多罗那他释中此佛名也写作 dpa' dgyes（勇喜），释义与胜敌注中意趣相同，第五与第六尊佛名结合释义为：

mi mthun pa'i phyogs mtha' dag vjoms pa'i phyir dpa' bo'i sde'o// de dang vdra ba las chos kyi dga' bas dgyes pa las dpa' dgyes so//

彻底摧灭诸违逆品故称勇军。与彼[佛]相同，以法喜而欢喜故称勇喜。

这些释义法都明确显示此佛名形式应为 dpa' dgyes 即"勇喜"而不是 dpal dgyes 或"吉祥喜"。但是在很多藏文著述的称诵三十五佛修习法中，此尊佛名仍以 dpal dgyes（吉祥喜）的形式出现。例如法贤赞中对此尊佛的赞文偈颂为：

sku mdog dmar ser nyi ma padma bsnams//yid kyi sdig pa ma lus sbyong mdzad cing//lho nub dga' ba dang ldan zhing gi dpal//chos kyi dga' ba'i dpal dgyes la phyag vtshal//

身色红黄持日与莲华//无余净化一切意之恶//西南具喜刹土之吉祥//法喜之吉祥喜前敬礼//

注意这一偈颂第三句句尾的 dpal（吉祥）一词并非是作为佛名的一部分而出现的（第四句最后出现的 dpal 才是佛名的一部分）。X zhing gi dpal（某刹土之吉祥）是一种藏文修辞表述法，意思是该佛是他所住刹土中的最尊胜者。任何一尊佛都可以赞为其所住"刹土之吉祥"。也就是说，这里仅仅是赶巧了，这尊佛名形式中恰好也有一个 dpal（吉祥）字。因此，法贤的这一偈颂并无真正意义上的释义法的帮助。法贤的第六尊佛名赞只能作为一些西藏祖师使用 dpal dgyes（吉祥喜）这一名称形式的例证。表1显示此尊佛名形式在梵藏汉各文本中的对比情况。

表 1　第六尊佛名形式文本对比

藏文流通文本		dpal dgyes（吉祥喜）
甘珠尔文本		dpal dgyes（吉祥喜）
存世梵文本		vīra-nandi（勇喜）
古汉译	菩提流志	精进喜（vīrya-nandi）
	敦煌三藏	精进喜（vīrya-nandi）
	不空	勤勇喜（vīra/vīrya-nandi）
	日称	勤勇喜（vīra/vīrya-nandi）
藏传印度注疏	龙树	dpa' dgyes（勇喜）
	胜敌	dpa' dgyes（勇喜）
西藏祖师著述	多罗那他	dpa' dgyes（勇喜）
	法贤	dpal dgyes（吉祥喜）

值得注意的是，梵文 vīra 的藏文对译是 dpa'，而 dpa' 与 dpal 无论是从藏文书写字形上还是发音上都很相似（见图 1）。这不禁令人推测，dpal（吉祥）是否 dpa'（勇）在流传过程中的一种抄误呢？假如真是一种抄误，为什么从未得到纠正呢？笔者曾就此疑问请教一位西藏佛教大德，得到的答复是"dpal 与 dpa' 可以相通"。不得不说，这是一个不能令人满意的答复。不过，格西强巴嘉措（Geshe Jampa Gyatso）在其向西方听众讲授时称诵三十五佛名作发露悔除的英文 *Everlasting Rain of Nectar* 一书的一处尾注中提供的分析支持笔者原先的推测，该注说："似乎有可能在西藏文本中出现了一处变异，因为梵文原文 vīra 一词（意为勇士、勇猛、勇气等）如果正确地译作藏文应该是 dpa'（也意为勇士、勇猛、勇气等），而这里［藏文］却作 dpal（吉祥）。也许随着时间推移，藏文字母的小 a 音变成了［相似的］la 音。我在这里按照梵文原文翻译。"（笔者汉译）①

དཔའ་（dpa' 勇）vs དཔལ་（dpal 吉祥）

图 1

---

① Geshe Jampa Gyatso（1996），*Everlasting Rain of Nectar*，Purification Practice in Tibetan Buddhism，尾注 15，p.136.

这是一个值得注意的现象,那就是一些来到西方的西藏大德在向西方人传授讲解藏传佛教时,因为涉及了翻译的问题,会比较重视文本比较及不同传统。以上格西强巴嘉措的著作就是一个最好的例证。在他的英文书中,对这尊佛名提供的梵文罗马转写为 vīra-nandi(勇喜),并译作 the Delighted Hero(欢喜的勇士),而没有按照藏文通行文本中的 dpal dgyes(吉祥喜)的形式处理。① 但也有一些人仍按照藏文流通文本中 dpal dgyes(吉祥喜)的形式意译作 the Glorious Blissful One。② 我们还需要指出的是,佛教术语特别是名称类术语在西方语言文字环境下的翻译负累较轻,因为他们的语言文字与梵文和藏文一样,都是字母拼音文字,因此大多名称术语都可以直接使用罗马转写或音译。而对汉译而言,特别是在新时期的佛典藏译汉需求中,过多使用音译法是不适当的。一方面因为汉文不是字母拼音文字,除了一些特殊情况之外,如果一味使用音译,势必造成译文的冗长艰涩,以及由于在选字对音上无法统一而导致混乱。另一方面,既然是从藏译汉,我们也应当体现如上所述藏文佛教术语多呈现意译形式的风格。

【小结】在本次重译三十五佛名项目中,译者根据存世梵文本、归属印度祖师注疏中的释义法、部分西藏祖师著述中的阐释及其与古汉译文献中佛名形式相互对应的事实,选择将此尊佛名按照 dpa' dgyes(vīra-nandi)的形式译作"勇喜"。在三十五尊佛名中第十二尊佛名的藏文名称形式上也出现了类似的问题,即藏文通行本形式为 dpal sbyin(吉祥施),而存世梵文本作 śūra-datta(勇健施),按照以上分析,藏文对译应为 dpas sbyin。并且有古汉译敦煌三藏、菩提流志、不空及日称译文中此佛名皆译为"勇施"的佐证。因此我们也做了相同处理。

2."那罗延"的藏文对译为什么意为"无爱子"?

藏传《圣三蕴经》(所有文本)中第二十二尊佛名是一个意译形式:sred med

---

① Ibid, p.31, p.113.

② Venerable Thubten Chodron (2011),*The Sutra of the Three Heaps The Bodhisattva's Confession of Ethnical Downfalls*,2011. https://thubtenchodron.org/2011/06/visualization-thirty-five-buddhas/ (2019 年 7 月 30 日)。

kyi bu,字面意为"无爱之子（无爱子）"。其梵文为 nārāyaṇa。在佛经典籍中，这并非一个生僻的名词。在古汉译文献中，对 nārāyaṇa 这一名称均作音译，玄奘音译作"那罗延"或"那罗衍拏"。敦煌三藏、菩提流志及日称的译文中此尊佛名为"那罗延"，不空作"那罗延吉祥"。这里的问题是：藏译是如何得到 sred med kyi bu（无爱子）这一意译的呢？笔者曾一度对此百思不得其解。

在古典梵文文献中，nara 与 nārāyaṇa 常常作为两位神祇的名称成对出现，其中 nara 指初人，源于词根 nṛ，有"引导"的含义（Monier-Williams 与 Apte 梵英辞典 nara 条）。而 nārāyaṇa 一词可解析为 nara＋āyaṇa，意为初人 nara 的后裔或子嗣（Monier-Williams 与 Apte 梵英辞典 nārāyaṇa 条）。这样，这一名称中"子"的这一义素是可以得到的。但仍无法看出梵文 nara 一词有"无爱"的含义。在一般梵文词典，包括收录佛教词汇的《梵和大辞典》等中都无法找到任何线索去破解藏文对 nara 一词的意译。但是，如果我们将 nara 一词进一步拆解成 na 与 ra 两部分，则立即出现了一个新的局面！因为分别独立来看，梵文 na 可作为一个否定词，意为"无"或"不"，而 ra 则有"火""欲"或"爱"等含义（Monier-Williams 与 Apte 梵英辞典 na 与 ra 条）。由此笔者恍然大悟，原来藏文的 sred med（无爱）之义就是由分别对译梵文 na（无）与 ra（爱）而得到的。这一发现乃是笔者苦思冥想的偶然发现，在没有找到充分的佐证之前，仍只能算作一种推测。但笔者在玄奘翻译的《俱舍论》中已找到一条似乎有支持力的线索：《俱舍论》（卷二十九）破我执品中有一段列举作为"人我"的各种名相的文句，其梵文为：atra iyaṃ saṃjñā sattvo nara manuṣyo mānavaśca poṣaḥ puruṣaḥ pudgalo jīvo jantur iti。玄奘译作："唯由此量说名为人。即于此中随义差别假立名想。或谓有情、不悦、意生、儒童、养者、命者、生者、补特伽罗。"这八个名相的第二个即 nara，此处玄奘将其意译作"不悦"。真谛在其所译《俱舍释论》（卷二十二）对此句中的八个名相全部采取了音译法："唯如此量说名人。于此中立诸名。谓萨埵、那罗、摩瓮阇、摩那婆、弗伽罗、时婆、布洒、善斗。"笔者认为，玄奘对梵文 nara 的意译"不悦"与该词的藏文意译 sred med（无爱）在词义上可以说有相通之处。

在古汉译佛教文献中，总结 nārāyaṇa（那罗延）一词释义较为详尽的记录见于唐嘉祥吉藏《法华义疏》(卷十二)①中的三段引文,其一"真谛云:那罗翻为人,延云生本,梵王是众生之祖父,故云生本"。其二"罗什云:天力士名那罗延,端正猛犍也"。其三"《俱舍论》云:持大千世界风轮名那罗延,那罗延应云天力也"。这三种引文其实可分为两类,真谛的解释是真正的名词释义,后二种是属于引申义,并非该名词本身的含义。

而藏传《译语释中卷》nārāyaṇa 条释义为:nārāyaṇadzhes bya ba nārasya-apatyadnārāyaṇadzhes bya ste/ yab sred med kyi sras yin pas na sred med kyi bu zhes bya/ → 那罗延者,那罗之子嗣,故谓那罗延。因为是父"无爱"之子,所以叫做"无爱子"。② 这里我们再次见到同一梵文词源汉藏翻译之间的取向差异性:从名词释义角度,汉译取"父"的释义,而藏译取"子"的释义。

回到《圣三蕴经》佛名释义问题。龙猛注中对此尊佛名的释义为:

de'i yang steng gi phyogs na sred pa dang bral ba'i zhing na sred med kyi bu sngon po/ ri rab dang padma'i phyag rgya can vkhor la chos vchad cing sems can rnam la vtsho skyong ngo/ sred med ni ye shes te rtog pa dang bral ba'i zhing na sred med kyi bu sngon po/ ri rab dang padma'i phya rgya can vkhor la chos vchad cing sems can rnams la vtsho skyong ngo// de yang sred med ni ye shes te rtog pa dang bral ba'o// las ni sred pa med pa ste sems can vkhor ba la chags pa dang bral bar mdzad pa'o// de'i bu ni sangs rgyas te de las skyes shing byams pa la sogs pa'i yon tan dang ldan pas na bu zhes bshad do//

彼上方 sred pa dang bral ba(离贪爱)刹土中 sred med kyi bu(无爱子)[身色]蓝,具妙高山及莲花手印,正为眷属说法,养护诸有情。复次,无爱者即智慧离[虚妄]分别。事业[亦]谓无爱,即令有情于轮回中离贪。彼之子者谓佛亦从彼生,且由具足慈等功德而说名子。

与龙猛注中释义法不同,胜敌注中的释义为:

---

① 《大正藏》第 34 册 no.1721 第 12 卷。

② Sben pa rdo rje, *Sgra sbyor bam po gnyis pa*, Varanisi, 2011.(BDRC W1KG22296-I1KG22325) sred med kyi bu ni mthu dang ldan pas gzhan vjoms pa la grags pa'i ming can no//

sred med kyi bu 者，即以具力故摧灭违逆品著称之名。

多罗那他释支持胜敌这一释义法：

na ra ya na zhes sred med kyi bu ste/ de la sred med ni gzhan gyi rgol ba'i vgran zla med pa/ bu ni rigs kyi don te/ zla med pa'i rigs kyi phyir sred med kyi bu'o// yang na de'i skad do na ra ya na mi'i theg pa ste/ rang stobs kyis ma nor bar lam la vjug pa khyogs la sogs pa mi'i bzhon dang vdra ba yin no//

nārayaṇa（那罗延）即 sred med kyi bu，此中 sred med 者即无其他可对等之敌手。子者应作种类义解。属无匹敌种类故称 sred med 之子。复次，该词相当于 nāray[ā]na，意为人乘，即以自力无错谬趣入于道，等同辇舆等人之骑乘。

胜敌的"以具力故摧灭违逆品著称之名"与多罗那他的"无匹敌之类"都不是 sred med kyi bu 的名词释义，因为它们与该藏文字面含义无法对应，但其实却与上述如嘉祥吉藏所总结的梵文 nārāyaṇa（那罗延）一词释义中"天力士"与"天力"（即具备无可比及的能力）这一引申义完全相符。

【小结】综合考量这一尊佛名在释义法及引申义上的错综复杂性，我们唯一合理的选择是维持古汉译中的音译"那罗延"。做出这一选择似乎是绕了一个大圈又回到原地，但重要的是我们在探索这一名词传统释义法中的发现，而且这些新的发现也是翻译工作中极为有趣的经验，并对今后的佛典藏译汉工作有所启发。

3."根"还是"自在"？

这是重译第二十九尊佛名中出现的难题。这尊佛名的藏文形式为 dbang po tog gi rgyal mtshan rgyal po，对应存世梵文本的 indra-ketu-dhvaja-rāja。此佛名可解析为四部分：dbang po（indra）—tog（ketu）—rgyal mtshan（dhvaja）—rgyal po（rāja），其中尤以 dbang po（indra）与 tog（ketu）两处存在翻译难点。首先，藏文名称第一部分 dbang po，在存世梵文本中对应为 indra。

indra 一词在玄奘的《瑜伽师地论》中音写作"因陀罗",在《俱舍论》中作"印达罗"。藏文 dbang po 一词有多种释义,基本上有两种所指:一是指佛教术语的"根";二指"自主"或"自在"。由后者又引申出"主""王"及"帝王"等义。因此藏文 dbang po 一词有时就是 lha'i dbang po(帝释天或因陀罗)的简写。但我们在翻译此佛名时显然不能轻易地将其处理作"帝释"或"因陀罗",而它所具有的"根"或"自在""自主"的含义又应该在抉择之后予以体现。此外,还有一个疑点:在指"根"时,梵文词形通常为 indriya,而存世梵文本此佛名中对应的却是 indra(因陀罗)。这些都为理解此尊佛名含义造成了困难。为探寻这一佛名的含义,让我们来看一下藏传注释文献中提供的信息。

龙猛注中对此佛名的释义为:

byang phyogs dbang po gsal ba'i zhing na dbang po tog gi rgyal mtshan gyi rgyal po ser po rin po che tog dang rgyal mtshan can no// de la dbang po tog ni ye shes te/ dbang pos yul rtogs pa ltar ye shes des chos nyid rtogs shing de nyid mdzes pas na tog go// rgyal mtshan ni yon tan te thams cad vkhor ba las rgyal bar byed pa'i yon no// las ni rgyal po ste bya ba thams cad mdzad pa'o//

北方根明刹土中 dbang po tog gi rgyal mtshan gyi rgyal po [身色]黄色,具摩尼顶胜幢。其 dbang po tog 者谓彼智慧。如 dbang po(诸根)通达对境,彼智慧通达法性。彼复即以其为自庄严故谓 tog(顶)。rgyal mtshan(胜幢)者谓功德,即一切战胜轮回之功德。事业者谓 rgyal po(王),即成办一切事业。

胜敌《菩提堕犯发露悔除释-菩提萨埵学次第》中解释为:

dbang po tog gi rgyal mtshan gyi rgyal po ni/ dbang po lnga dad pa dang/ brtson vgrus dang/ dran pa dang/ ting nge vdzin dang/ shes rab kyi dbang po'o// tog ni mngon par shes pa ste/ rdzu vphrul dang/ lha'i rna ba dang/ sems kyi rnam grangs dang/ sngon gyi gnas rjes su shes pa dang/ vchi vpho dang skye b ashes pa dang/ zag pa zad pa shes pa'o// dbang po dang mngon shes kyi rgyal mtshan dang ldan pa'i vkhor los sgyur ba'i rgyal po'o//

dbang po tog gi rgyal mtshan gyi rgyal po 者,dbang po(根)即信、精进、

念、三摩地与慧之五根。tog（顶）即神境、天耳、心差别、宿住智、生死智及漏尽智［六神通］。［彼佛］即具足根与神通胜幢之转轮王。

多罗那他释中随顺胜敌的释义：

dbang po lnga dang mngon shes drug gi tog dang ldan pa'i chos kyi rgyal mtshan la dbang gyur ba'i phyir dbang po tog gi rgyal mtshan gyi rgyal po'o//

以具足五根与六神通之顶之法胜幢而成自在之故，称为自在顶胜幢王。

从这些藏传注释中我们了解到，此尊佛名中的 dbang po（indra）是指佛教术语的"根"，并且此处的"根"并非眼、耳等根，而是特指能够引发智慧与神通的自在能力，即信、精进、念、三摩地与慧这五种能力。因为正如眼根等"通达对境，彼智慧通达法性"，所以这些能力也被称作"根"。而 tog gi rgyal mtshan（ketu-dhvaja，顶胜幢）就是这些能力引发的神通。就像顶端镶嵌摩尼（如意宝）的胜利幢幡，高高飘扬，在战场中令敌人望风败北，此佛智慧神通战胜一切轮回生死之军阵。并且此佛为众生说法即转法轮，如同转轮王，因而称作 rgyal po（rāja，王）。

在古汉译文献中，此佛名在敦煌三藏译文中作"红炎幢王"，菩提流志作"红炎帝幢王佛"，不空译文中作"帝幢幡王佛"，日称作"因陀罗网幢王佛"。这些古汉译佛名与藏传佛名虽然在译法上相异，但在名义上是相应的。据笔者初步研究，敦煌三藏与菩提流志译名中"红炎"之义，或许是与梵文 indra 片语的古语源 in 的部分具有"太阳""光辉"与"威力"等意素有关（见 Monier-Williams 与 Apte 梵英辞典 in 条）。此外，《俱舍论》中有一句对 ind 的解释：（梵文）ind'idi paramiśvarye' tasya indantīti indriyāṇi/ 玄奘将此句译作："最胜自在光显名［诸］根"。但在此句的藏文对译中，却未见有"光显"这种释义：（藏译）dbang ni dbang phyug dam pa'o de dbang byed pas dbang po rnams/ "dbang（根）者，最胜自在，能作自在故谓诸根"。

【小结】至此，我们仍面临这尊佛名中 dbang po（indra）这一片语到底应该如何翻译的问题。根据藏传注释文献中所传达的信息，此佛名中的 dbang po（indra）意谓特殊功能的"根"，因此"根"是一个翻译选择。但译者认为，如果译作"根"，则（在汉文语境中）难以传达此处并非眼、耳等根，而是殊胜智慧神通的功能的含义,也不能彰显此佛名所要显示的战胜生死轮回而得自在以及其教示众生事业自在如王者的重要意义。因此这时应当取这个片语所具有的"自在"的含义。我们最终决定将此佛名重译作:自在顶胜幢王。设想假如译作"根顶胜幢王",则不仅含义不明,而且显得不够有力。

结论与展望

以上仅以在《圣三蕴经》重译项目所遇到的诸多疑难问题中三个佛名的问题为例,记录我们的求解过程。笔者深知翻译特别是佛典翻译任务的艰辛,因此我们需要总结可以依循的方法论,逐步在已有的古典汉传译例体系的基础上,继承、扩充与创建新的译例,并通过译师之间的合作,达成共识,以期为藏汉佛教的交流与传承提供可对接的译文作品。实践证明,在此事业初期,对一些在汉藏佛教传承中都是常用并且重要的佛教经文进行对勘,并根据需求从藏文文本进行汉译重治,是极有意义与价值的工作。

参考文献

藏文文本

1.rgyun vdon bstod smon phyogs bsgrigs bsam don lhun grub(常诵赞愿文汇编所愿任运成就)中所收录的文本,西宁:青海民族出版社,1989(封底题名颂词汇编)。

2. 赤江仁波切编辑 zhal vdon gces btus(念诵精选)中收录的文本,Dharamsala,1992,p.581。

3. 藏文《甘珠尔》中 nye bar vkhor gyis zhus pa(优波离请问品),德格版 BDRC W22084-0928-231-263。

梵文文本来源

本文所据存世梵文本是由 Digital Sanskrit Buddhist Canon 提供的 M. B. Shakya 编辑的 Āryatriskandha sūtram（圣三蕴经），该数据库提供了天城体及罗马转写二种文本，属于 Buddhist Himalaya（2000，vol. X no.1 & 2）系列。

藏文注释参考书目

1. slob dpon chen po vphags pa klu sgrub：byang chub kyi ltung ba bshags pa'i vgrel pa（龙猛：菩提堕犯发露悔除释），纳唐版 BDRC W23702-I1PD31462、德格版 BDRC W22704-3376 及 dpe sdur ma 版 BDRC W1PD95844-I1PD95912。

2. jetāri（dgra las rnam par rgyal ba）：byang chub kyi ltung ba bshags pa'i vgrel pa byang chub sems dpa'i bslab pa'i rim pa（胜敌：菩提堕犯发露悔除释—菩提萨埵学次第）dpe sdur ma 版 BDRC W1PD95844-I1PD95912。

3. tāranātha：ltung bshags kyi vgrel pa（多罗那他：堕犯发露悔除释义），BDRC W8LS19936-I8LS19938。

4. dharmabhadra：bde bar gshegs pa sum cu rtsa lnga la bstod pa rab tu byed pa gangga'i chu rgyun（乌曲·达磨跋扎[法贤]：三十五善逝赞—恒河水流），BDRC W20548-1306-117。

汉文典籍参考书目

1. [西晋]敦煌三藏译《佛说决定毗尼经》(《大正藏》T12 no.325,CBETA 电子佛典集成)。

2. [隋]阇那崛多共笈多等译《大乘三聚忏悔经》(《大正藏》T24 no.1493,CBETA 电子佛典集成)。

3. [唐]菩提流志译《大宝积经》卷第九十 优波离会第二十四(《大正藏》T11 no.310_090,CBETA 电子佛典集成)。

4. [唐]不空译《佛说三十五佛名礼忏文》(《大正藏》T12 no.326,CBETA 电子佛典集成)。

5. [宋]日称译《大乘集菩萨学论》卷第十一清净品第八之二(《大正藏》T32 no.1636,CBETA 电子佛典集成)。

英文译注参考书目

1. Beresford, Brian C., *The Confession of Downfalls. The Confession Sutra with Commentary by Arya Nagarjuna. The Practice of Vajrasattva with Sadhana*. Library of Tibetan Works & Archives, 1993.

2. Geshe Jampa Gyatso, *Everlasting Rain of Nectar, Purification Practice in Tibetan*

Buddhism, Wisdom Publications, 1996.

工具书

1.sgra sbyor bam po gnyis pa/madhyavyutpatti(《译语释中卷》)。

本巴多吉编（藏梵对照本）(*sben pa rdo rje*：*sgra sbyor bam po gnyis pa*, Varanisi, 2011. BDRC W1KG22296-I1KG22325)。

石川美惠编《二卷本訳语釈》（罗马转写本）(Mie Ishikawa, *A Critical Edition of The Sgra syor bam po gnyis pa*, *An Old and Basic Commentary on the Mahāvyutpatti*, The Toyo Bunko, 1990)。

2.荻原云来《汉译对照梵和大辞典》（新文丰影印版，1979）。

3.Monier-Williams：梵英辞典（Monier-Williams *Sanskrit Dictionary*, Koeln scanned version）。

4.Apte：梵英辞典(Vaman Shivaram Apte, *The Practical Sanskrit-English Dictionary*, revised & enlarged ed., Kyoto, Rinsen, 1992)。

福建霞浦县明教遗迹概述

◎马小鹤①

摘　要：

　　学界1995年以来已经注意到福建霞浦县林瞪1027年入明教门的记载。不过要到2008年才注意到相关的当地明教遗存与大量明清抄写的文书。《四寂赞》《兴福祖庆诞科》《摩尼光佛》等早期文书，有大量中古伊朗语的音译汉文、敦煌文书《下部赞》的摘抄、类似《摩尼光佛教法仪略》的摩尼生平故事。其摩尼教素材多出自唐代，编纂则当在宋元。摩尼教万神殿中的几乎每个神都在《摩尼光佛》中受到崇拜。祷雨文书、《奏申牒疏科册》、《明门初传请本师》、《乐山堂神记》等后期文书，编撰于明清，与早期文书迥然不同，只撷取个别明教神名，而纳入大量地方众神，显示这个阶段霞浦明教已经融入民间宗教。

关键词：

　　摩尼教；林瞪；霞浦文书；民间宗教

A Survey of Remains of the Religion of Light in Xiapu County, Fujian Province

◎　Xiaohe Ma

Abstract：

　　Since 1995, scholars paid attention to the record about the conversion of Lin Deng of Xiapu County, Fujian Province, to the Religion of Light in 1027. However, they did not pay attention to

---

①　马小鹤，美国哈佛大学哈佛燕京图书馆中文馆员。

the related local remains of the Religion of Light and a big amount of documents copied during Ming and Qing dynasties (1368—1911) until 2008. The early documents, such as *Praise of the Four Entities of Calmness*, *A Ritual Manual for the Celebration of the Birthday of the Ancestor Who promotes Well-being*, and *Mani the Buddha of Light*, have many Chinese transliterations of Middle Iranian, excerpts of *Hymnscroll*, and stories of the life of Mani similar with that in *Compendium*. Their Manichaean materials should be the heritage from Tang Dynasty (618—907) and their compilation should be completed during Song and Yuan dynasties (960—1368). Almost every deity in the whole Manichaean pantheon is worshiped in *Mani the Buddha of Light*. The later documents, such as rainmaking ritual manuals, *Rules Regarding Memorials*、*Notifications*、*Mandates and Statements*, *First Spread of the Doctrine of Light and Invoking the Presence of the Original Teacher*, *The Divine Record of Loving Mountains Temple*, were composed during Ming and Qing dynasties and quite different from the early ones. They only pick up some names of gods of the Religion of Light, incorporate a lot of various local gods and show that the Religion of Light already melted into folk religion at this stage.

Keywords:

Manichaeism; Lin Deng; Xiapu Documents; Folk Religion

本文概述2009年福建省霞浦县发现的明教遗迹。此地的明教遗迹可能与其他地方的明教遗迹一样已经消失无踪,但是林瞪的神话得以流传下来,而且广为当地人所知。几种地方志都记载了林瞪的功德,他由当地官员奏封为"洞天都雷使"。因此这个教门获得了合法保护,在当地人中甚有影响,延续了上千年。最重要的是,这个教门相当数量的文书也流传了下来,现在保存在当地柏洋乡法师的手中。

霞浦是福建省东北部的一个县,东临东海。霞浦的行政区划历史见下表:

朝代	纪年	霞浦
唐 618—907 年	武德六年(623)	长溪县
元 1271—1368 年	至元二十三年(1286)	福宁州
明 1368—1644 年	洪武二年(1369)	福宁县
	成化九年(1473)	福宁州

		续表
清 1644—1911 年	雍正十二年(1734)	福宁府 霞浦县
中华民国 1911—1949 年		属闽海道
中华人民共和国 1949 年—		属福安专区 宁德地区 宁德市

霞浦县划分为两个街道、六个镇、三个乡和三个少数民族乡。明教遗迹主要发现于柏洋乡和盐田畲族乡。

本章先介绍有关林瞪及其师孙绵的史料、龙首寺、林瞪及其女儿的坟墓,然后介绍当地的飞路塔和木刻摩尼光佛像,最后介绍主要文书。

一、林瞪相关遗迹

1.《林氏宗谱》中的林瞪小传

林瞪是学界较早注意到的明教人物。林悟殊和拉尔夫·考兹(Ralph Kauz)分别在 1995 和 1997 年的文章中,提及福建霞浦县林瞪 1027 年"弃俗入明教门"。[①] 林悟殊和林顺道则分别在 2003 和 2007 年发表的论文中,引用了林氏族谱中关于林瞪的记载。[②] 不过至此为止,学界所知还限于族谱中关于林瞪的简短记载。

2008 年,霞浦县第三次全国文物普查组到柏洋乡调查,组长吴春明觉得三

---

① 林悟殊,《摩尼教研究之展望》,见《摩尼教及其东渐》,台北:淑馨出版社,1997 年,第 263 页,注 13。Ralph Kauz, "Der 'Mo-ni-gong' 摩尼宫 -ein zweiter erhaltener manichäscher Tempel in Fujian?" in: R.E. Emmerick, W. Sundermann, P. Zieme, eds, *Studia Manichaica. IV. Internationaler Kongreß zum Manichäismus*, Berlin, 14—18. Juli 1997, Berlin-Brandenburgische Akademie der Wissenschaften, Berichte und Abhandlungen Sonderband 4 (Berlin: Akademie Verlag, 2000) 334—341.

② 林悟殊,《泉州摩尼教渊源考》,载《华夏文明与西方世界》,香港:博士苑出版社,2003 年,第 86—87 页。林顺道,《摩尼教传入温州考》,载《世界宗教研究》,2007 年第 1 期,第 129 页。

佛塔石刻佛像与晋江草庵摩尼光佛石雕像有相似之处,进一步调查,将当地的龙首寺、姑婆宫、林瞪墓等遗迹与族谱、方志联系起来,并发现了有关的文书。现根据《霞浦县摩尼教(明教)史迹调查报告》(简称《报告》),重新著录柏洋乡上万村保存的清同治十一年(1872)《林氏宗谱》中的林瞪小传如下:

> 瞪公,宋真宗咸平六年癸卯二月十三日(1003年3月18日)生,行二十五,字□□,娶陈氏,生女二。长女屏俗出家为尼,卒[祔]父墓左。次女适□□□,卒祔父墓左。天圣五年丁卯(1027),公年二十五,乃弃俗入明教门,斋戒严肃,历二十有二年,功行乃成。至嘉祐四年己亥三月三日(1059年4月17日)密时冥化,享年五十有六,葬于所居东头芹前坑。公殁后灵感卫民,故老相传,公于昔朝曾在福州救火有功,寻蒙有司奏封"兴福大王",乃立闽县右边之庙以祀之,续蒙嗣汉天师亲书"洞天福地"四字金额一面,仍为奏封"洞天都雷使",加封"贞明内院立正真君",血食于庙,祈祷响应。每年二月十三日诞辰,二女俱崇祀于庙中,是日子孙必罗祭于墓,庆祝于祠,以为常式。①

上万村林氏宗祠仍保存着题有"勅封洞天福地雷使真君"的神轿。塔后村林氏宗祠还保存着雕刻于乾隆五十一年(1786)题有"洞天灵应兴福雷使真君"的牌位。林瞪可能并非将明教传入霞浦的第一人,《报告》披露了林瞪之师孙绵的资料。

2.《孙氏宗谱》中的孙绵小传

根据《报告》,重新著录柏洋乡神洋村保存的民国壬申(二十一年,1932)《孙氏宗谱》中的孙绵小传如下:

---

① 霞浦县第三次全国文物普查领导小组,《霞浦县摩尼教(明教)史迹调查报告》,2009年5月25日,第5—6页。承中山大学林悟殊、香港大学钱江二位先生提供此报告,特此致谢。

摘抄孙绵大师来历

公,孙姓,讳绵,字春山,禅洋人,初礼四都本都渔洋龙溪西爽大师门徒诚庵陈公座下,宋太祖乾德四年丙寅(966)肇创本堂,买置基址而始兴焉,诚为本堂一代开山之师祖也。本堂初名龙首寺,元时改乐山堂,在上万,今俗名盖竹堂。门徒一人号立正,即林廿五公,幼名林瞪,上万桃源境人,真宗咸平癸卯年(六年,1003)二月十三日诞生,天圣丁卯年(五年,1027)拜孙绵大师为师。[廿]五公卒嘉祐己亥年(四年,1059)三月初三日,寿五十七,墓在上万芹前坑。孙绵大师墓葬禅东墘对面路后。显扬师徒俱得习传道教,修行皆正果。①

孙绵的名字未见于林瞪小传,两人之间的关系尚需更多资料才能理清。孙绵建立的龙首寺(乐山堂)可能是与明教有关的教门坛所。《报告》介绍了残存的乐山堂遗址。

3. 龙首寺(乐山堂)遗址

根据《报告》,乐山堂遗址位于上万村堂门楼,地方离村二公里许。坐东向西,坐标:27°05′58.6″N,119°54′49.4″E,海拔285米。龙首寺始建于北宋乾德四年(966),元、明、清历代重修,毁于2006年桑美台风(Typhoon Saomai)。龙首寺在元朝改名乐山堂,"乐山"可能出自成语"仁者乐山,智者乐水"。今天仍可看到乐山堂遗址,进深40.3米,面阔38.6米,面积约1560平方米。遗存构件有:A.宋、元、明历代的柱础,包括宋代莲花覆盆式柱础一个。B.神龛底座。C.柱、梁、枋、斗拱等,正梁书写"大清嘉庆拾壹年(1806)岁次丙寅春桃月朔越四日壬子卯时吉旦建",这是最后一次重修的时间。D.瓦片堆积。E.条石台阶。大门入口处尚存九级台阶。此外,在原天井内有一株千年桧树。②

龙首寺遗址之外,当地尚存林瞪墓以及与林瞪女儿有关的姑婆宫。

---

① 《报告》,第6页。
② 《报告》,第2—3页。

4. 姑婆宫遗址与林瞪墓

根据《报告》,位于上万村芹前坑之西,距离村创、乐山堂各一公里,坐标:27°05′58.5″N,119°54′49.3″E,海拔588米,坐北向南。四周森林茂密,中有一小坪,原是姑婆宫,现遗址面积约90平方米,部分墙体尚在,周围三面用毛石砌墙。宫后是林瞪墓。①

5. 八世祖瞪公石塔志

据清代嘉庆年间族裔林登翰所撰的《八世祖瞪公石塔志》,上万之西里许,有喜雨亭,嘉庆丙寅岁(十一年,1806)九月,喜雨亭坏。十余年后,族人在其旧址改建瞪公石塔,请石工镌刻林瞪遗像,及温元帅、康元帅于左右。陈进国、林鋆认为,上万村现存的32块塔片中,有一片上的三尊像可能是林瞪及温元帅、康元帅像。②

6. 方志记载

地方志中有一些神化林瞪的记载。日本国会图书馆藏明万历二十一年(1593)本《福宁州志》第十卷记载:

> 林瞪,上万人。济人利物,常言平生无过,生不贵显,死当为神。殁葬本都。嘉祐(1056—1063)间,闽县前[津门]火,[郡]人望空中有人,[衣]素衣,[手]持铁扇扑火,遂灭。遥告众曰:"我长溪上万林瞪也。"闽人访求至其墓拜谒。事闻,勅封"兴福真人",立庙致祭。墓前有大树,一旦狂风颠仆,耆民当夜梦瞪,告曰:"汝等可多备酒饭,明日召众扶树。"耆民率众如言,树果起。正德(1506—1521)初,闽县令刘槐失囚,祷之,夜梦神衣象服,

---

① 《报告》,第3页。
② 陈进国、林鋆,《明教的新发现——福建霞浦县摩尼教史迹辨析》,李少文主编,《不止于艺——中央美院"艺文课堂"名家讲演录》,北京:北京大学出版社,2000年,第368—375页,图23(上)。

告以亡处,明日果获。凡疫旱,祷之辄应。①

其他几种地方志也有类似记载:比如《(嘉靖)福宁州志》卷二十"异闻";乾隆二十七年(1762)所修《福宁府志》卷三十二《人物志·方外》;民国十八年(1929)修的《霞浦县志》卷三十八《列传·方外》;民国三十一年(1942)修的《福建通志》的《福建列仙传·宋》。这说明林瞪在 11 世纪被奉为神祇,直至 20 世纪在福建仍然见诸记载。

二、其他非文书遗迹

1. 法器

上万村林氏宗祠还保存着一些据说是林瞪生前所用的法器:青铜三足香炉一件;青铜角端一件,带盖整形角兽,脚踏蟒蛇;一枚青铜印章"圣明净宝";另一枚青铜印章"五雷号令"。②

2. 木刻佛像

福建晋江草庵附近的苏内村村民家中保存有一尊摩尼光佛木雕像。③ 柏洋乡陈培生法师也保存了一尊木刻佛像,陈进国认为该佛像与苏内村所保存的摩尼光佛木刻雕像有相似之处,辨识该佛像是摩尼光佛。④

---

① [明]史起钦修,林子燮等纂,《福宁州志》,卷十,见《稀见中国地方志汇刊》,北京:中国书店,1992 年,第 33 册,第 245 页。根据明殷之辂修,朱梅等纂《万历福宁州志》,卷十五,北京:书目文献出版社,1990 年,第 403 页校补。
② 《报告》,第 9 页。陈进国、林鋆,《明教的新发现——福建霞浦县摩尼教史迹辨析》,第 387 页。
③ 粘良图,《晋江草庵研究》,厦门:厦门大学出版社,2008 年,彩色图版二十四、第 83—84 页。
④ 陈进国、林鋆,《明教的新发现——福建霞浦县摩尼教史迹辨析》,第 380—381 页,图 32、33。

3. 飞路塔

飞路塔位于盐田畲族乡北洋村公路边。塔前刻有楷书："清净、光明、大力、智慧。"两边立柱上落款楷书："时洪武甲寅太岁一阳月吉［日］(1374 年 6 月 11 日)立，东峰兴□山人秋圃宗玄募款造。"可见明初明教在霞浦仍相当兴盛。

霞浦明教遗存中，最有深入研究价值的，自然是数量可观的文书。

三、《四寂赞》

霞浦文书《请神科仪合抄本》中有一篇音译文书《四寂赞》(简称合本)，共 12 行，已经由日本学者吉田丰破译，确定其第 2—9 行是吐鲁番出土文书 M1367 正面帕提亚文、文书 M361A 中古伊朗语颂诗之音译。"四寂"即西方摩尼教资料中所说的最高神伟大之父的四面：神性、光明、大力、智慧，在汉文中意译为清净、光明、大力、智惠，在《四寂赞》中音译为匐贺、嚧诜、嵯鹘啰、呵哩哗哆。《四寂赞》还赞美了夷数(耶稣)、仙童女、主摩尼和众使徒；祈求神祇给予虔诚的希望，保护自己的身体，拯救自己的灵魂。就整个霞浦文书的音译来说，类似我们在敦煌遗书中所发现者，不过霞浦文书(的祖本)所用的音译，要比敦煌遗书稍微古老一些。①

《四寂赞》虽然相当短小，但对我们理解霞浦文书的形成过程，有重要意义。关于霞浦文书的断代，我们必须分清三个不同的年代。一个是抄写的年代，现存霞浦文书都是清抄本或民国抄本。另一个是其原始资料的年代，大段音译文字、《下部赞》(缩写 H.)的诗句、类似《摩尼光佛教法仪略》(简称《仪略》)的摩尼生平故事等资料，均出自唐代摩尼教盛行的时代。第三个年代，乃文书编纂的

---

① 吉田丰撰，马小鹤译，《霞浦摩尼教文书〈四寂赞〉及其安息语原本》，《国际汉学研究通讯》，第 9 期(2014 年)，第 103—121 页。Yutaka Yoshida, "The Xiapu 霞浦 Manichaean text Sijizan 四寂赞 'Praise of the Four Entities of Calmness' and its Parthian original", *Zur lichten Heimat: Studien zu Manichäismus, Iranistik und Zentralasienkunde im Gedenken an Werner Sundermann*, herausgegeben von einem Team "Turfanforschung". Wiesbaden: Harrassowitz Verlag, 2017. pp. 719—736.

年代，介乎于原始资料与抄写年代之间。抄本编纂年代的涵义，与刻本的刻印年代不同，与敦煌藏经洞遗书的编纂年代也不同。刻本一旦刻印，基本不会改动。敦煌遗书一入藏经洞，即不大会改动。但民间传抄的霞浦文书，则历代抄写者可能增删、改动、抄错。因此不宜依据个别字句，而宜根据其基本结构来断定文书的编纂年代。

霞浦文书《兴福祖庆诞科》（简称《诞科》）清抄本第222—223行也保存了《四寂赞》的题目和开头的内容。① 霞浦文书《摩尼光佛》、②屏南文书《贞明开正文科》也抄录了《四寂赞》，③内容略有不同。《四寂赞》的内容当出自唐代，福建不止一地的摩尼教徒将其详略不同地编入了文书。其他成段成片的音译文字也多如此。

四、《兴福祖庆诞科》

《诞科》清抄本有34页，内容包括"起大圣""开坛文""净口文""净坛文""天女咒""请护法文""请三宝""召符官文""请文""出筵请境外""诵土地赞安慰""咒水变食""四寂赞"等节。

"兴福祖"即林瞪，《诞科》本身有不少内证，说明这是庆祝林瞪诞辰的科仪。柏洋清代嘉庆版本的《林氏族谱》中的林瞪小传记载："每年二月十三日诞辰，二女俱崇祀于庙中，是日子孙必罗祭于墓，神像于上下三村，燃灯结彩，设祭阵供，演唱作乐，历年以为常式。"庆祝林瞪诞辰的祭祀活动中，庙堂祭由法师读祭文请神。④《诞科》最早当为北宋嘉祐（1056—1063）年间，林瞪之后裔与门徒为了庆祝其诞辰所制作的。新近抄本第6叶背面及第7叶正面加了一段新文字，完

---

① 承芮传明先生转来林鋆先生多张照片，特此致谢。参阅计佳辰，《霞浦摩尼教新文献〈兴福祖庆诞科〉录校研究》，西北民族大学硕士论文，2013年10月15日，第16页。
② 林悟殊，《摩尼教华化补说》，兰州：兰州大学出版社，2014年，第467—468页。
③ 承张帆女士惠赐照片，特此致谢。参阅王丁，《摩尼教与霞浦文书、平南文书的新发现》，《中山大学学报》，2018年第5期，第123页。
④ 林子周、陈剑秋，《附件霞浦明教之林瞪的祭祀活动调查》，《世界宗教文化》，2010年第5期，第82—85页。

全与摩尼教无涉,①这是传抄者随意增添内容的一个典型例子。

《诞科》第87—90行是《下部赞》第二首音译诗"此偈宜从依梵"(H.154—158)的异译,保存了"四寂"的阿拉姆语和中古波斯语的音译。②《诞科》第11—12、48—49、50—51行也保存了《下部赞》的意译文句(H.42、30、206),而稍有异文。这说明唐代《下部赞》有不止一个抄本,只有一个保存在敦煌藏经洞,其他在民间传抄,其汉文意译或音译的文句,被霞浦、屏南文书所摘录。《诞科》的一些摩尼教神名显然出自敦煌本。有些神名,比如嚧缚逸啰、弥诃逸啰、业缚啰逸啰、娑啰逸啰等四梵天王的名字,唵遏素思、唵悉啼呴思、沙(娑)陵度师、阿孚林度师等小天使的名字,虽然不见于敦煌文书,但可以复原其中古伊朗语原名。可见唐代曾有过京藏摩尼教残经、《下部赞》、《仪略》之外的汉文摩尼教文献在民间流传,成为霞浦、屏南文书据以编纂的素材。

同时,《诞科》也有不同于敦煌文书的特点。它一方面保存了摩尼教三圣的音译名字:夷数(耶稣)、谨你嚧诜(光明童女)、获泯嚧诜(光明瓦赫曼),同时又以摩尼取代获泯嚧诜(即惠明),形成明教三大圣:摩尼光佛、夷数和佛、电光王佛。

《宋会要辑稿》辑录的北宋宣和二年十一月四日(1120年11月26日)"臣僚言"列举了不少明教经像即绘画佛像的名称,称其经文"至于字音,又难辨认"。③《诞科》有大段音译文字,正是如此。12世纪江南肯定存在相当数量的明教文书,上承唐代摩尼教文书,下为霞浦、屏南文书提供了资料。④

---

① 计佳辰,《霞浦摩尼教新文献〈兴福祖庆诞科〉录校研究》,第18—25页及图4。
② 马小鹤,《摩尼教〈下部赞〉第二首音译诗补考—霞浦文书〈兴福祖庆诞科〉研究》,《国际汉学研究通讯》第十期(2014年),第139—164页。吉田丰,《唐代におけるマニ教信仰—新出の霞浦资料から见えてくること》,《唐代史研究》,19(2016年),第22—41页。
③ [清]徐松撰,刘琳等校点,《宋会要辑稿》,刑法二,78—79,上海:上海古籍出版社,2014年,第14册,第8325页。
④ 马小鹤,《〈宋会要辑稿〉所记明教经像考略——霞浦文书研究》,《国际汉学研究通讯》,第五期(2012年),第3—29页。

五、《摩尼光佛》

《摩尼光佛》现存内文83页,673行,有大约1万字,最后部分已佚失。此科仪汇编本主要依托仍是佛教,从体例到内容,受唐代摩尼教文献的影响较大。① 《摩尼光佛》形式借用佛教礼忏文,一整套仪式包括:请佛、赞佛、礼佛、忏悔、回向、三皈依、发愿、梵咒与和声等;但其内容则是摩尼教的。有一些科仪可能与上述《宋会要辑稿》提及的明教经文相关。

《摩尼光佛》篇幅比《诞科》大,也保留了更多音译文字,除了散见各处的音译名字、术语和短语外,还有13处成行成块的音译文字,达77行,936字。② 已经完整释读出来的段落,除了上述《四寂赞》(M.242—250)之外,还有"天王赞"(M.334—339)。③ 《摩尼光佛》还至少抄录了11段《下部赞》,比《诞科》更多,也稍有异文。它还保存了一些类似于《仪略》的摩尼生平故事。《摩尼光佛》比《诞科》保存了更多源自敦煌的摩尼教神名,也有更多不见于敦煌文书,但可以在中古伊朗语文书中得到印证的神名,比如最高神萨缓、尊贵的王又名阿萨漫沙、第三使又名那哩娑和夷咤、光明耶稣又称夷数净和、光明诺斯又称门乎弥特等。《摩尼光佛》保存了相当完整的摩尼教神谱。

同时,《摩尼光佛》也有明显不同于敦煌文书的特点,从神谱角度而言,第一、第二次召唤的诸神被淡化了,不过其中光辉卫士(持世尊佛)、尊贵的王(阿萨漫沙)的地位上升了,第三次召唤的第三使(日光佛)、耶稣(夷数)、光明童女(电光佛)则地位仍然很高。最大的特点是印度教的那罗延、拜火教的琐罗亚斯德(苏路支)、佛教的释迦牟尼(释迦文)、基督教的耶稣(夷数)一起组成"四大尊佛",在神谱中地位很高,四大尊佛与摩尼光佛合称五佛,在《摩尼光佛》(特别是后半篇)中占据突出地位。五佛崇拜应是《摩尼光佛》编纂时的重要组成部分,

---

① 杨富学、包朗,《从霞浦本〈摩尼光佛〉看摩尼教对佛教的依托》,《宗教学研究》,2014年第4期,第256—266页。
② 林悟殊,《摩尼教华化补说》,第491页。
③ 马小鹤、汪娟,《吉田丰之摩尼教文献汉字音写研究》,《敦煌学》第三十四期(2018年),第79—100页。

而非后来增添的细节。

教外史料首先注意到明教五佛崇拜的是志磐在南宋咸淳五年（1269）所著《佛祖统纪》中所引的《夷坚志》佚文："取《金刚经》一佛，二佛，三、四、五佛，以为第五佛。又名'末摩尼'。"《夷坚志》始刊于南宋绍兴三十二年（1162），绝笔于嘉泰二年（1202）。江南明教五佛崇拜可能形成于12世纪下半叶。

五佛中，除了摩尼光佛之外，苏路支、释迦文、夷数都是见于胡语文书的摩尼先驱。唯那罗延不见于胡语摩尼教文书。《下部赞》的"一者明尊"题为"那罗延佛作"（H.164），"初声赞文"题作"夷数作"（H.176），可见唐代摩尼教徒心目中那罗延的地位与夷数相当。目前尚无切实资料证实摩尼教在西域接触到婆罗门教，以那罗延为摩尼之先驱，我们或可以考虑另一种可能性，即摩尼教在传入江南，接触到印度教之后，才吸收那罗延为摩尼之先驱。

《诞科》《摩尼光佛》中都出现了非摩尼教神祇土地灵相，南宋道士白玉蟾（1194—1229?）在与弟子彭耜的谈话中提到了这一点："其教中一曰天王，二曰明使，三曰灵相土地，以主其教。"①

近年来日本发现了多幅摩尼教绘画，据研究当绘于元末明初。这些绘画，特别是《宇宙全图》，说明那个时代江南的明教还相当兴盛，其教徒还对摩尼教有比较深入的理解。这种情况比较符合《摩尼光佛》反映出来的情况。因此，如果假设《摩尼光佛》的编纂年代也是元末明初，或更早一些，是比较合理的。

六、后期霞浦文书

明代对民间宗教压制比较严厉，明初制定的《大明律》已经明文禁止"牟尼明尊教"，明教逐步走向衰落。不过洪武年间（1368—1398）温州"大明教"还造饰殿堂甚侈，民之无业者咸归之，明教还在福建多地留下了十六字偈石刻，其核心是清净、光明、大力、智慧，包括正统乙丑（十年，1445）晋江草庵附近的著名摩崖石刻。

---

① 《海琼真君语录》，见《白玉蟾全集》，白玉蟾原著，周全彬、盛克琦编校，北京：宗教文化出版社，2013年，上册，第483页。

早在唐代，摩尼教教士就把其祈雨方法带到了中国。他们把自己的方法与道教的方法融为一体。在霞浦的祈雨文书中，法师祈祷的神祇，首重摩尼光佛、夷数和佛、电光王佛，以此三圣取代道教三清。他们也向日月光佛，净风大圣，观音、势至二大菩萨等神祇祈祷，这也可能与明教有关。同时，他们向雨师、风伯、雷公、电母、龙王、贞明大圣等道教、民间宗教神祇祈祷。可以推测，这是地方法师从霞浦早期文书中撷取明教神祇，加上大量道教、民间宗教神祇，而制作的科仪文书。祈雨文书不止一处写道："太上清真摩尼正教正明内院法性灵威精进意部勇猛思部主行祈雨济禾乞熟法事渝沙睍达臣厶。"尤小羽提出，"正明"原来作"贞明"，霞浦文书所据底本中该词因避宋仁宗（名祯）之讳而写作"正明"。"渝沙i̯u-ṣa"，出自"你逾沙"，源自中古波斯语 nywš'g［niyōšāg］，意为"听者"，即在家信徒；"睍达 ɣien-tʻat"，出自"电达"，源自中古波斯语 dynd'r［dēndār］，意为"师僧"，即出家的法师。① 所谓"精进意部""勇猛思部"，可能是按照摩尼教"想、心、念、思、意"来排列的，思部高于意部。由此可见明教徒可能还保持着比较成型的组织形式。《祷雨疏奏申牒状式》第 66 页题"又式：州官龙请用"，首句起首作"大明国福建等处，承宣布政使司直隶福宁州公廨居住"。② 祷雨文书中还多次出现"福宁州福安县"，明成化九年（1473）福安县属福宁州，可以推测文献抄写于 1473—1644 年之间。③

祷雨文书反映的明教活动与特点，可能就是 1600 年何乔远所撰《闽书》所描述的："今民间习其术者，行符咒，名师氏法，不甚显云。"④

《奏申牒疏科册》已经不复保存比较完整的摩尼教神谱，也不再抄录"至于字音，又难辨认"的中古伊朗语音译文字，风格与早期文书迥然不同。其所祈祷之神，与祷雨文书类似，不过多为用于葬礼的科仪文。最通常的格式是：向某些神祇祈祷，以济度亡灵。"奏"用于摩尼光佛、夷数和佛、电光王佛三圣，以及玉皇上帝（即十天王）。"申"用于重要神祇，观音、势至可能与摩尼教应神、呼神有

---

① 尤小羽，《摩尼教符咒从波斯到阿拉伯和中国福建的流传》，《中山大学学报》2017 年第 2 期，第 116 页。

② 林悟殊，《摩尼教华化补说》，图版 16.3，第 391 页。

③ 彭晓静、杨富学，《霞浦摩尼教文献〈祷雨疏〉及相关问题》，《2015 敦煌论坛：敦煌与中外关系国际学术研讨会（敦煌，2015 年 8 月 13—17 日）论文集》，第 205—213 页。

④ 何乔远，《闽书》，福州：福建人民出版社，1994 年，第一册，第 172 页。

关,平等大帝当出自摩尼教的审判之神,还有一些佛教、道教的神祇。"牒"主要用于非摩尼教众神。① 其中的《奏教主》写道:"今据大清国福建福宁州云云",说明直到清代法师仍在依样画葫芦,撰作这类科仪。②《奏申牒疏科册》中的有些文书可能是关于真实人物的,其中讲到谢楚才"承父[谢]法如所遗明门科典,……曾于乙未年六月十五日恭就法主坛前修设净供,启佛证明,具陈文疏表,取法名法行,……缘师祖[谢]法昭仙逝,未经奏名转职,不幸于今丁未年二月二十四日酉时皈真"。于是詹法扬向玉皇上帝上表,请加授法行为勇猛思部主事之职。谢法如、谢法昭、谢法行是《乐山堂神记》(简称《神记》)法师名录中的最后几名。③ 霞浦文书《度亡礼忏》末端落款为詹法扬雍正七年(1729)"稽首百拜谨疏",可以推断乙未年为清康熙五十四年(1715),而丁未年为雍正五年(1727)。④

《明门初传请本师》(简称《明门》)与《神记》结构相似,同属请神类的科仪本。二者均以摩尼光佛为教主,开篇所请诸神有若干与摩尼教有关,如电光王佛、夷数、净风、惠明等。《明门》还请"那罗、数路、释迦、夷数,四府帝君",当出自明教五佛崇拜。二者都以林瞪为坛主,中间一段请历代宗祖,开列众先师名讳。《神记》开列名讳凡50位,《明门》则开列了36位,貌似汇编宋元以来传承下来的名录,记载了明门历代祖师。但两种世系出入甚大,可能有两个派系,也可能所列宗师有些是伪托的。《明门》最后用小字添上几位祖师:谢法如、陈法震、吴法性、吴法广、詹法通;在《神记》中,这五位法师除了吴法广乃漏抄补写之外,其他都已写成正文字体;然后又以小字添上三位祖师:谢法昭、谢法元、谢法行。这些法师可能实有其人。⑤《神记》的撰作应在《明门》之后,大概在雍正年间(1723—1735)。《明门》与《神记》的最后部分都列举了大量民间众神,显示明教发展到这个阶段,已经融入了地方宗教。

---

① 马小鹤、吴春明,《摩尼教与济度亡灵——霞浦明教〈奏申牒疏科册〉研究》,《九州学林》第26辑(2010年),第15—47页。

② 林悟殊,《霞浦科仪本〈奏教主〉形成年代考》,《九州学林》第31辑(2013年),第102—135页。

③ 马小鹤,《〈宋会要辑稿〉所记明教经像考略——霞浦文书研究》,第31页。

④ 林悟殊,《摩尼教华化补说》,图版16.7、16.10,第433—437、445—446页。

⑤ 林悟殊,《摩尼教华化补说》,图版16.5—6,第423—456页。

从美国国会图书馆藏"欧文·拉铁摩尔手稿"看中国抗日战争及战时中美关系

◎宋玉武①

摘　要：

存藏于美国国会图书馆手稿部的"欧文·拉铁摩尔手稿（1907—1997）"含有涉及中国抗日战争和第二次世界大战时期中美关系的各类文献。这批原始资料为该领域的学术研究提供了重要线索。本文旨在简要介绍"拉铁摩尔手稿"，同时考察拉铁摩尔在中国抗战时期的作用和影响。作为探险家、学者和美国亚洲研究的顶级专家之一，拉铁摩尔在中国生活、工作了相当长的一段时间。他的战时履历与活动对我们了解当时的历史至关重要：拉氏在 1934 至 1941 年期间曾任《太平洋事务》的主编；1937 年访问延安；1941 至 1942 年，受罗斯福总统任命，担任蒋介石的顾问；1944 年陪同美国副总统亨利·华莱士访华；1942 至 1945 年，任职于美国战争情报局太平洋分部。尽管拉氏战时角色迥异，但他一直坚守、实践援华抗日的理念，对美国亚洲政策性辩论做出了重要贡献。

关键词：

抗日战争；欧文·拉铁摩尔；中美关系

---

① 宋玉武，美国国会图书馆亚洲部研究馆员。

The Anti-Japanese War and Sino-U.S. Relation during World War II: A Survey of Owen Lattimore Papers at the Library of Congress

◎ Yuwu Song

Abstract:

The Owen Lattimore Papers (1907—1997) in the Manuscript Division of the Library of Congress contains various kinds of documents related to the Anti-Japanese War of 1937—1945 and the Sino-U.S. relation in the Second World War. This collection provides invaluable primary materials for academic research in this field. The article aims to survey the unique collection while examining the role and influence of Owen Lattimore (1900—1989) in the Anti-Japanese War of 1937—1945. As an explorer, a scholar and one of American top experts on Asia, Lattimore had spent a substantial amount of time in China. His wartime activities are essential for us to understand the history at that time, the most important of which include his editorship at *Pacific Affairs* from 1934 to 1941; his visit to the Communist headquarters at Yan'an in 1937; his appointment by President Franklin Roosevelt as an advisor to Chinese Nationalist leader Chiang Kai-shek from 1941 to 1942; the China mission with U.S. Vice-President Henry Wallace in 1944; and his work at Pacific Operations in the United States Office of War Information Overseas Operations Branch from 1942 to 1945. In all of this, Lattimore had always insisted on aiding China against Japan. Moreover, he contributed extensively to the public debate on U.S. policies in Asia.

Keywords:

Anti-Japanese War; Owen Lattimore; Sino-U.S. relation

一、前言

作为美国远东地区研究专家及二战时期蒋介石的政治顾问,欧文·拉铁摩尔(Owen Lattimore,1900—1989)在战争期间作用非凡。他是战时唯一面晤过亚太地区主要涉战国领袖的人士,这些领袖包括:蒋介石、毛泽东、美国总统罗斯福和杜鲁门、日本首相近卫文麿、加拿大总理威廉·里昂·麦肯齐·金、战时内蒙古日本傀儡政权首领德王、蒙古人民共和国部长会议主席霍尔洛·乔巴山等。这些特殊经历使得拉铁摩尔在观察国际事务时独具慧眼,观点老道。拉氏从1931至1945年间在华及在美的活动对中国抗日战争和二战时期中美关系带来的影响非常重大。然而回顾与拉铁摩尔相关的研究,大多数中文著作都集中在拉氏对中亚研究的贡献上,而英文的研究和出版物则集中于拉铁摩尔在20世纪50年代初美国"麦卡锡主义共谍案"中的受害角色的论述上。迄今为止利用拉氏手稿探讨其二战时作用的学术著述并不多见。

就笔者的研究,拉氏手稿就其质与量来看,可为学者另辟蹊径,引导人们对战时中美关系、中国抗日战争、国共统一战线及战时国际关系提出新见解。本文旨在概括介绍拉铁摩尔个人手稿中有关中国全面抗战(1937—1945)的文献,以便史家对照相关档案进行研究或佐证。由于篇幅限制,本文不求精细,只求撷英拾华。翔实导览可参见《美国国会图书馆手稿部"欧文·拉铁摩尔手稿"指南》(*Owen Lattimore Papers: A Finding Aid to the Collection in the Library of Congress*)。

欧文·拉铁摩尔1900年7月29日出生于美国首都华盛顿。其父在中国教书,拉铁摩尔出生后不久即被带往中国。拉铁摩尔成年后即旅欧就学。20世纪20年代末至30年代初,拉铁摩尔踏上亚洲研究之旅,周游中亚和中国北方,同时撰写、发表其研究成果。从1934年到1941年,他担任《太平洋事务》(*Pacific Affairs*)的总编辑,任内曾于1937年6月访问了延安。1938年拉氏返美,就任约翰·霍普金斯大学国际关系学院院长。1941年7月1日,美国总统罗斯福任命其担任蒋介石的政治顾问。1942年11月拉铁摩尔返美,就职于美国战争情报局太平洋分部。1944年,他陪同美国副总统亨利·华莱士对中国、苏联、蒙古进行了访问。在20世纪50年代初美国"排共"大潮中,拉铁摩尔被指控为"头号共谍",被迫接受调查和审问。虽然美国司法部在1955年最终驳回了对他的指控,但拉氏在美国的学术研究也因此一蹶不振。1963年,他离开美国前往英国利兹大学任教。1972年,中美关系解冻,拉铁摩尔访问北京,受到中国总理周恩来的接见。1989年5月31日,拉氏在罗得岛的普罗维登斯去世。此后,他的后人将其手稿陆续捐赠给美国国会图书馆。

存藏于国会图书馆手稿部的"欧文·拉铁摩尔手稿"包含 62 个档案盒，22000 份档案材料。根据《美国国会图书馆手稿部"欧文·拉铁摩尔手稿"指南》，有关中国抗日战争的文献集中存于"第 27—29 号档案盒：战时活动"（BOX 27—29 Wartime Activities，1934—1973）中。其中包括通信、电报、谈话纪要、人物介绍、咨询报告、评论、演讲、研究笔记、采访记录、文章、剪报、印刷品、照片、地图等。所涉重要人物有蒋介石、宋美龄、孙科、宋子文、孔祥熙、胡适、周恩来、宋庆龄、翁文灏、王宠惠、郭泰祺、龙云、缪云台、熊式辉、罗斯福、杜鲁门、劳克林·居里、哈里·颜露尔、斯坦利·亨培克等。这批文献为研究中国抗日战争和中美关系提供了重要的第一手资料。

二、"档案盒（27）：人物介绍、谈话纪要，1941—1942"（BOX 27. Biographical assessments and summaries of conversations，1941—1942）

该档包括人物介绍、谈话纪要、通信、电报、剪报、美国援华战略物资文献等。简举几例如下：1941 年 12 月 7 日"珍珠港事件"爆发后，中国政府高层旋即召开紧急会议，商讨盟国合作策略。中方的意见之一即苏联应站在中、美、英一边对德、意、日宣战。12 月 8 日，蒋介石致电驻美代表宋子文、胡适，向美方说明："此时应特别注重者，为要求苏俄亦立即宣战，此实为太平洋诸战胜负最大之关键。"该中文电报抄本当日即送达拉铁摩尔处。蒋嘱其以此电报为基础草拟英文电报直发白宫罗斯福总统行政助理劳克林·居里处。蒋介石希望通过拉氏将中方意见更直接、快捷地上达罗斯福，并冀望罗斯福以美国的影响力说服斯大林参加对日战争。

拉铁摩尔草拟英文电报时曾与宋美龄进行了磋商，并在原稿基础上增添了新内容。拉氏手书注明"最后两句是与蒋夫人通电话之后所加，晚 11 点"（Last sentences added after telephone conversation with Mdme, 11 p.m.）。添加内容为："苏联武官暗示如苏联对日开战，美国或许无法集中力量在太平洋与日作战。明确承诺美国将把亚洲战场置于欧洲战场之先，直到战胜日本，定会使苏联即刻对日宣战。"(SOVIET MILITARY ATTACHE HINTED IF SOVIET FIGHTS JAPAN AMERICA MIGHT NOT CONCENTRATE MAIN EFFORT IN PACIFIC STOP CLEAR COMMITMENT THAT AMERICA WILL GIVE PRIORITY TO PACIFIC OVER ATLANTIC UNTIL JAPAN SETTLED WOULD UNDOUBTEDLY BRING SOVIET IN)

  在该电报中,中国官方在美国卷入第二次世界大战后首次正式提出"先亚后欧"的建议。虽然拉铁摩尔也力促此举,但此后美国仍采用了"先欧后亚"的战略。当时美国主流政见认为纳粹德国的威胁远超日本。此事从另一个侧面反映了二战时期中国"国弱言轻"之事实。

1941年12月8日蒋介石致宋子文并转胡适中文电报抄本

```
CURRIE  WHITE HOUSE WASHINGTON DC
GENERALISSIMO TODAY TELEGRAPHED T.V. SOONG HU SHIH CONSULT PRESIDENT
AND SOVIET AMBASSADOR URGING PROMPT SIMULTANEOUS SOVIET CHINESE
DECLARATION WAR ON JAPAN FOLLOWING AMERICAN DECLARATION STOP
COORDINATED CHINESE SOVIET LAND ACTION ESSENTIAL BECAUSE ONLY SOVIET
CAN ATTACK BOTH BY SEA AND AIR AND THUS IS KEY TO JOINT LAND SEA AIR
WAR BY ALL DEMOCRACIES WHEREAS IF SOVIET HESITATES JAPAN CAN FIGHT
DEMOCRACIES PIECEMEAL STOP EVEN WITHOUT SOVIET CHINA UNHESITATINGLY
PREPARED FOLLOW AMERICAN DECLARATION BUT IF CHINA DECLARES WAR
WITHOUT WAITING FOR SOVIET AFRAID SOVIET MAY DELAY LONGER STOP
FOREGOING MESSAGE ADDITIONAL TO FORMAL DIPLOMATIC PROPOSALS
SIMULTANEOUS AMERICAN CHINESE DECLARATIONS WAR ON GERMANY ITALY
AND SOVIET DECLARATION ON JAPAN  Because  GENERALISSIMO ANXIOUS USE
EVERY APPROACH TO SOVIET INCLUDING WASHINGTON IN ORDER ENSURE
UNDELAYED SOVIET PARTICIPATION STOP SOVIET MILITARY ATTACHE HINTED IF
SOVIET FIGHTS JAPAN AMERICA MIGHT NOT CONCENTRATE MAIN EFFORT IN
PACIFIC STOP CLEAR COMMITMENT THAT  OMITA
AMERICA WILL GIVE PRIORITY TO PACIFIC
OVER ATLANTIC UNTIL JAPAN SETTLED
WOULD UNDOUBTEDLY BRING SOVIET IN
Drafted 8 December 1941 after meeting Generalissimo in company with
Quo Tai-chi, Wang Chung-hui, Wang Shih-chieh, Fu Ping-hsiang, Hollington K. Tong & two secretaries. At meeting, formal proposal drafted
for presentation to Ambassadors, suggesting declarations of war so
that all democracies shall be formally at war with all Axis powers;
common undertaking not to make separate peace; unified high command
under U.S. leadership.
Last sentence added after telephone conversation with Molive, 11 p.m.
```

1941年12月8日拉铁摩尔致居里英文电报草稿及手书添加内容

1942年4月22日,已返美的拉铁摩尔致信蒋介石,谈及朝鲜独立、印度的地位和作用、战时的缅甸与英国、俄国通往中国的补给线等。拉氏还提及他将应邀访问加拿大并会晤加国政府高层。他认为战后签署涉华和平协议时,加拿大对英国的影响至关重要,所以此行意义不可小觑。拉氏还提到他将在美国重量级大众流行刊物:《美国人》(*American*)、《星期六晚报》(*Saturday Evening Post*)、《国家地理》(*National Geographic*)、《生活》(*Life*)上撰文宣传中国抗战及战后重建。此前拉氏发表的文章大多在学术类、专业类刊物上,如:《外交事务》(*Foreign Affairs*)、《外交政策报告》(*Foreign Policy Reports*)、《太平洋事务》(*Pacific Affairs*)、《中国季刊》(*China Quarterly*)、《弗吉尼亚评论季刊》(*Virginia Quarterly Review*)、《美亚杂志》(*Amerasia*)等。拉氏转移发文重点无疑是期望唤起更多的、不同阶层的美国民众关注中国战事。除去发表文章，拉铁摩尔还参与"美国拒参日本侵略委员会"（American Committee for Non-Participation in Japanese Aggression）的活动，组织讲员进行演讲，支持中国抗战。从战时民间外交宣传的角度来看，拉铁摩尔在学术刊物和大众媒体上发表文章，参加挺华反日演讲活动的广度、深度在当时几乎无人能出其右。这也正是蒋介石看中拉氏笔杆力度，嘱其1942年1月15日返美后在美多逗留数月的用意。

1942年4月22日拉铁摩尔致蒋介石信

作为蒋介石的政治顾问，拉铁摩尔参与了美国援华计划的制定。"中国国防物资供应公司"(China Defense Supplies)文档中含有一批美国援华战略物资相关文件，涉及内容包括：中方卡车的需求和补给计划；发动机设备；中国的军事航空需求(1941—1942)；中国兵工厂；医疗器材；野战部队物资；货物运往亚洲的入境口岸；进入中国的新路线；铁路物资和设备吨位；中国国防援助委员会的要求；中国国防物资援助协调联络活动等。

文档中有一份1942年6月10日"中国补给线备忘录"。该备忘录列出六条中国补给路线及详细技术参数，如：路线、距离、辎重、设备、运输工具、燃料等。拉氏提出的第七条路线亦列入备忘录作为参考。中国补给线包括：路线之一——伊朗铁路线；路线之二——伊朗公路线；路线之三——阿富汗西部公路线；路线之四——北方水路，从纽约经北方海路至鄂毕河(Ob)及叶尼塞河(Yenesei)水域进入中国；路线之五——阿拉斯加—兰州空中航线，从阿拉斯加费尔班克斯(Fairbanks)，经俄罗斯雅库茨克(Yakutsk)、伊尔库茨克(Irkutsk)至兰州；路线之六——印度空中航线，从印度安拉阿巴德至四川叙府(宜宾)；路线之七——骆驼商队古道，从俄罗斯塞吉奥坡(Sergiopol)至兰州。路线之七正是拉铁摩尔基于其早年中亚考察的经历而推荐的路线。

事实上中方在"珍珠港事件"后不久已经开始策划外援路线。1942年1月30日，宋子文致信罗斯福总统称，"中国境内战争物资储存量，已经达到1937年中日战争以来的最低点，因此急需一条新的'生命线'来维持对日作战及民心士气。宋子文提出的解决途径是建立一条空中通道，起自印度的萨迪亚(Sadiya，铁路终点站)，以昆明(云南)或叙府(Suifu，四川省水陆交通枢纽)为航行目标，其间距离各为550及700公里"。[①]随着战事的进程，基于各种考虑，盟国最后决定开辟驼峰航线与滇缅公路。但如果日本切断滇缅公路，驼峰航线供应紧缺，其他运输补给线的开通亦会提上日程。

---

① 齐锡生著，《剑拔弩张的盟友：太平洋战争期间的中美军事合作关系(1941—1945)》，台北：联经出版公司，2011年，第93页。

```
                                          June 10, 1942

        MEMORANDUM ON SUPPLY LINES TO CHINA

        This memorandum is a summary of several papers deal-
   ing with this subject.

        Six routes have been proposed:-

        1) Iranian Railway Route.

        2) Iranian Highway Route.

        3) West Afghanistan Highway Route.

        4) Northern Sea Route to Ob and Yenesei Rivers.

        5) Air Route from Fairbanks, Alaska, via Yakutsk,
              Irkutsk, and Lanchow.

        6) Air Route from India.
```

中国补给线备忘录（1942年6月10日）

"中国国防物资供应公司"（China Defense Supplies）文档中还包括滇缅公路地图（1英寸∶20英里）。该图由宋子文1934年创建的中国建设银公司（China Development Finance Corporation）绘制，是研究滇缅公路的第一手史料。

1945年6月10日，拉铁摩尔致函杜鲁门总统，对美国从支持国共统一战线到一边倒支持重庆国民党政权提出异议，认为此举易导致中国政治与领土的分裂。杜鲁门总统四日后回函，邀约拉氏面晤，讨论相关问题，同时指出美国对华政策并无大碍，美、英、苏三方已达成协议，协议的制定以中国国家利益为本云云。拉氏与杜鲁门的会面匆匆上场，草草结束，影响归零。但二人的通信无疑可帮助人们对罗斯福总统去世后中美关系的微妙变化一窥究竟。

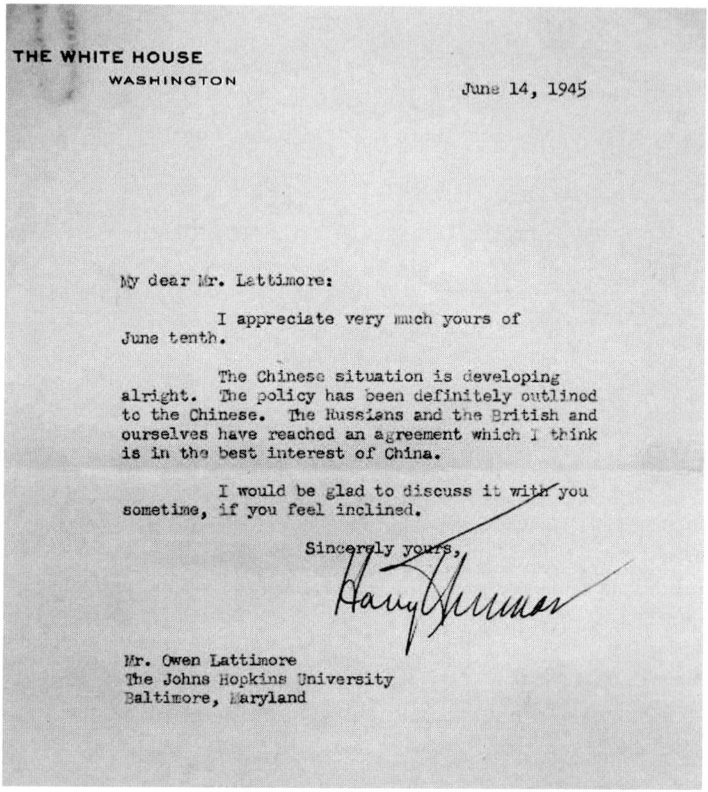

[图] 1945年6月14日杜鲁门总统致拉铁摩尔的信

拉铁摩尔手稿中含有一百余篇中文剪报,大部分与拉氏1941年使华相关,其中包括新闻报道、社评、分析报告等。拉氏1941年7月抵港期间,香港各报:《国民日报》《华商报》《大公报》《星岛日报》《星岛晚报》《香港立报》《华商晚报》《国家社会报》等均有报道。时任国民党中央宣传部国际处驻香港办事处主任温源宁(Wen Yuan-ning)派专人收集了各报的报道,剪贴妥当,注明来源、时间等,专信发给拉铁摩尔。国民政府当年重视拉氏来华的程度可见一斑。其他剪报包括1941年8月1日《时兴潮》半月刊刊登的"拉铁摩尔论中日战局"等。1941年9月7日《青年中国画刊》刊登"拉铁摩尔在重庆"及六幅照片介绍了拉氏在重庆的工作与生活。在部分稀见短刊、断刊存世无多的情况下,这批中文剪报对研究战时中国媒体如何宣传报道拉铁摩尔使华颇有帮助。

从美国国会图书馆藏"欧文·拉铁摩尔手稿"看中国抗日战争及战时中美关系

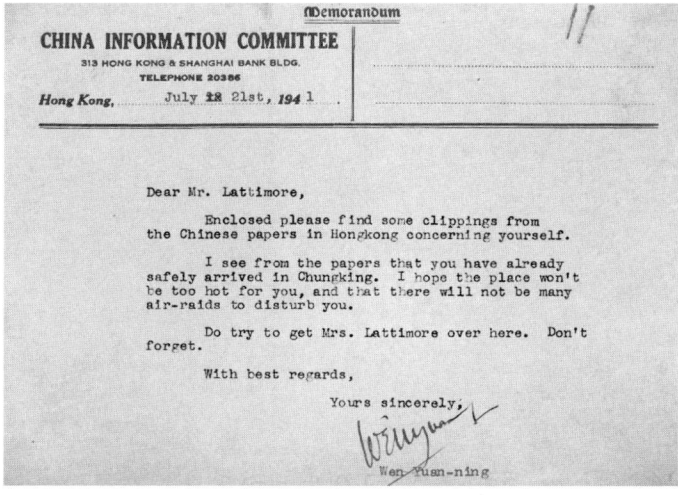

1941年7月21日温源宁致拉铁摩尔备忘录

《青年中国画刊》(1941年9月7日)

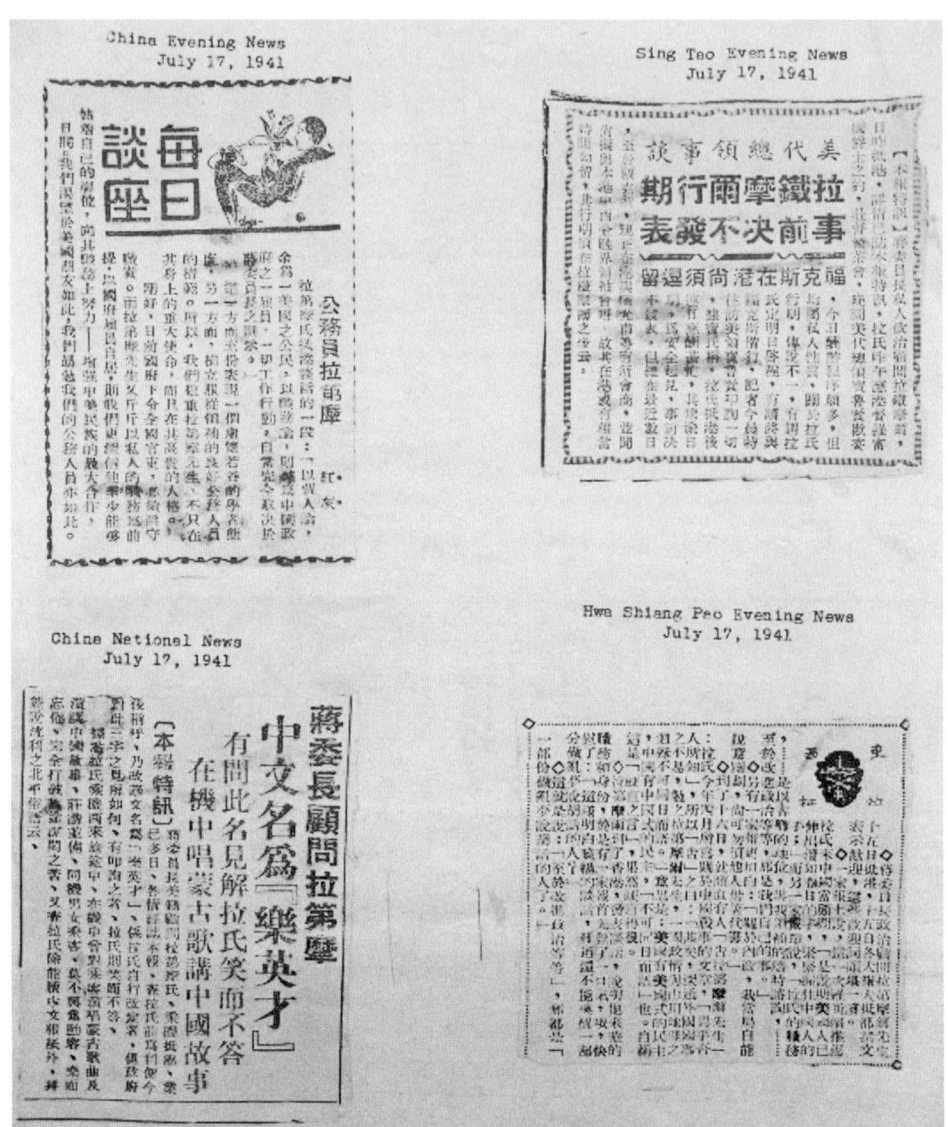

部分中文剪报

《时兴潮》刊登"拉铁摩尔论中日战局"(1941年8月1日)

三、"档案盒(28):1943—1952,无确定日期"(BOX 28. 1943—1952, undated)

该档含部分无确定日期的文献,如:西文报刊转载日本《大陆新报》漫画。1941年夏,拉铁摩尔任职蒋介石顾问后不久,日本《大陆新报》即刊登漫画,将拉铁摩尔(ラテモア)描绘成一名蓄着胡须,脚穿长筒军靴的人(与拉氏本人容貌相去甚远),对蒋介石指手画脚,令其在中国军政两界洗牌换将。该画一笔道出日媒反美、反蒋、反共、反苏的政治倾向,可令人一瞥日本战时文宣。

西文报刊转载日本《大陆新报》漫画(1941年)

  该档还含有一部分出版物,如:《蒋夫人宋美龄致大洋彼岸儿童信:中国战争遗族子弟面向未来》(Chiang May-ling Soong,"A Letter from Madame Chiang Kai-shek to Boys and Girls Across the Seas:Chinese Warphans Facing the Future",1940)。信中包括一批中国战争遗族子弟生活、劳动、就学照片。

《蒋夫人宋美龄致大洋彼岸儿童信:中国战争遗族子弟面向未来》(1940)

四、"档案盒(29):演讲,广播稿,讲稿,1941—1946,无确定日期"
(BOX 29. Speeches, Broadcasts, and Lectures, 1941—1946, undated)

"第29号档案盒"中包括拉铁摩尔1941年至1946年的演讲、广播稿等文献。1943年7月8日拉铁摩尔以美国战争情报局太平洋分部主任身份参加在斯坦福大学举办的"镇民大会"(Town Meeting)广播节目,主讲"西方霸权战后必须在东亚恢复吗?"(Must Western Supremacy Be Restored in East Asia After the War?)拉氏分析了国际形势,指出战后如果西方试图在东亚恢复霸权,势必引发新的一轮战争。他反诘道:"我们终结一个由法西斯、军国主义霸权体制挑起的弱肉强食的战争后,难道又准备建立我们自己的霸权体制吗?"即使在战争期间,人们已对战后的西方霸权、世界新格局、种族主义、民族主义、殖民主义备感关心。此类文献无疑对研究、解读美国政界和普罗大众在战前、战中、战后对世界形势思考的变化及学界在这种变化中起的作用很有益处。

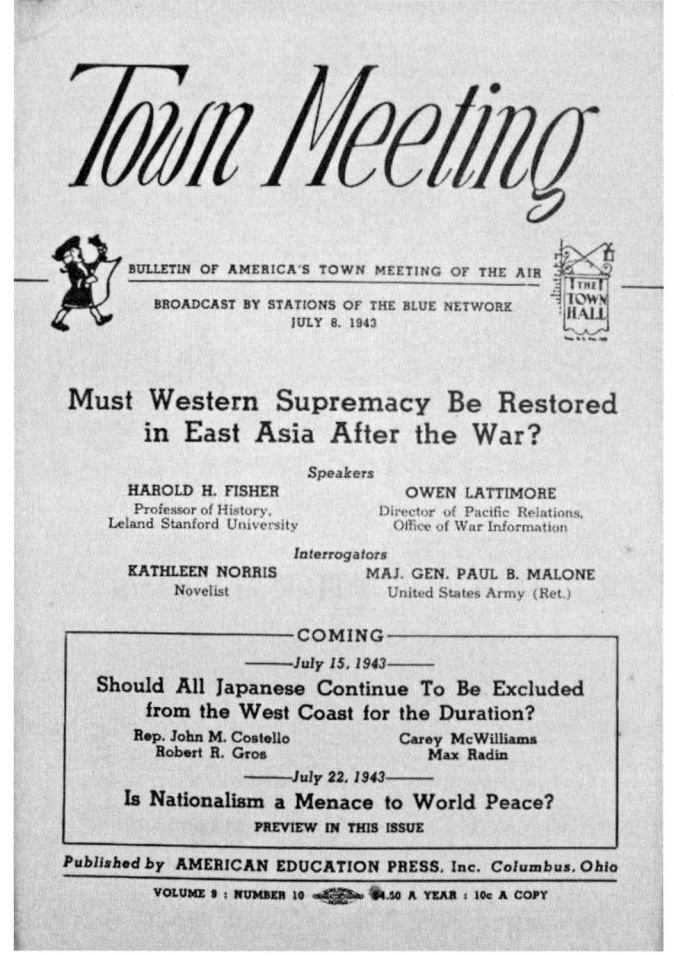

"镇民大会"广播节目"西方霸权战后必须在东亚恢复吗?"(1943年7月8日)

该文档还含有主管外交事务的中国国防最高委员会秘书长王宠惠1941年7月24日写给拉铁摩尔的亲笔信。信附中苏解决外蒙古问题的原则协议及中苏政府间的照会。由此可见中国高层希望美方了解中苏解决外蒙古问题的方案,同时为咨询"蒙古通"拉铁摩尔提供参考材料。

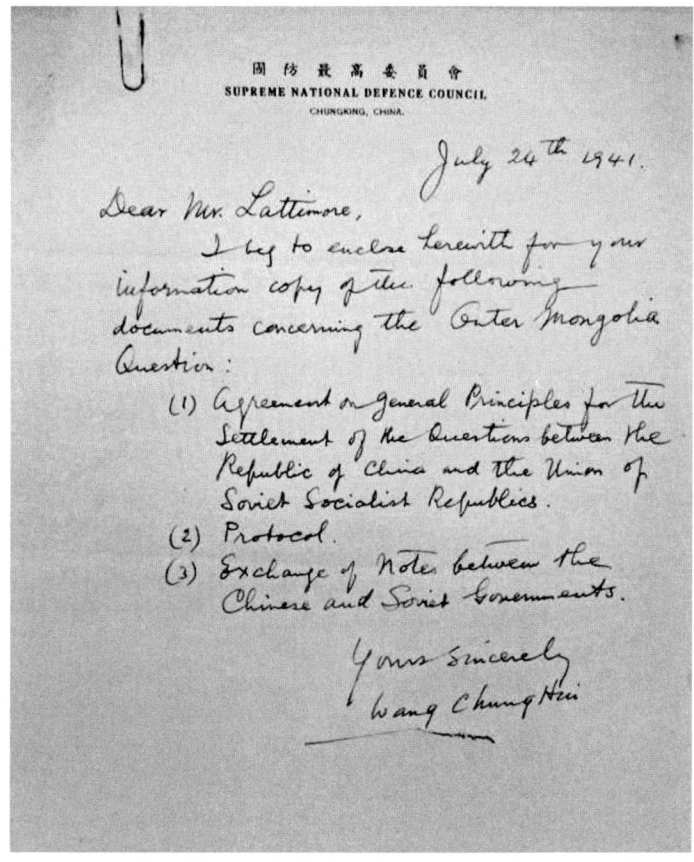

1941年7月24日王宠惠致拉铁摩尔信

五、结语

"欧文·拉铁摩尔手稿"中涉及中国抗日战争的文献以往较少为研究者利用。作为外交界的学者、学界的外交家,拉氏以两栖身份存留的文献无疑为史家开辟了更广阔的研究空间。希望本文能激发学人兴趣,在研究领域中尚待开垦的处女地上播种、收获,进一步推动史学界对中国抗日战争、战时中美关系的研究。

参考文献

1. Flynn, John T. *The Lattimore Story*. New York: Devin-Adair, 1953.
2. Kahn, E. J., Jr. *The China Hands*. New York: Viking, 1975.
3. Lattimore, Owen (With FujikoIsono). *China Memoirs*. Tokyo: Tokyo University Press, 1990.
4. 美国国会图书馆手稿部,《美国国会图书馆手稿部"欧文·拉铁摩尔手稿"指南》(Owen Lattimore Papers: A Finding Aid to the Collection in the Library of Congress): http://rs5.loc.gov/service/mss/eadxmlmss/eadpdfmss/2003/ms003022.pdf.
5. 美国国会图书馆手稿部,《美国国会图书馆手稿部检索目录》(Library of Congress Manuscript Division Finding Aids Online):https://www.loc.gov/rr/mss/f-aids/index.html.
6. Newman, Robert P. *Owen Lattimore and the "Loss" of China*. Berkeley, CA: University of California Press, 1992.
7. 齐锡生,《剑拔弩张的盟友:太平洋战争期间的中美军事合作关系(1941—1945)》,台北:联经出版公司,2011年。

史沫特莱档案收藏在美国及其传奇人生[①]

◎刘 倩 罗伯特·斯平德勒[②]

摘 要:

  作为一名在中国家喻户晓的美国记者、作家和社会活动家,艾格尼丝·史沫特莱也是美国亚利桑那州立大学最知名的校友之一。大量有关史沫特莱的珍贵资料被保存在学校的特藏馆,成为研究其生平思想不可多得的一手资料。本文通过描绘麦金农教授夫妇多年坚持不懈的追踪寻访与收集整理工作,讲述了亚利桑那州立大学获得这些资料的曲折收藏过程。值得注意的是,其许多藏品都与史沫特莱在中国任记者期间的职业生涯相关,反映了1938至1948年在抗日战争及二战期间发生在中国的重要历史事件。在介绍这些丰富馆藏的同时,笔者亦试图借助史沫特莱本人的作品、有关她传记研究的权威著作以及亚利桑那州立大学图书馆收藏的图片、手稿和通信等资料来介绍她传奇而富有鲜明个性的人生经历。

关键词:

  史沫特莱;麦金农夫妇;亚利桑那州立大学图书馆

---

  ① 笔者在撰写此文的过程中,曾专门采访了著名史沫特莱研究专家、《史沫特莱传》作者斯蒂芬·麦金农(Stephen MacKinnon)教授并得到了麦教授的热情支持与帮助。文中所用图片多选自亚利桑那州立大学档案馆史沫特莱收藏集。

  ② 刘倩,东亚研究博士,美国亚利桑那州立大学图书馆东亚研究方向研究馆员;罗伯特·斯平德勒,亚利桑那州立大学档案馆馆长。

Agnes Smedley's Archives in America and Her Legendary Life

◎ Qian Liu　Robert Spindler

Abstract：

As a well-known American journalist, writer, and social activist in China, Agnes Smedley is also one of the most famous alumni of Arizona State University. Plenty of valuable archives about Smedley were preserved in the university's special collection, which became rare first-hand materials for the study of her life and thoughts. This article describes the tortuous collecting process of these archives by describing Professor MacKinnon and his wife's persistent pursuit over the years. It is particularly noteworthy that many materials of this collection are related to Smedley's career as a journalist in China, reflecting the important historical events that took place in China during the Anti-Japanese War and World War II from 1938 to 1948. While introducing this rich collection, the author also attempts to introduce Smedley's legendary and distinctive life experience based on her own works, authoritative works on her biography, and the photos, manuscripts, and correspondences collected by the Arizona State University Library.

Keywords：

Agnes Smedley; Janice R. MacKinnon and Stephen R. MacKinnon; Arizona State University Library

　　每当有中国的学者访问美国亚利桑那州立大学（以下简称亚大），校方都会特意安排他们参观位于海登图书馆内的档案馆，因为这里收藏着一位最知名校友——艾格尼丝·史沫特莱（Agnes Smedley，1892—1950）的大量珍贵资料。

　　作为一名在中国家喻户晓的美国记者、作家和社会活动家，史沫特莱用她的文章和专著向世界积极介绍中国抗战及革命。其著作《伟大的道路：朱德的生平和时代》和埃德加·斯诺的《西行漫记》并列为西方作家向世界介绍中共革命的经典著作。中国视其为"中国人民之友、美国革命作家"以及"将自己的命运和中国人民的命运紧密地联系在一起"的杰出女性。[①] 而在西方世界的评论

---

① 分别引自朱德为史沫特莱在八宝山革命公墓题词和康克清为麦金农《史沫特莱传》一书中文译本题词。

里，她不仅是一位支持中国共产主义革命、妇女解放、印度独立运动的著名左派记者，她还是一个富有争议性的人物，被指控为共产国际间谍，是著名的"麦卡锡主义"受害者之一。

一、曲折的收藏过程

亚大之所以能够得到有关史沫特莱的珍贵藏品和简尼丝·麦金农（Janice R. MacKinnon）与斯蒂芬·麦金农（Stephen R. MacKinnon）夫妇近十四年的不断追踪寻访、收集整理是分不开的。20世纪70年代初，麦金农夫妇受聘于亚大历史系，开始从事亚洲史和中国现当代史的教学工作。他们无意中发现这里居然是和当代中国革命及印度解放运动有着密切关联的史沫特莱的母校。而简尼丝阅读了她所写的书后，对她传奇式的生平愈发感到好奇。随着阅读的深入，他们决定研究史沫特莱，探讨她不平凡的生命轨迹和内心成长世界。

由于麦金农夫妇都从事与亚洲研究有关的事业，他们很快开始了行动。在他们开始这一研究工作之前，人们对史沫特莱的生平知之甚少，甚至她的出生年月在当时也是个谜。她发表过的几百篇文章，大量的私人通信和文稿也难于查阅。麦金农夫妇通过各种关系找到了史沫特莱在世时的许多重要亲友，这其中包括她第一任丈夫厄内斯特·布伦丁（Ernest Brundin）的妹妹索伯格（Thorberg）和他的第二任妻子埃莉诺（Elinor）、她的侄女伊丽莎白·史沫特莱（Elizabeth Smedley）、生前的亲密朋友弗洛伦斯·伦农（Florence Lennon）和托尼·威利森（Tony Willison），在中国建立起革命友谊的路易·艾黎（Rewi Alley）及曾为她拍下珍贵历史照片的摄影记者和好友艾诺·泰勒（Aino Taylor）等人，这些人都对他们收集史沫特莱资料的工作给予了重要的帮助。比如艾诺·泰勒就将她仔细保存的所有有关史沫特莱的照片捐赠给了亚大图书馆，同时将其复印件交由北京的中国革命军事博物馆保存。另一个相同的例子是，他们还在墨西哥的阿尔塔米拉诺城（Altamirano）找到了当时作为史沫特莱房地产执行人的密尔德里德·普赖斯·科伊（Mildred Price Coy）女士，并最终成功地说服她于1974年将其保管的史沫特莱的文章、照片和各种资料也捐赠给了亚大图书馆。其后，在多方支持与资助下，他们考察了史沫特莱在美国经历的各地，到欧洲、印度尤其是中国尽可能搜寻一切有关她的多方面资料。他们为此专门拜访、会见了包括周恩来、茅盾、老舍、周立波、夏衍、萧三等在内的，活跃在20世纪30年代的32位中国领导人和知识分子。其中陈翰笙和戈宝权是他们特别感谢的中国学者。在1976年麦金农夫妇作为外国专家在北京工作时，他们结识了陈翰笙这位从事过长达25年地下工作的社会学家，几乎每星期都到陈教授家叙谈。作为史沫特莱的挚友，陈翰笙和史沫特莱及其情人——著名的"红色间谍"理查德·佐尔格（Richard Sorge）之间的传奇故事与一起经历过的动人心魄的谍海风云至今仍为人津津乐道。

早在他们于1979年开始写《史沫特莱传》之前，麦金农教授就联系了当时的亚大图书馆的档案馆馆长阿尔伏雷德·托马斯（Alfred Thomas），请求他一起负责收藏和保存史沫特莱的资料。而在当时特定的政治环境下，托马斯起初对收藏这个曾被美国中情局长期跟踪的"赤色分子"的资料还有些犹豫。在1949年"麦卡锡主义"的反共潮流中，史沫特莱受到严重的政治迫害，被指控为苏联政府的间谍和特务，人们对她的印象仍是一名危险的激进分子和"共产党嫌疑分子"。针对史沫特莱的收藏与研究在当时无疑都是有一定风险的。而当托马斯从麦金农教授处得知史沫特莱已经被美国知名的《生活》杂志评为最伟大的百名美国妇女之一后，他坚定了信心，不再犹豫，也积极加入到收藏和保存史沫特莱资料的重要工作中。正是由于麦金农夫妇始终坚持不懈的努力与追求，像托马斯这样勇敢者的参与，我们今天才有幸在亚大图书馆看到大量有关史沫特莱的原始资料。

二、丰富的档案藏品

今天的亚大已经是位于繁华的大凤凰城都市区，拥有四个校区，全美招生人数最多的公立研究性大学。其前身是坦佩师范学校。而在一百多年前的1911年9月11日，希望成为一名教师的史沫特莱以旁听生的身份进入这座印第安人居留地旁仅有267名学生的师范学校学习。作为母校，亚大有关史沫特莱的收藏共计46箱,包括了1911年至1981年间的相关新闻剪报、照片、手稿、演说词、讲演稿、信件、印刷品与文物。值得注意的是,其中大量的藏品都与史沫特莱在中国任记者期间的职业生涯相关,反映了1938至1948年在抗日战争及二战期间发生在中国的许多历史事件。例如,藏品中可见抗战期间众多中国政治人物的演讲稿、文章、诗歌和报告。史沫特莱收集并保存了这些资料,用作自己写作演讲的重要素材。战争期间印发的多种通讯简报和军事出版物也是她专门收藏的资料。当时对多起历史事件的报道也被史沫特莱以新闻剪报的形式保存下来。而由史沫特莱亲笔撰写的数量丰富的手稿、演说词、演讲稿和信件等无疑为研究其生平思想提供了一手资料。

值得特别指出的是,藏品中的原始照片总计三百多张,是研究史沫特莱生平及战争中的中国人民、中国军队不可多得的重要影像资料。在这些照片里,我们可以找到那张著名的史沫莱特与其中国朋友毛泽东和朱德在延安根据地的合影,可以看到追悼白求恩大会的场景,也可以看到当年的八路军战士、"红小鬼"、烈士孤儿、国民党桂系士兵、救护受伤士兵的修女、慰问伤员的平民、因饥荒被贩卖的孩子以及面带痛苦神色的中国工人等。为介绍这些影像资料,由档案馆制作,题为"大地的女儿:艾格尼丝·史沫特莱收藏集"的网站展出了部分有代表性的照片。①

三、传奇的人生经历

根据艾格尼丝·史沫特莱1928年所写的自传《大地的女儿》和留下来的早期资料,她在二十岁前长期生活在一个"多半是粗躁的声音、狂暴的吵闹、哭泣、饥饿、贫穷"的严酷环境下。② 她于1892年2月23日出生在美国密苏里州奥斯古德(Osgood,Missouri)乡村地区的一个小农场营地里。她的父亲查尔斯·史

---

① 网站主页地址为 http://www.asu.edu/lib/archives/smedley.htm。网站分以下两个主题来介绍史沫特莱:"史沫特莱她的人生片段"及"外国记者在中国"。
② 见《〈大地的女儿〉——史沫特烈作》一文,范桥、卢今编《萧红散文》,北京:中国广播电视出版社,1993,第356页。

沫特莱和母亲莎拉·莉迪亚曾是当地的邻居,两人私奔后在附近的小镇结婚。在史沫特莱12岁之前,她和她的父母还有四个兄弟姐妹大部分时间生活在一个极为拥挤简陋、只有两间居室的小木屋里。父母主要靠给别人帮工和打零工勉强维持一家人的生活。

图片1 史沫特莱一家的照片　　摄于1899

(前排从左至右:妹妹默特尔[Myrtle],弟弟约翰[John]和山姆[Sam];后排从左至右:父亲查尔斯[Charles],艾格尼丝[Agnes]本人,姐姐内莉[Nellie]和妈妈莎拉·莉迪亚[Sarah Lydia])

在1908至1910年间,史沫特莱曾幸运地通过教师考试,在新墨西哥州的拉顿和周围的小学教书。可惜好景不长,年仅42岁的母亲莉迪亚由于长期营养不良和严重的肺结核疾病突然病危,她不得不因此辞职回到家中。后来史沫特莱也尝试过秘书和杂志推销员的工作来挣扎着生存,可是在经历了一系列男性的非礼后,她在绝望中写信给她的好朋友大个子巴克(Big Buck)求助。大个子巴克很快回了信,为她提供了及时帮助,了解到她对读书和回到学校的渴望后,当即慷慨资助了她6个月的学费,使她在1911年得以来到亚利桑那州立大学的前身,即坦佩师范学院学习。这个人西部侠客式的拔刀相助无疑促成了史沫特莱一生中的重大人生转折,也使她与亚大由此结下了不解之缘。

图片2　大个子巴克的照片　　摄于1899

(巴克在史沫特莱拒绝了他后来的求婚后,据说参加了墨西哥革命并在革命中牺牲。史沫特莱则将巴克的这张牛仔照片一直保存在身边)

虽然史沫特莱从1911年9月到1912年5月这段在坦佩的日子并不是太长,但这绝对是她生命中充满快乐、思考和激情的一段岁月。亚大档案馆史沫特莱收藏集里包括了许多反映当时美国西部和她在学校学习生活的图片。史沫特莱在这些日子里,除了学校的课程与实验,她还积极参与学校的许多俱乐部活动,受到同学们的热烈欢迎。作为一个文学和辩论的爱好者,她是学校至美至善文学社(Kalakagathea Literary Society)的成员之一,并且成为学校霍勒斯·格里利俱乐部(Horace Greeley Club)的创建人。霍勒斯不仅是美国著名的政治改革家,也是划时代的报业人,是全美第一家全国性报纸《纽约论坛报》(New York Tribune)的创办者和编辑。与此同时,史沫特莱在新闻及撰稿方面过人的天赋还帮助她先后成为了学校周刊《师范学生》编辑部的明星撰稿人和首席记者,并于1912年5月29日被大家推选为主编。这时期她撰写的文章有《塔斯科萨》《杂志代理商》《情人节》以及反对对印第安人和中国人存在种族偏见的《罗曼史》和《黄种人》等。这些成就对一个入学不久且只有旁听生资格的二十岁女孩来说,无疑是个巨大的肯定与鼓舞。而这些在坦佩师范学院的宝贵经历无疑对她今后成为一位蜚声国际的左派作家和记者起到了很大的促进作用,也帮助我们更加了解她对自己日后职业生涯的重要选择。因为经济上的困窘,史沫特莱被迫中断了她在坦佩的学业。但她在第一任丈夫厄内斯特·布伦丁的资助下,到加利福尼亚的圣地亚哥师范学院完成了学业。在那里,她在新闻和写作方面的才华再一次得到展露,她帮助创办了学校的周报《师范消息》。

图片3　史沫特莱和格里利俱乐部成员的合影。前排左起第三人是史沫特莱　　摄于1911

图片 4　史沫特莱和至美至善文学社成员的合影。史沫特莱在第二排最右边　　　摄于1912

图片 5　史沫特莱在圣地亚哥师范学院　　摄于1914年10月

史沫特莱与中国和中国革命长达二十年的不解之缘始于1928年年末。她当时途经苏联与中国东北交界处来到中国，身份是德国《法兰克福报》特派记者。尽管在来之前，史沫特莱已经做好了一定的精神准备，可是在亲眼目睹了惨不忍睹的社会黑暗现状后，初次踏上中国土地的史沫特莱在精神上仍受到了不可思议的震撼和冲击。从这时开始，她就产生了用自己的声音和写作为中国贫苦人民及其革命来呐喊支持的愿望。

自从1929年到达上海后，史沫特莱在其后的五年中和这个国际化大都市里很多著名的中国知识分子都有过深度交往，尤其是倾向社会革命的左翼作家。通过和茅盾的交往，史沫特莱在1929年底认识了中国新文化运动的先驱和中心人物鲁迅，那时她正好到中国整整一年，对中国有了更具体深刻的认识。鲁迅和史沫特莱成为终身的挚友。1931年左翼作家联盟包括胡也频在内的五位重要成员遭到国民党当局的残忍杀害，史沫特莱冒着巨大风险帮助胡也频的妻子，即著名女作家丁玲暗中逃出上海。另一个和史沫特莱有着重要联系的名人是陈翰笙，他是中国早期的农村经济学家、社会学家和历史学家，也是一位有着无数精彩故事、长期从事地下革命和谍报工作的革命者。他和来自新西兰的路易·艾黎（Rewi Alley）都在帮助史沫特莱了解当时中国的严酷现实方面做出了重要贡献。出于对陈翰笙的信任，史沫特莱将那时与自己有亲密关系的理查德·佐尔格（Richard Sorge）介绍给他。佐尔格的表面身份是驻上海的德国记者、自由撰稿人，其真实身份却是苏联共产党和谍报人员，负责监视日本军队在伪满洲国的活动以及对苏联的威胁，被称为第二次世界大战中极富神秘色彩的"红色间谍"。史沫特莱与他兴趣相投，颇具浪漫色彩，而在她给弗罗伦斯的信中，她把这种关系描述为"一种宏伟、广阔、全面的朋友情谊和同志关系"。①陈翰笙后来成为佐尔格在中国谍报小组的最重要人物以及在中国开展工作的最主要助手。这两个富有传奇性的人物围绕在史沫特莱的周围，为她的人生增添了不少新的色彩。

在1932至1934年间，史沫特莱先后撰写和发表了《国民党反动的五年》

---

① 参阅史沫特莱于1930年5月28日写给朋友弗罗伦斯的信。

（1932年5月）、《中国人的命运》(1933)、《中国红军在前进》(1934)等一系列文章和著作。对中国的政治局势、国民党的统治和江西苏维埃区的斗争都向外界做了较为详尽的介绍。当1936年12月12日震惊中外的"西安事变"发生时，史沫特莱成为这一重大历史事件的目击者。她不仅走上街头，亲自救护被释放的红军俘虏和政治犯，还采访了张学良、杨虎城将军，开始在张学良的总部每晚就事件用英文对外做新闻广播。她的报道打破了当时国民党官方报道的封锁，激起了强烈反响，使她进一步成为国际性的知名记者。在这次事件后，史沫特莱于1937年1月正式接到中国共产党的邀请访问延安，从此翻开了她传奇人生的另一篇章。

当史沫特莱来到延安后，她在这段时间里会见和采访了朱德、毛泽东、周恩来、彭德怀等多位中共高级领导人。正如她融入了主观感情色彩的新闻报道，她对这些改变中国未来命运的重要人物的描写也是毫不掩饰个人感情的。例如，她认为"毛泽东则对学生讲自己的祖国和人民、民族的历史和大众文艺。他引用《红楼梦》《水浒传》一类古典文学作品中的故事。他懂旧诗，而且就诗品而言也是一个诗人。他的诗具有古代诗人的风格，但诗中流露出他个人探索社会改革的一股清流气味"。① 有着传奇经历的总司令朱德无疑是史沫特莱最为崇拜和最想了解的红军将领。她从1937年的4月份开始就频繁接触和多次采访朱德，记录他近三十年来和中国革命共同走过的生命和思想历程。她撰写的《伟大的道路：朱德的生平和时代》成为世界了解朱德最重要的著作。在她1950年去世前夕病重的情况下，仍然坚持做这本著作的修订工作，并在向友人玛格丽特·沃森·斯洛斯（Margaret Watson Sloss）托付最后的安排中提出"由我的著作而获得的全部收入，不论来自何处，全归中国人民解放军总司令朱德将军所有，由他按照他的愿望处理……那就是说，建设一个强盛和自由的中国"。② 这本书在她去世六年后终于在美国出版。史沫特莱在延安的日子可谓苦乐参半，在经历了一系列风波后，她于1937年8月结束了在延安的日子。

---

① 阿古拉泰著，《名人眼里的毛泽东》，青岛：青岛出版社，2003，第108页。
② 简·麦金农、斯蒂文·麦金农著，江枫、郑德鑫等译，《史沫特莱传》，沈阳：辽宁人民出版社，1991，第466页。

图片 6　史沫特莱与毛泽东和朱德的合影　　摄于 1937

离开延安后,怀着坚定支持中国革命的信念,史沫特莱渴望到更多能发挥她作用与能量的广阔天地去。她的第一站是国共合作期间由红军改编的八路军总部。她在这期间成为八路军中第一个随军外国记者,和八路军建立了深厚的感情,并将这段经历载入她的许多文章和另一本向世界热情介绍中国革命的著作《中国在反击》中。面对这些在艰苦环境下抵抗日本侵略,为正义和国家而勇敢战斗的士兵们,她深情地写道:"我渴望着突然获得一种洞察力,使我能够看清他们的头脑和内心,描绘出他们对于这场伟大斗争的信念,为了这场斗争,他们献出的不只是生命。"[①]她出色的战地报道为她赢得了国际新闻界的承认与尊重。在 1938 年 1 月至 10 月武汉成为史沫特莱来华十年,继上海和西安后给她留下深刻印象的另一个中国大城市。当时日军已经攻陷国民政府首都南

---

① 史沫特莱著,江枫译,《中国在反击:一个美国女人和八路军在一起》,长沙:湖南人民出版社,1987,第 124 页。

京，严重威胁包括武汉在内的中国南方广大地区。在这个临时的抗战首都，她成为《曼彻斯特卫报》(Manchester Guardian)的正式特派记者，为报刊从7月至10月武汉沦陷仅三个月间就撰写了50余篇新闻报道，向世界介绍武汉乃至中国的紧张战势。与此同时，她一如既往，将大量精力和时间放在为中国红十字会募捐、为伤兵争取救护和医疗的事业上。她尽一切可能寻求各种捐助和支持的渠道，从美国大使馆到教会医院，从海外华人到中国普通民众的大型募捐集会。

正是这种执着而无所畏惧的精神，让史沫特莱在武汉沦陷、局势愈发危急的形势下，做出了一个令所有人出乎意料的选择：到前线去，到最危险的地方去。从鱼龙混杂、国际化的大都市上海到惊心动魄、发生过改变中国现代史事件的西安，从艰苦清贫的红色延安到山西山区奋勇抗敌的八路军总部，从日军频繁空袭下的武汉再到危机四伏、险象环生的华中战区，我们可以清晰看到她自从踏上中国这片土地后一直坚持前往的轨迹和方向。在1938年11月至1940年4月间，作为一名在战区访问时间最长的外国战地记者，史沫特莱实地采访和报道了国共两党领导的许多抗战军队和地区游击队，例如李先念、张自忠、李宗仁等率领的部队，而她主要跟随的是周恩来介绍的由项英和叶挺领导的新四军。她所到之处受到了军队和人民的热烈欢迎，被称为"我们伟大的朋友"。在战区，她常常在敌机轰炸时冒着生命危险，帮助受伤的军民。她还记录了许多像她一样将用自己的生命和信念无私地支持中国革命与抗战的国际友人，他们来自世界各地，当中有医生、修女、牧师、记者，还有游击队的战士。

图片 7 安徽省文化战时委员会欢迎史沫特莱的合影。第二排居中是史沫特莱
摄于 1939 年 9 月 28 日

图片 8 史沫特莱拍摄的悼念白求恩大会的现场   摄于 1939 年

图片 9　史沫特莱拍摄的新四军晚间为她举行的欢迎会　　　摄于 1940 年

由于在战区长期极其紧张艰苦的生活，史沫特莱的健康遭到了严重损坏，她决定暂时回到美国治疗日益严重的疾病，同时为中国的抗战和革命争取国际上进一步的舆论支持与物资援助。1941 年 5 月，史沫特莱回到了阔别 21 年的美国。一到加利福尼亚，她就进行了一系列激动人心的演讲，向美国民众介绍中国的真实情况。同时，她还积极支持洛杉矶支援中国委员会的活动。1941 年 12 月 7 日日本偷袭珍珠港，拉开了太平洋战争的序幕，作为中国问题专家的史沫特莱有关中国抗战的宣传和美国对亚洲外交政策的鲜明主张在世界范围内也随之获得了更多关注和积极反应。《中国的战歌》于 1943 年 9 月终于在纽约面世。随着日益增加的声望与美国民众对她的支持，她于 10 月还开始了美国国内的巡回演说，发表了大量像《社会革命在中国》这样的热情生动的讲演，其足迹遍布纽约、波士顿、芝加哥、休斯敦、新奥尔良、乔治亚等大小城市。她用大量的事实动情介绍了中国军民为抗击日本法西斯侵略正在做出的巨大牺牲和重要贡献，为支援中国的医疗救护工作大声疾呼。

Agnes Smedley,
Yaddo,
Saratoga Springs, N. Y.

I-23

[23]

TEARS ACROSS THE FACE OF CHINA

Each winter the Old Weaver, who had once been a soldier in the great Taiping Army, came to the home of the Chu family in Szechuan Province, and each winter Little Puppy (the child called) waited impatiently for the old man to set up his narrow loom, the spindles of coarse cotton thread spun by the women of the Chu household, fill the shuttles, and begin to weave.

Half a century later, when this same Little Puppy, child, had become known to the world as General Chu Teh, commander-in-chief of the Chinese Communist armies, it was the Old Weaver who emerged from his teeming memories as one of the chief influences in his life. He remembered the old man's hands, long, bony and brown, which flew like light, but above all he remembered his tales of the Taiping armies and its great chieftain, Shih Ta-kai, known as the I-Wang, or Assistant Prince, to the Taiping mystic and prophet, Hung Hsiu-chuan. It was Shih Ta-kai of whom the Old Weaver always spoke, for Shih was the most beloved folk hero of the Chinese people.

It was the end of the nineteenth century when little Chu Teh listened to the old man's tales, and once again the Chinese people were restless under the decadent Manchu Dynasty which had lost war after war with the western powers. In conservative intellectual circles there was talk of a constitutional monarchy, but among the people there was talk of the achievements of the Taipings.

Less than fifty years had fled since the Taipings had first arisen, and official historians had always called them bandits and blood-thirsty men who had left China a desert. Every stone upturned in the

图片 10　史沫特莱 1943 年在纽约雅都社区所写的题为《泪水流过中国的脸庞》的手稿第一页

> University of
> Chicago Lectures

I-16　[16]

　　　Facing this audience, and considering the title of ~~this may~~ address, The Social Revolution in China, I am reminded of the old Chinese story which recently appeared in Life magazine. It was about an old Chinese artist who had spent a lifetime painting dragons. His house was filled with such paintings. One day, as he sat painting another dragon, he glanced at his window sill and saw a pair of huge claws gripping it; right behind the claws arose the huge head of a dragon that smiled at him in a friendly manner. Instead of welcoming a creature he had admired all his life, the painter fled screaming from the room. ~~Outside the door he tripped on the dragon's tail which had been draped there, anticipating a friendly welcome.~~

　　　The morale to this tale is: "Be sincere".

　　　When tidied into books, or related from a platform in Chicago, a social revolution may sound exciting, and fascinating, ~~or fearful~~. But what if one came to pay a friendly visit?

　　　It is strange that Americans, whose history is rooted in revolution, ~~~~~~~~ cower before the words "social revolution," or even "revolution". Yet Jefferson did not cower before either the American or French revolutions. He said such fermentations were a healthy sign, an indication of common men groping for manhood. His historic words have come down to us ~~~~~~~~~~~~~~~~~~~~~~~~~~~~~ that "the masses of men are not born with saddles on their backs, and a chosen few booted and spurred to ride them legitimately, by the grace of God."

　　　There are so many facets of the Chinese social revolution, so many manifestations of it, that the theme is endless. Let us take, for example, Dr. Sun Yat-sen's last will and testament.

图片 11　史沫特莱在 1943 年 12 月在芝加哥大学所做题为《社会革命在中国》的演讲稿第一页

图片 12 为史沫特莱讲演所设计的宣传海报,约制作于 1944 年

1945年伴随着第二次世界大战的结束,国际政治局势逐步向美苏两大阵营冷战的趋势发展。史沫特莱在1946年7月被华盛顿联邦调查局总部列入特别治安监视名单,怀疑她是共产党员或苏联派遣的谍报人员,认为她在美国的活动会"对公众和平和美国政府安全构成危险"。① 利用史沫特莱和佐尔格曾有过亲密关系这一点,其政敌和美国军方情报部门对其发起了一系列最严厉的

---

① 简·麦金农、斯蒂文·麦金农著,江枫、郑德鑫等译,《史沫特莱传》,第408页。

指控和恶毒攻击,在缺乏证据的情况下不断企图将她是一名苏联政府间谍和特务的罪名坐实。到了1949年,史沫特莱失去了发表演讲和文章的权利,她完全处在严密的人身监控和愈加严重的政治迫害的阴云笼罩下,她的身体健康也每况愈下。1950年5月6日,在这个悲伤的日子里,史沫特莱因为胃部手术的影响、肺炎和急性心力衰竭而突然离世。通过她去世前留给朋友的信件与嘱托,我们能够发现她在生命的最后时刻里,依然惦记的是中国的革命事业。正是这种对中国人民和中国革命至死不渝的忠诚和信仰,每当我们读到史沫特莱关于中国的著作,翻阅那一页页关于史沫特莱的历史资料和图片,我们的脑海中不禁回想起她常常被引用的一段对自己的总结:"我到过很多国家,但无论到哪儿,我总归是一个外国人;只有当我在中国的时候,我就不感到自己是个外国人。在那儿,我总以为自己是中国人民中间的一个,我仿佛已经生根在那片土地上了……"

参考文献

1.Janice R. MacKinnon and Stephen R. MacKinnon, *Agnes Smedley: The Life and Times of an American Radical*. Berkeley: University of California Press, 1988.

2.简·麦金农、斯蒂文·麦金农著,江枫、郑德鑫等译,《史沫特莱传》,沈阳:辽宁人民出版社,1991。

3.史沫特莱著,陶春杰校译,《大地的女儿》,北京:生活·读书·新知三联书店,1981。

4.史沫特莱著,江枫译,《中国的战歌》,北京:作家出版社,1986。

5.史沫特莱著,江枫译,《中国在反击:一个美国女人和八路军在一起》,长沙:湖南人民出版社,1987。

6.史沫特莱著,梅念等译,《伟大的道路:朱德的生平和时代》,北京:新华出版社,1985。

中美文化使者,琳琅典籍珍藏
——美国汉学家贾德纳及其中文藏书[①]

◎ 王 立[②]

摘 要:

本文通过对美国汉学家、哈佛大学教授贾德纳(1900—1966)的学术生涯与布朗大学中文图书馆藏发展的回顾,论述北美研究型东亚图书馆在中国研究学科发展中的关键作用。首先简述贾德纳与中国结缘的一生,特别是他在20世纪20、30年代两次赴华访学的经历和收获。然后介绍贾德纳作为美国汉学研究的先驱的学问、成就和影响。进而通过近年来发现的文献和实物,评赞贾德纳先生的高尚品行风范和他与中国学者之间跨越太平洋的友好情谊。并以东亚图书馆的跨世纪发展的实践,强调贾德纳对美国中国研究和大学中文图书馆建设的深刻见解、真诚愿景及前瞻意义。还叙述贾德纳最后的奉献——捐赠图书善本给布朗大学图书馆的始末及珍藏价值。进而揭示在国际上中国研究蓬勃兴起的今天,贾德纳先生历史地位及其中文典藏的重要意义。

关键词:

贾德纳;美国汉学家;中国研究;古籍善本;东亚图书馆;布朗大学;跨文明交流

[①] 本文部分内容曾在2019年4月3日《中华读书报》上发表,并在中国研究图书馆员丹佛年会上介绍。其后根据同仁建议和新获信息做了大量增补及文字修订。在此特别感谢哈佛燕京图书馆马小鹤先生专门提供有关文献资料的支持帮助。

[②] 王立,美国布朗大学东亚图书馆馆长、高级研究馆员、宗教学博士、图书馆与信息科学硕士。

An Envoy of the Sino-American Cultural Exchange with the Gem of Classical Books——American Sinologist Charles S. Gardner and the Chinese Collection at Brown University

◎ Li Wang

Abstract:

American Sinologist Charles S. Gardner (1900—1966) was a former professor at Harvard University. This paper, through reviewing Prof. Gardner's scholarly career and the development of Chinese collections at Brown University in retrospect, discusses the key role research East Asian libraries in the North American universities have played for the progress in the Chinese studies field. It first sketches the Gardner's lifetime linked to China, especially his two fruitful scholarly journeys to Beijing in the 20's and 30's of the 20th Century. It then introduces to Gardner as a pioneer of American Sinology and his scholarship, achievements, and influence. Next, by means of examining archival documents and objects recently discovered, it commends Gardner for his lofty moral and demeanor as well as the friendship across the Pacific Ocean between Gardner and Chinese scholars. Through briefly reviewing the cross-century development of East Asian collections, it highlights Gardner's insightful idea and vision on Chinese studies and Chinese libraries in the United States and their prospective significance. It also recounts the last contribution of Gardner—donating his entire personal library including rare books, to Brown University, with the event and the precious value of this collection. Furthermore, the conclusion summarizes that, seeing today's thriving Chinese studies field, the historical importance of Prof. Gardner and his Chinese collections.

Keywords:

Charles S. Gardner; American Sinologist; Chinese Studies; Classical Rare Books; East Asian Libraries; Brown University; Cross-Cultural Exchange

引言

近年来在海外汉学或"中国学"研究的热潮中,有一位时被提及,却尚缺专题论述的二十世纪美国汉学界的先驱人物,这就是著名哈佛学者查尔斯·西德尼·贾德纳教授(Charles Sidney Gardner,1900—1966)(图1)。贾德纳先生不仅是一位勤勉的中国历史学家和目录学家,而且和美国布朗大学图书馆有着不解之"书缘"。他一生挚爱中国文化和典籍,拥有丰富的个人图书藏品,在晚年全部捐赠给了布朗大学,共三万五千多册(件)。这些

图 1　贾德纳教授

(Charles S. Gardner,1900—1966)

典籍成为布朗东亚图书馆典藏的核心和精华。其中九千多册中文线装古籍善本及由中国传统书柜组成的藏书房,成为本馆最具特色的"镇馆之宝"。

笔者的办公室就在古香古色的贾氏藏书房的套间内。刚到布朗工作时,每日出入必经那些极具东方文明特色的藏书柜,自然对这位慷慨捐赠珍藏中文古籍的汉学界老前辈产生景仰之情和探究之心。尤其是这批图书经这位精于目录学的汉学家亲手检阅,具有很高的文物价值和研究价值,理应宣传并及早公诸于世。近年来笔者主持布朗的中文古籍整理项目,并得益于一些出版的各种有关回忆录及海外汉学研究的资料,对贾氏的生平事迹、学术贡献及其藏书有了进一步的了解。还整理发现了他和当时许多中外汉学家、学者学术交往时所获赠的书刊等文献实物。尤其是有幸从贾氏后人那里得到他的珍贵遗照和一些家庭资料。在此特别感谢这些专家和友人,特别是贾德纳先生的外孙女、波士顿学院拉丁美洲研究系主任萨拉·贝克约德(Sarah Beckjord)教授对研究工作的支持和关照。明年是贾德纳先生诞辰120周年,特撰此文以略述和纪念这位对中美文化交流传播做过突出贡献的文化使者和先驱。

一、与中国结缘的一生:贾德纳其人及其访华游学

贾德纳于1900年1月1日生于美国俄亥俄州托莱多(Toledo,Ohio)市。其父是一位建筑师兼房地产商,其母是一位法官之女。贾德纳是家里四个孩子中最年幼的,后随父母迁居到马萨诸塞州。贾德纳家境殷实,从小受到良好的教育,就读于哈佛大学,1922年获哈佛大学学士学位,1923年获硕士学位。后于1935年获历史学博士学位。他的博士论文是研究中国清代制度史和边疆史的,题为"A Chapter of the Basic Annals from the 'Draft Tsing History'"(《清史稿·圣祖本纪》译注)。在学术工作方面,1930—1933年他担任美国学术团体理事会(American Council of Learned Societies,ACLS)中国研究资料搜集调查主任。1933—1937年任哈佛大学中文讲师,1937—1941年任东亚语言与文明系助理教授。太平洋战争爆发后,1943—1945年贾德纳担任宾夕法尼亚大学陆军特别训练计划中国语言和地区研究助理主任,1946—1947年任日本地区研究助理主任。二战结束后,1945—1946年他在哥伦比亚大学教授中国史,1947年教日本史。1948—1949年他曾担任耶鲁大学图书馆的中国史顾问。[①]

贾德纳在大学时代就对东方文明特别是中国传统文化有着强烈的兴趣,并立志进行研究。他曾于1922—1923年间,师从在哈佛大学执教的著名中国学者赵元任先生学习中文,打下了良好的汉学研究的专业知识和语言基本功底。赵元任曾回忆,当时有三名学生跟他学中文,一个是哈佛哲学系主任伍兹(Woods)教授,一个来自俄罗斯,还有一个就是贾德纳——只有他坚持下来后来成了汉学家。[②]次年贾德纳在法国巴黎大学进修,潜心研修了沙畹(Edouard Chavannes,1865—1918)、马伯乐(Henri Maspero,1883—1945)、伯希和(Paul

---

① 中国社会科学院情报研究所编,《美国中国学手册》,北京:中国社会科学出版社,1981,第104页。

② [美]列文森(Rosemary Levenson)编,焦立为译,《赵元任传》,石家庄:河北教育出版社,2010,第147页。

Pelliot，1878—1945)等人的研究要旨，这些当时引领国际汉学界的"法国学派"巨擘对他后来的学者生涯影响很大。接着他又于1925—1928年、1938—1939年两次访学中国(此外是否有短期访华尚未见资料)，在北京大学等院校做过研究。

贾德纳的两次赴华访学都收获颇丰。第一次是1925年到北京进修汉语和做博士论文研究。当时他与爱妻玛格丽特(Margaret)新婚后不久，住在北京东裱褙胡同61号。他们的大女儿萨拉(Sarah)就在次年12月30日诞生于北京。除大女儿萨拉外，儿子约翰(John)1929年5月17日生于波士顿，他自幼体弱多病，后来成为布朗大学教授。小女儿卡罗琳(Caroline)生于1931年7月29日，她就是萨拉·贝克约德教授的母亲。(图2)

图2　贾德纳夫妇及孩子们

东裱褙胡同位于崇文门内，与西裱褙胡同在清宣统以前统称为裱褙胡同，因临近明清开科取士的贡院和字画裱褙工艺繁荣而著称。作为历史悠久的京师古巷，其中民居多深居大院，历来人文荟萃，名人安居流连。贾德纳一家从北美大陆漂洋过海，到此客居，感受到浓郁的老北京传统文化氛围，甚为兴奋。刚到时他曾给其父母寄明信片讲述了这里的点滴生活情景。(图3)

中美文化使者，琳琅典籍珍藏

图 3　贾德纳 1925 年 11 月 18 日从北京寄给美国麻省父母的明信片

这封明信片于 1925 年 11 月 18 日发自北京，正面是传统走街串巷的磨刀人的照片。在背面他写道："（我们）正忙着搬进新房子。木工、屏风、窗帘活都已完工；油漆工和电工还在工作。希望再过三天能搬进我们的起居室——现在我们住在小卧室里。煤炉给我们带来了充足的热量。食物非常棒……朝鲜式箱（柜）子已运送到天津——希望几天后就能得到。"

贾德纳第二次访华是在 20 世纪 30 年代，那时一些美国汉学家陆续来华访问或进修。[①] 他也于 1938 年再次访华，家住在北平南池子。当时的燕京、辅仁大学和中德学会等都活跃着访华学者。据德国汉学家傅吾康（Wolfgan Franke，1912—2007）等回忆，贾德纳邀请所有在北京定居的西方汉学家定期在他家聚会交流，每月一次。[②] 贾德纳先生醉心于中国文化，精于中西目录学，对中文古籍善本尤有不解之"书缘"。他不仅为哈佛燕京图书馆选购了大批图书，

---

① 顾钧，《美国第一批留学生在北京》，郑州：大象出版社，2015。
② ［德］傅吾康著、欧阳甦译，《为中国着迷——一位汉学家的自传》，北京：社会科学文献出版社，2013，第 94—95 页。

而且他自己也收藏了大批珍贵典籍文献,建立起个人的中国研究学术资料库。

二、美国汉学研究的先驱:贾德纳的学问、成就和影响

20世纪30年代,哈佛大学的东亚研究仍处于初创阶段,只有哈佛燕京学社首任社长、汉学家叶理绥(Serge Elisséeff)和魏鲁南(James R. Ware)及贾德纳分别教授中、日文课程。当时也只有三名研究生做中国研究(尚无人做日本研究)。作为当时美国的一位新锐汉学家,贾德纳在中国政治史、边疆和邻国史以及相关的中西文书目方面有独到见解。1936年开设了题为"中国史概论:政治、制度和文化从古到今的演进"的跨系课程。同年刚获牛津大学博士的费正清(John Fairbank,1907—1991)受聘哈佛历史系讲师,开了一门"1793年以来的远东史"的课程。

贾德纳的代表作是《中国传统史学》,这是西方最早的关于中国史学的专著。(图4)书的篇幅不长,仅120页,共分七章。第一章导言,略述18世纪以来特别是20世纪初中国"新史学"之起源、发展和影响;后六章分别论述了修史的动机、校勘学、史料批评、综合方法、体裁和分类。全书材料大多取自西方学者,也有不少中国学者的论著,搜罗尚属详尽。该书概括了中国传统史学的一些特点,并对中西历史写作和研究方式的差异做了简要的比较。作者在书的结尾处指出:中国史书的原本性、综合方法和对探究完整性的坚持不渝是令人尊重和钦佩的。"没有其他古代民族(像中国人一样),拥有整个过去的记录,如此浩瀚,如此绵延不绝,如此精审。"① 该书出版后受到国际汉学界的好评,认为它是理解中国史学的指南,对青年学者的学术训练有重要帮助,由此成为西方中国史研究者的必读书。② 杨联陞也在1961年再版前言中写道:"《中国传统史

---

① Charles S. Gardner, *Chinese Traditional Historiography* (Cambridge, M.A., Harvard University Press, 1938), p.105.

② J. J. L. Duyvendak, "Chinese Traditional Historiography by Charles S.Gardner", *T'oung Pao*, Vol.34, No.3 (1938), pp.238—239; J. K. Shryock, "Chinese Traditional Historiography by Charles S.Gardner", *Journal of the American Oriental Society*, Vol.59, No.1 (Mar., 1939), pp.152—153.

学》出版二十三年后,无论是初学者还是研究专家都发现,这本开创之作中的大量信息和洞见依然很有教益。毫无疑问,它还将被业内的学者所参阅。"①

当然,这本在西方汉学界具有开拓价值的书也不是没有瑕疵。一些中国学者指出其中的偏颇、疏漏和误解之处。由于中国传统史学论著渊源久远,且卷帙浩繁,仅凭这样一薄册实在很难概括其全部精华。加上该书对于中国典籍征引较少,像刘知几的《史通》、章学诚的《文史通义》这样一些重要著作都未论及,不能不说是明显的缺憾。尽管如此,这部著作的开创意义和采用的中西比较的方法还是很有启发性的。特别通过这一实例,我们可以看到中西学者对中国传统文化不同的观点、方法、视角和选材侧重等方面的思考,②可以说见仁见智,各有所长,应当互补。总体而言,贾氏受欧洲特别是法国学术传统影响较深,又参阅了大量中国"新、旧史学"论著,加上他自己的理解和创意,使得他的书成为当时方兴未艾的美国汉学或中国学的崛起之作。

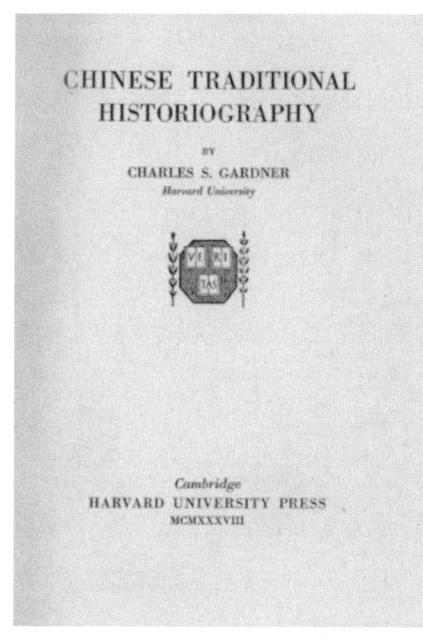

图 4　贾德纳《中国传统史学》内封

此外,贾德纳还编著有《中文罗马拼音的现代方案》("A Modern System for the Romanization of Chinese", *China Journal* 14(1931),pp.7—13)、《美国图书馆藏西方论述中国的书籍联合目录选辑》(*Union List of Selected Western Books on China in American Libraries*,Washington,D.C.,1932)、《美国中国学:资源与设施概览》(*Chinese Studies in America:A Survey of Resources*

---

① Lien-sheng Yang, "Forward to the Second Printing", *Chinese Traditional Historiography*, Cambridge, M.A., Harvard University Press, 1938, 2nd. Prin., 1961.

② 朱士嘉,《评美国贾氏著〈中国旧史学〉》,《史学年报》,1938 年二卷五期。

and Facilities，American Council of Learned Societies，Washington，D.C.，1935)(图5)、《汉学家书目》(*Bibliographies of Sinologists*，Cambridge，Mass.，1958)等。①

除了著述，贾德纳还积极参加和组织各种学术活动，不遗余力地推进中国研究资料项目。1936年，他和叶理绥、魏鲁南一起成为新创刊的《哈佛亚洲学报》(*Harvard Journal of Asiatic Studies*)期刊的首任主编，为美国中国学的发展辛勤耕耘奉献。由于卓越的学识、贡献和名望，贾德纳于1949年当选为远东协会(The Far Eastern Association，即当今美国最大的地区研究团体——亚洲研究协会〔The Association for Asian Studies〕前身)主席。

图5 《美国中国学》

三、跨越太平洋的友谊：贾德纳的品行、为人和对中国学者的友情

贾德纳不仅学识广博、诲人不倦，而且为人极其忠厚正直，谦和诚恳，一贯热心助人，慷慨奉献，不遗余力，深受中外各界人士的尊敬和爱戴。多位友人曾谈起贾德纳先生的品格高尚、慷慨大度的往事。

贾德纳第二次访华时，青年学者周一良、杨联陞都先后做过他的秘书，帮他查阅日文资料和中国古籍。周一良先生曾于1988年题记五十余年前贾德纳教授所赠的《新刊全相成斋孝经直解》，见物思人，感慨不已。② 杨联陞是和贾德

---

① 贾德纳的主要著作，见"Bibliography of the Works of Charles Sidney Gardner"，*Harvard Journal of Asiatic Studies* 27 (1967)。

② 周一良著、周启锐整理，《周一良读书题记》，北京：海豚出版社，2012，第134页。

纳关系最密切的华人学者,曾回忆他和这位"最好的西友"之间的交往情谊,特别感激贾德纳先生个人资助他 1941 年赴美就读于哈佛大学,是他留美深造的"大恩人"。1939 年贾公回国后,个人出资请杨联陞到美国做他的研究助理,帮其搜集并翻译中、日文资料,直到杨获得奖学金正式攻读哈佛学位(图 6)。①贾德纳还邀他多次住在剑桥伯克利街 5 号等处的家中,多方面给予照顾。《杨联陞日记》中多处记载了他和贾德纳夫妇及孩子们的日常互动:或在院中长谈学问及时政,或在圣诞节互赠礼物,或在寒冬帮贾夫人铲雪,或表达令他感动的依依惜别之情,真是亲如家人。虽寥寥数语,其情其景,跃然纸上。这些都大大丰富了杨联陞的留学生活。

图 6　杨联陞:《哈佛遗墨》

---

①　杨联陞,《忆钱稻孙先生——兼忆贾德纳》,杨联陞著、蒋力编,《哈佛遗墨》,北京:商务印书馆,2016,第 51—55 页。

杨联陞(1914—1990),字莲生,生于河北保定,原籍浙江绍兴。1933年考入清华大学经济系,师从陈寅恪先生等,1937年毕业。在校时曾被选为学生会主席。1942年获得哈佛大学硕士学位,1946年获博士学位,1947年任远东语文学系(即东亚语言文化系)副教授,1958年任教授,1959年当选为台湾"中央研究院"院士。1965年任哈佛燕京学社中国历史讲座教授。英文论著有《中国史专题讲授提纲》(1950)、《中国货币与信贷简史》(1952)、《中国制度史研究》(1962)、《汉学散策》(1969)、《国史探微》(中译本,台湾联经出版公司,1983),与赵元任先生合编过《国语字典》(1947)。另有周一良先生编《杨联陞论文集》(中国社会科学出版社,1992)。杨联陞教授继承了中国百科全书式学问的优良传统,以学术辨析能力与才思敏捷著称。加之其博学风雅,多才多艺,在海外汉学界享有盛誉。①

在学术上,贾德纳和杨联陞一直保持着亦师亦友的关系。贾公不仅是杨联陞得以赴美留学深造的恩公,而且在学术上也倾力帮助。他特别在英、法文和西方学术史方面给予杨联陞指点,并为杨联陞的博士论文仔细修改润色,直到杨联陞于1946年5月顺利通过答辩获得哈佛大学博士学位。连杨联陞参加毕业典礼穿的博士服也是借用贾公的。②杨联陞也经常和贾德纳探讨中国历史研究方面的问题,在获得博士学位后还帮助贾德纳看日文资料。尤其是杨联陞在贾德纳晚年患病无法亲自动笔修订的情况下,为1961年再版的《中国传统史学》悉心做了数页的增补和修订,附录于书后。

贾德纳还和许多中国知名学者结下了深厚的学术友谊。笔者新近整理旧档,欣喜地发现了一些中外学人赠送给他的书刊文献(大多数是英文论著),上面有各作者的签名。其中有胡适、赵元任、洪业(煨莲)、齐思和、袁同礼、张其昀、陈荣捷、郑德坤、周一良、杨联陞、朱士嘉等。胡适的赠刊是发表于1944年的关于全祖望、赵一清、戴震各校本《水经注》研究的英文文章(图7左)。赵元

---

① 关于杨联陞的生平学术,参见周一良《纪念杨联陞教授》,载《毕竟是书生》,天津:天津人民出版社,2016,第160—171页。又见该书《哈佛大学中国留学生的"三杰"》中论杨联陞部分(第273—286页)。

② 杨联陞,《杨联陞日记》(1946年6月6日),哈佛燕京图书馆复印本。

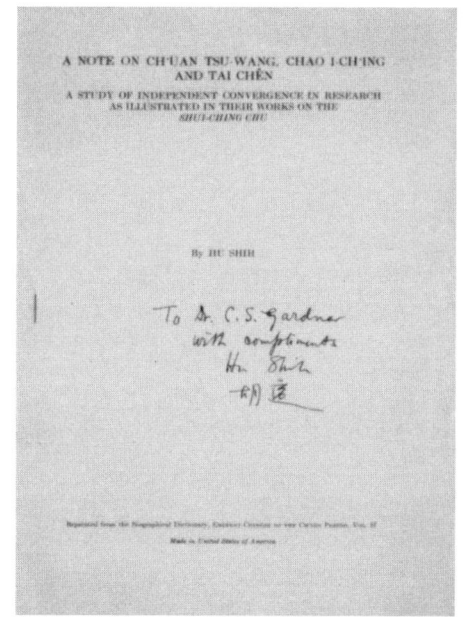 

图 7　胡适赠刊（左）；赵元任赠书（右）

任的赠书是两本中英文对照课本：《国语罗马字对话戏戏谱：最后五分钟》（1929）和《新国语留声片课本》（1935）（图 7 右）。周一良的赠书是《居真草堂汉晋石影》（图 8 左）。有意思的是一位叫吉姆·克伦普（Jim I. Crump, Jr.）的学生送的关于"评话"与早期《三国志》的英文文章，上面用中文题赠："贾老师惠存。徒弟 Jim"（图 8 右）。这都是当时友好学术交流和贾氏学缘人脉的见证，相当珍贵。

杨联陞曾回忆："1939 年贾德纳回国时，知道我要失业，特意留下一部百衲本《宋史》，一部《后汉书》，请我替他用朱笔标点校对，每月仍有酬报。"笔者特检阅馆藏此两书，果真看见上面的朱笔批点！盖为杨先生手迹，见证了这一段学人轶事佳话（图 9）。国际汉学家们也常到贾德纳在波士顿附近的剑桥宅中聚会。如 1945 年 2 月 10 日贾德纳在家宴客，参加者都是中外学界名家，如有胡适之、伯希和、布莱克（Blake）、施达格（Steiger）、叶理绥、魏鲁南、张其昀（字晓峰，地理学家、历史学家）、赵元任、张福运（中国第一位留学哈佛的学者、法学

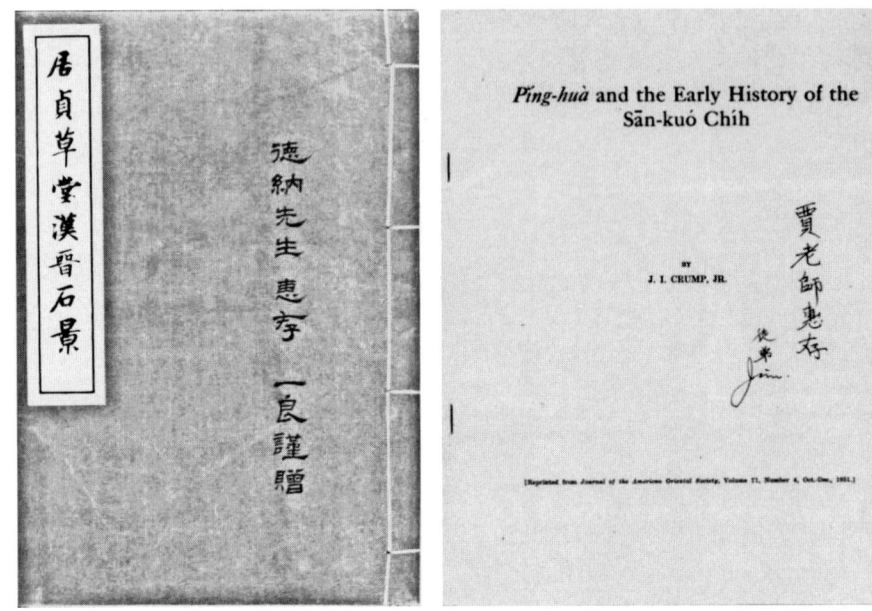

图 8　周一良赠书（左）；"徒弟 Jim"赠刊（右）

家）、裘开明（哈佛燕京学社汉和图书馆馆长）、周一良、杨联陞等。①

　　洪业曾说，如果将来有谁能上天堂，一定会有贾德纳。杨联陞在 1947 年 1 月 14 日致胡适的信中说："这几天（放假）帮贾德纳先生看了若干篇日文的关于支那学的文字（他想作的《汉学入门》，一直还没有动笔，我真替他着急。这位先生太好，总是热心给人家帮忙，自己的事情却耽误了）。"②在日记中杨多次由衷流露出对贾公"助人忘己，真是难得"的敬佩之情。当他得知贾德纳正设法迎已故学者梅光迪夫人及子女来美，并愿负担其子的生活及教育时，不由得赞叹："真是古道热肠！"③可见贾公先人后己，淡薄名利，助人为乐的品格。特别是他对青年一代、后辈学人帮扶提携，堪称楷模。

---

①　胡颂平编著，《胡适之先生年谱长编初稿》（1—10 册），台北：台湾联经出版公司，1984，第 1865 页。《杨联陞日记》1945 年 2 月 10 日记载的亦相同。
②　胡适，《胡适来往书信选》（下），北京：社会科学文献出版社，2013，第 934 页。
③　《杨联陞日记》（1948 年 11 月 30 日）。

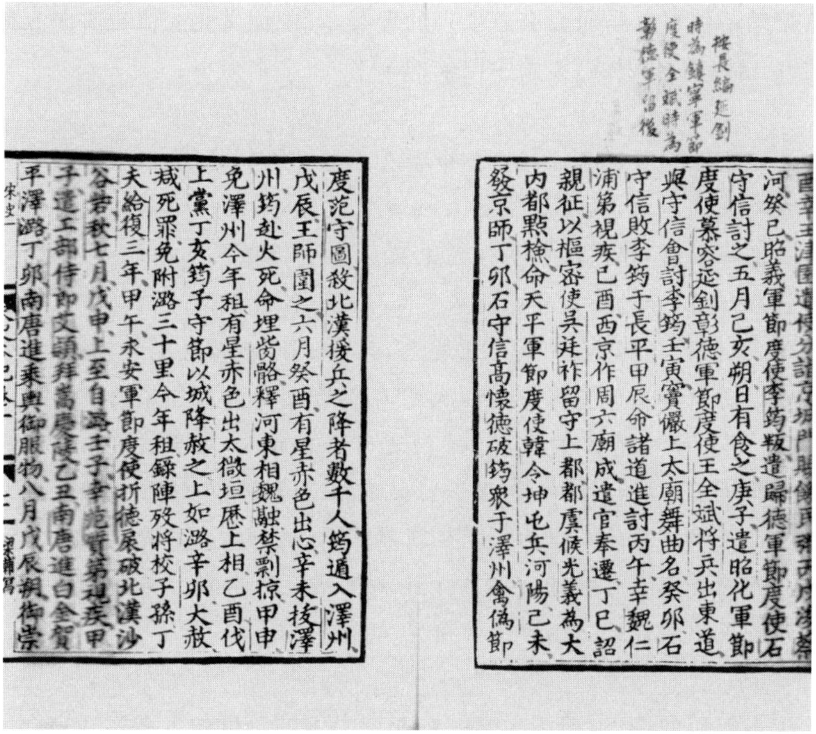
河癸巳昭義軍節度使李筠叛遣歸德軍節度使石
守信討之五月己亥朔日有食之庚子遣昭化軍節
度使慕容延釗彰德軍節度使王全斌將兵出東道
與守信會討李筠壬寅竇儼上太廟舞曲名癸卯石
守信敗李筠于長平甲辰命諸道進討丙午幸魏仁
浦第視疾己酉西京作周六廟成遣官奉遷丁巳詔
親征以樞密使吳廷祚留守上都都虞候光義為大
內都點檢命天平軍節度使韓令坤屯兵河陽己未
發京師丁卯石守信高懷德破筠衆于澤州禽偽節
度范守圖殺北漢援兵之降者數千人筠遁入澤州
戊辰王師圍之六月癸酉有星赤色出心辛未拔澤
州筠赴火死命埋瘞骼釋河東相魏融禁剽掠甲申
免澤州今年租有星赤色出太微垣歷上相乙酉伐
上黨丁亥筠子守節以城降赦之上如潞辛卯大赦
減死罪免附潞三十里今年租錄陣歿將校子孫丁
夫給復三年甲午永安軍節度使折德扆破北漢沙
谷砦秋七月戊申上至自潞壬子幸范質第視疾甲
子遣工部侍郎艾頴拜嵩慶陵乙丑南唐進白金賀
平澤潞丁卯南唐進乘輿御服物八月戊辰親御崇

图 9 《宋史》百衲本选页

四、最后的奉献：贾氏藏书捐赠给布朗大学始末及意义

法国汉学家伯希和提出：“治‘中国学’须有三方面的预备：1.目录学与藏书。2.实物的收集。3.与中国学者的接近。”[①]在西方汉学家中，贾德纳在编纂文献目录与收藏典籍方面贡献特别突出。他早年担任美国学术团体理事会(American Council of Learned Societies，简称 ACLS)中国研究资料搜集调查主任，后来还编纂联合目录，到一些大学图书馆指导中文馆藏等。由于特别重视中文图书文献的搜集、收藏，实际上他已是北美东亚图书馆事业的一位老前辈。北美中国学能后来居上，赶超欧洲汉学同行等，他的努力践行功不可没。

① 胡适，《胡适的日记(手稿本)》，第5册，1926年10月26日，台北：远流出版公司，1989。

贾德纳不仅对汉学研究有着独到的理解，对中美文化交流也寄予真诚的愿景。他在1944年发表的《美国中国学的未来》一文中指出：

> 无论在这场世界性的灾难中将会出现什么样的邪恶，至少会有一种善的东西来反对它：美国大多数人相当震惊地意识到，中国人民将和我们一样拥有一个明确的、基本相似的未来。其中的联系或许部分地以自律、中庸、实用常识和对个体尊严的尊重来体现。我们已经认识到了我们民族的无知、我们的狭隘、我们的本土观念，同时我们又渴望光明，渴望研究这种表面看起来陌生但在深层却和我们自己的文明基本相像的中国文明。很显然，明天将对那些可以讲中国的通用语言的人，对那些可以阅读她的现行书面语言的人，对那些掌握了将她发展了2500年的巨大的传统文化遗产进行简明阐释的知识的人产生强烈需求，这种需求将是前所未有的。只有今天的审慎思考和仔细准备才能满足明天的需求。美国大学的中文图书馆将成为学者们必不可少的研究工具。①

七十多年后的今天，美国大学的东亚图书馆的跨世纪发展实践完全证实了贾德纳先生当时的深远预见。

统计数据表明，在馆藏建设方面，1945年全美18个较大的东亚馆的中文藏书共有938 000册，②到2017年增至56个馆藏共10 977 892册，是前者的11.7倍。在这些东亚馆的全部藏书(20 573 988册)中，中文藏书占了53.36%，其余依次是日文(6 397 627册，31.10%)、韩文(1 775 208册，8.63%)，以及其它语种(1 423 261册，6.91%)的藏书（参见图10）。除了纸本书以外，还有大量电子书、连续读物、电子期刊、图像地图、音像制品、微缩资料、电子数据库、网络信息等各种不同载体类型的学术资源。

---

① Charles S. Gardner, "The Future of Chinese Studies in America", *Library Chronicle* (University of Pennsylvania) 12 (1944), pp.36—37. 中译文节选参考齐克彬译，《美国中国学的未来》，载朱政惠编，《美国学者论美国中国学》，上海：上海辞书出版社，2009，第45—51页。

② Tsuen-Hsuin Tsien, "Current Status of East Asian Collections in American Libraries", *The Journal of Asian Studies*, Vol. 36, No. 3 (May, 1977), pp. 499—514.

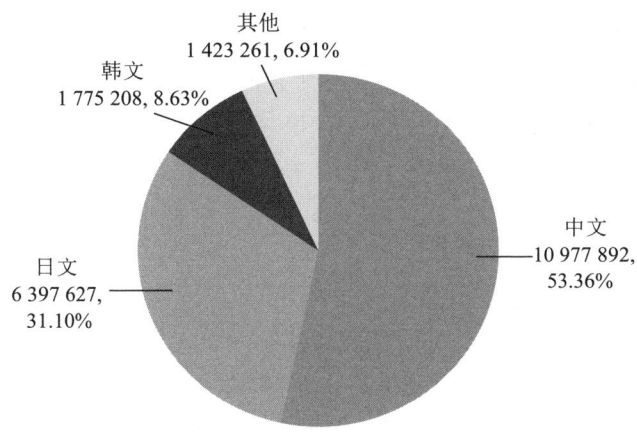

图 10　CEAL 2017 藏书统计数据

在采购经费方面,2017 年 56 个东亚图书馆共获 19 983 658 美元经费支持,其中 7 885 972 美元用于中文资源,约占全部的 40%。在人力资源方面,按全时工作当量(Full-time equivalents,简称 FTE)的统计,2017 年 56 个北美东亚图书馆人员共有 433.55 人。其中专业东亚图书馆馆员 180.13 人,包括中文馆员 72.32 人(占 40.15%)、日文馆员 55.94 人(占 31.06%)、韩文馆员 31.45 人(占 17.46%),以及其他东亚馆员 20.42 人(占 11.33%)等。与此同时,北美大学东亚图书馆在场馆建设、知识管理、技术更新、读者服务、参考咨询、专职培训、研究项目等方面也都发生了巨大的变化。

北美大学东亚馆藏的发展,在国际东亚地区学术研究和国际文化交流中具有重要地位和意义。学术资料馆藏建设与各大学东亚研究学科的发展密切相关,为研究提供了有的放矢的、及时的文献支持。而且很多馆收集了大量珍稀古籍善本和档案特藏,各类资料兼收并蓄,馆藏的品种非常丰富。各大学东亚馆不仅为本校的东亚研究提供必要的资源与信息服务,也为其他领域的有关研究人员提供资讯。这样不断满足读者日益增长的需求,为北美的区域学教学与研究做出特殊的贡献。完全可以说没有东亚馆的存在发展,就没有今天国际中国学的研究成果。诚如贾公所愿,美国大学的中文图书馆已经成为学者们必不可少的研究工具。而且,近年来通过中美图书馆界加强资源分享和合作,收藏利用巨大数量的东亚文献资源,在跨文化交流,传介东方文明尤其是历史悠久的中华文化方面展现了新的前景。

贾德纳先生在晚年不幸患上阿兹海默症,身体健康受到极大的损害。但他仍然惦念着中国研究和他收藏的中文图书,希望能把这批珍藏捐献给图书馆继续发挥它们更大的作用。他的儿子约翰·贾德纳(John B. Gardner)曾任布朗大学英语系教授和助理院长,由他协助把贾氏全部藏书连同中文书柜都捐赠给了布朗图书馆。1959年10月30日他签署了赠予证明书,1961年6月21日图书主要部分运抵位于罗得岛普罗维登斯市的布朗校园,次年又有一些增补,终于完成了他的心愿。[①] 1966年11月30日,贾德纳在家中安详地逝世。《哈佛亚洲学报》1967年卷发了讣告,深切悼念这位为中国历史和目录学研究贡献了毕生精力的学者和友人,其中强调:

> 所有认识查尔斯·西德尼·贾德纳的人都将怀念他毫不保留地将其时间、帮助和财物赠予学生、同事和朋友们所需求的任何事情。这种慷慨解囊的一个范例就是他于1962年将其广博丰富的中文图书捐献给了布朗大学。年轻一代的学者,即使不认识他,仍会感激他在其代表作、那本很有助益的指南《中国传统史学》中分享的知识。[②]

五、典籍琳琅——贾德纳珍藏特色与布朗东亚图书馆的发展

贾德纳捐赠的藏品绝大多数是中文图书,内容涵盖语言、文学、历史、哲学、宗教、艺术、考古以及其他社会科学,其中中文古籍占很大部分。由于他精通清史,所以这方面的著作尤为丰富。贾氏藏书精华大多安置于约翰·洛克菲勒图书馆三层,称为"贾德纳藏书房"(Gardner Room)。书房长宽各约6米,呈正方

---

① "Gardner Gives University Extensive Chinese Collection", *Providence Journal*(普罗维登斯日报)(Nov.15,1961), pp. 6, 3.

② "Obituary: Charles Sidney Gardner, 1900—1966", *Harvard Journal of Asiatic Studies*, Vol. 27 (1967), p. 329.

形，面积约36平方米。规模虽不大，但设计极其别致。厅内南、西、北三面都摆放着组合中式书柜，高约220厘米，纵深约37厘米。这些镌刻有中文原书名的书柜内藏有经史子集约70多种、5 000余册明清古籍，还有以《四部丛刊》为主的约360多种、4 100多册民国版线装书（图11）。这是海外所仅见的一套传统中式书房，古香古色，典雅精致，使人宛若置身华夏典籍文化之乡。自从上个世纪六十年代以来，主管过东亚馆的蒋以明先生、龚文凯先生、林李美云女士等，都为馆藏建设发展和中文古籍保管倾注了极大的心力，贡献良多，成绩蜚然。布朗大学许多有关东亚地区研究的学者，也都非常关心东亚馆藏文献的建设。

进入21世纪以来，布朗东亚馆馆藏和研究服务各方面都得到跨越式的发展，也大体上厘清了贾氏藏书中古籍善本的概况。据初步统计，一共有明、清古籍刻本、抄本等共约250种（含复本和合集）、7 500册，另有民国版古籍约700种、5 600多册，合计线装书约950种、13 100册，占全部藏书的三分之一以上。首先，从内容上看，这批馆藏大多是明清学术精品，包括了几乎所有当时知名学者的重要著作，较全面地反映了当时的中国学术史；其次，从类别上看，经、史、子、集、类、丛各部类都有，而以史籍为主，涵盖从"纪传""编年"到"金石""目

图11　贾德纳藏书房西墙（摄影 Ben Tyler）

录"绝大部分史部子类;再次,从版本上看,虽无宋元旧椠,但大部分都是版本、印刷精良且保藏完好的明清善本,非常难得;复次,特别是贾德纳藏书房由中国传统书柜所组成,集装潢工艺和实用功能于一身,为海外所独存,弥足珍贵(图12)。总之,这些都反映出作为汉学家、目录学家的贾德纳先生独到的学术慧眼和对中文古籍的深湛的鉴赏力,藏书具有独特的学术价值和文物价值。正如著名哈佛汉学家柯立夫(Francis W. Cleaves)所说,贾氏藏书大概是"美国最好的个人汉学图书馆藏"。①

为了使这批珍贵中文古籍在教学研究和文化交流中发挥更大的作用,本馆时常接待各界来宾参观。如2015年4月29日在布朗图书馆向北京外国语大学校长及代表团介绍了贾德纳藏书房。还举办过几次中文古籍善本书展览以揭示馆藏精品并宣传中华传统文化,都很受欢迎。笔者在布朗大学教授"中国文献目录学"研究生课程时,曾介绍过其中的部分古籍。并曾指导过一位亚洲艺术史的研究生专攻清康熙年间刻本《国学礼乐录》并撰写其硕士论文。布朗大学美国研究系的胡其瑜(Evelyn Hu-DeHart)等教授发起"亚太打造美

图12 贾德纳藏书房北墙(摄影 Ben Tyler)

---

① "Gardner Gives University Extensive Chinese Collection", *Providence Journal* (Nov.15, 1961), p. 6.

洲——走进全球历史"(Asia-Pacific in the Making of the Americas: Toward a Global History)的数字化研究项目,也选用了明万历刻本《东西洋考》和清乾隆刻本《琉球国志略》等书中的图文资料。本馆还参加海外中文古籍调查项目,把这批古籍目录整理汇辑成册,并以此告慰贾德纳先生。

结语

在全球化发展的大趋势下,国际中国研究已蔚然成风,蓬勃兴起,展现了光辉的前景。如今美国的中国研究无论在学术资源上、学者阵容上,还是在研究领域的广度深度上,都早已和上个世纪不可同日而语。然而,我们不应忘记当年那些中外先驱学者的坚毅志向、辛勤耕耘和奉献精神。贾德纳先生正是其中的一员,这里有他努力开拓、倡导的一份功劳。他矢志不渝的学术追求、忘我至善的人格特质、学贯中西仍孜孜不倦的治学风范,为国际学术事业的发展留下了难得的精神财富,这与他临终捐赠的中文典籍同样宝贵。因此,我们今天纪念这位致力于跨文明交流的文化使者,并将继续努力,使这一见证中美友好的宝贵文化遗产更添光彩。

女汉学家孙念礼在加拿大期间的工作与学术研究

◎ 郑美卿①

摘 要:

孙念礼在汉学界被普遍认为是北美第一位研究汉学的女博士。她的博士论文及随后出版的关于中国第一位女历史学家班昭的研究专著引起汉学界的极大关注与赞誉。然而,很少有人知道她在葛思德图书馆创办初期的工作经历。本文将着重讲述她在1928至1936年间在加拿大麦吉尔大学葛思德中文研究图书馆的历史,以及她对这一馆藏的整理、保护与发展所做的贡献。

关键词:

孙念礼;中国学;葛思德中文研究图书馆;麦吉尔大学

Nancy Lee Swann's Work and Academic Research
during Her Years in Canada

◎ Macy Zheng

Abstract:

Nancy Lee Swann was widely considered as the first woman sinologist in North America. Her doctoral dissertation and publication on Pan Chao, the first female historian in China, was greatly valued by scholars in the field of Chinese studies. This article will focus on her work and academic research as a staff and later a curator at the Gest Chinese Research Library between 1928 and 1936,

---

① 郑美卿,加拿大麦吉尔大学图书馆东亚研究馆员。

as well as her tremendous contribution to the development, arrangement and preservation of the Gest Collection.

Keywords:

Nancy Lee Swann; Chinese Studies; Gest Chinese Research Library; McGill University

孙念礼（Nancy Lee Swann）最引人注目的是她有关班昭的著作，以及她在普林斯顿葛思德东亚图书馆多年的馆长工作。但不太为人们所了解的是在那之前的八年，她曾在麦吉尔大学的葛思德中文研究图书馆的工作。正是由于她丰富的汉学知识与她对那份工作的极高热忱，以及她一丝不苟的敬业精神，使这一珍贵的馆藏得到了细致与系统的整理、保护与发展。

孙念礼1881年2月9日出生于美国得克萨斯州的一个叫作泰勒（Tyler）的小镇。她于1906年从得克萨斯大学（University of Texas in Austin）毕业并获本科学位。在得克萨斯工作几年后，她有机会到中国工作了七年。她在1919年回到得克萨斯大学攻读硕士学位，但很快于1920再次到中国。1923年回美国后，她到哥伦比亚大学攻读博士学位。不久后她得到了在北京的华北协和华语学校（North China Union Language School）的奖学金，第三次来到中国。在这段时间内，她还同时在这个学校的图书馆工作。

1927年孙念礼返回美国，以便完成她的博士论文。[①] 孙念礼在中国学习期间认识了多位知名的中国学者。她在返回美国之前开始准备她的关于班昭的博士论文，并请教了顾颉刚、吴宓等知名的中国学者。

孙念礼1928年来麦吉尔大学工作时尚未正式获得哥伦比亚的博士学位。蒙特利尔最大的英文报纸《蒙特利尔公报》（*Montreal Gazette*）在1928年8月22日刊登了孙念礼即将来葛思德图书馆任职的消息："麦吉尔大学的中文研究图书馆馆长Resillac-Roese博士，昨天宣布了两项聘用消息。接受聘用的哥伦比亚大学博士孙念礼女士和华中大学（Central China University）毕业生桂质

---

① Perushek, Diane E. "Nancy Lee Swann and the Gest Chinese Research Library". *Journal of East Asian Libraries*. 1985 (77): 5.

柏(C. B. Kwei)先生①均对中国了解甚多。孙念礼女士曾在北京学习中国文化,并在中国的另外两个城市居住过。在北京,她住在一位市政府官员家中。这对一位美国妇女来说,是颇为特殊的经历。她能够有这样的机会是由于她为这个家庭的孩子教授英文。她还在两个不同的中国省会城市各居住过一段时间。她对中国的第一兴趣在于中国妇女的觉醒。在她所居住的省会城市之一,她曾协助一位当地幼儿园老师,为一部分贫困儿童建立免费幼儿教育。鉴于她对中国女性在社会意识和知识方面不断增长的兴趣,她开始了对中国公元一世纪的一位重要女学者班昭的研究。这个研究也为她之后在哥伦比亚大学写作博士论文打下基础。"②

孙念礼于1931年获得博士学位③

---

① 桂质柏(John C. B. Kuei, Chih-Ber Kwei,1900—1979),1918年考入武汉文华大学,入文华图书馆学专科学校,1928年获得美国哥伦比亚大学图书馆硕士学位,经过在加拿大麦吉尔大学的游学,入芝加哥大学图书馆研究生院,1931年获博士学位。

② "Two Appointments in Oriental Work". *Montreal Gazette*, Aug. 22, 1928.

③ Sinological Profiles: Nancy Lee Swan. https://www.umass.edu/wsp/resources/profiles/swann.html.

孙念礼刚开始到葛思德图书馆工作时没有馆长的职位。葛思德图书馆成立后的馆长由 Robert de Resillac-Roese 博士担任。但由于他对中文及中国文化了解甚少，最后只好离开了这个职位。从麦吉尔大学档案馆的资料里可以看到，经当时麦吉尔大学图书馆馆长多次建议后，亚瑟·库里校长（Principal Arthur Currie）在1932年的8月23日发函件给孙念礼，正式委任她为葛思德图书馆馆长，并注明她的年薪为3255加元，于1932年的10月1日生效。同时，葛思德中文研究图书馆还配备了一位助理馆员及一位秘书。

我们从档案馆保存的信笺中也可看到孙念礼为自己争取正馆长的职位所做的努力。下图是她1932年初写给校长的信。信中提及 Robert de Resillac-Roese 博士将离任，来为她争取成为馆长做准备：

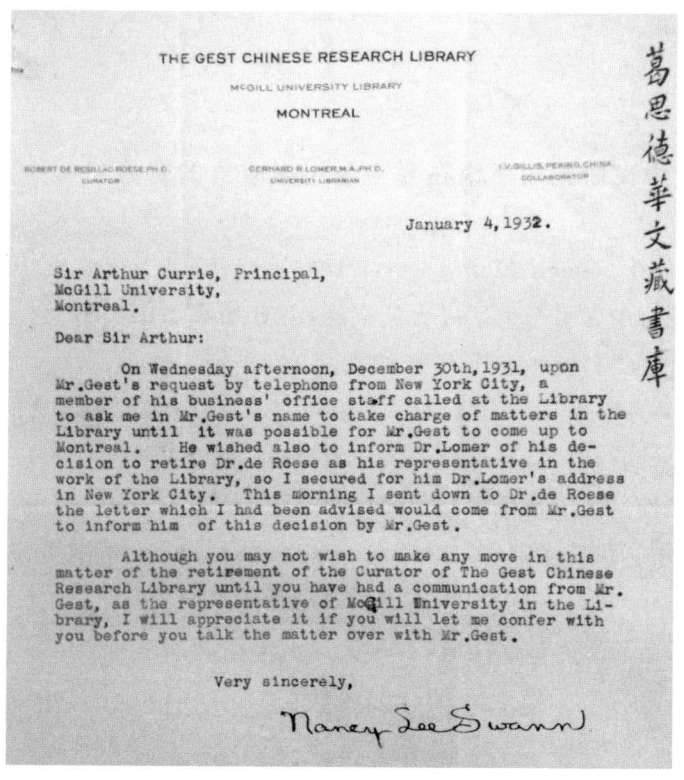

孙念礼1932年初写给麦吉尔大学校长的信

 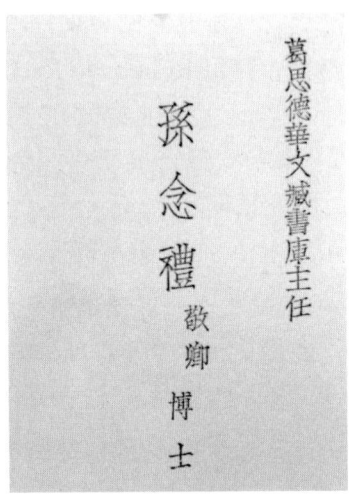

孙念礼成为葛思德图书馆馆长后的英文/中文名片

葛思德中文研究图书馆在麦吉尔大学成立的背景

葛思德先生（Guion Moore Gest，1864—1948）是一位商人。由于一个偶然的机会，他对中文书产生了极大的兴趣，并开始收藏中文书籍。他得到一位精通中国文化，与清朝宫廷有密切交往的朋友义理寿（Irvin Van Gillis，1875—1948）的帮助，在中国采购了大量中文书籍，包括许多珍贵的古籍善本。经过长期的采购与收藏，葛思德先生开始寻找一个正规图书馆来接纳并管理这些书籍，以便使这些书籍得到充分的存储空间，方便人们阅读使用，充分发挥这些书籍的作用。最后麦吉尔大学接纳了这一批藏书，并开辟了雷德帕斯图书馆（Redpath Library）最好的位置，成立了葛思德中文研究图书馆。

创办中文研究图书馆的葛思德先生①

1926年2月13日,这天也是中国的农历新年,葛思德中文图书馆举行了盛大的开馆仪式。葛思德中文图书馆的建立在当时是比较轰动的新闻,蒙特利尔的各家报纸和麦吉尔大学的校报都有报道。麦吉尔大学校刊(*McGill Daily*)2月13日当天的头版报道:"欢迎:本校图书馆添设中文图书部,保藏中国历代书籍古今文苑一万二千余卷,并有华文报章杂志多种。谨于二月十三日举行开幕典礼。今后对于华人到此参观图书本馆无任欢迎,此布。"中文下面还附有英文解释:"The two words on the top line read 'Welcome'. The remainder of the message states that McGill University Library has a large collection of Chinese works covering every phase of Chinese history; that the formal opening of the library takes place today, Saturday. February 13th, and that any Chinese who may happen to be in the city are welcome to visit this collection."

---

① 图片来自"The East Asian Library and the Gest Collection",网址:http://library.princeton.edu/eastasian.

起初，葛思德先生只想收集佛教和医学方面的书籍。他对医学的兴趣可以追溯到他第一次见到义理寿先生时的中国之旅。义理寿曾因他的眼疾给他推荐了一些中医药书，并买了一些中药水治疗他的青光眼。义理寿曾于20世纪初任驻北京的美国海军武官。当他离开那个职位时，他和清朝一位皇族女子结婚，并长期留在了北京。在中国的数年间，义理寿先生对中国书籍产生了强烈兴趣，并对中文书做了既大量又细微的研究。曾流传一个故事，他曾经通过在显微镜下检查纸纤维来验证一本所谓的宋代书籍的日期。然后，他科学地得出结论，这本书实际是来自明朝。他在中文和中文书籍方面的知识水平如此之高，以至于他能够辨别与收集最有价值的中文书。他后来为葛思德先生购买了大量珍贵的书籍，并采购到一些稀有古籍，甚至是孤本。

据孙念礼在1931—1932年的图书馆年度报告，葛思德图书馆在1932年的藏书已达到了122950册。① 这些中文图书放置在麦吉尔大学的雷德帕斯图书馆楼（Redpath Library Building），并得到妥善管理。葛思德在1933年写给国际政治学教授杰罗姆·格林（Jerome Greene）的信中说他的图书馆保存有丰富的资料。格林回答说："我当然听说过你精彩的中国收藏品。我认为这可能是为弥补美国大学对远东文明的可悲的稀缺而做出的最重要的贡献。"②

葛思德图书馆的建立与麦吉尔大学的库里校长（Principal Arthur Currie）的高度关注与大力支持是分不开的。他对这个图书馆非常重视，也为麦吉尔大学拥有这个图书馆感到自豪。他在接待暹逻皇室、日本皇室及其他国际名人访问的时候，往往邀请客人们参观这个馆。图书馆的成立促进了库里校长筹备中文系的决心，因为他认为这个中文馆为在麦吉尔大学建立中文系提供了中文教学的物质基础。库里校长在写给卡内基基金会主席弗雷德里克·凯佩尔博士（Dr. Frederick Keppel）的信中说道："我一直认为要使这个图书馆得到最好的利用，就是要让它起到开发人们对中国文明的兴趣与了解的目的。如果可以这

---

　　① McGill University Library，1931—1932 Annual Report 中，由 Nancy Swann 撰写的 Gest Chinese Research Library 报告。

　　② Perushek, D. E. *The Princeton University Library Chronicle*，Vol. 48，No. 3，p.240.

葛思德中文研究图书馆的中文藏书①

样地利用我们的中文图书馆,我们也就开启了这个我们知之甚少的文明的大门。"②

在成立葛思德中文研究图书馆的基础上,筹备建立中文系

实际上库里校长在他就任麦吉尔大学校长之初就在考虑设立与东亚研究有关的课程。他在1932年写给凯佩尔的信中说,"自从我1920年到麦吉尔大学任职校长以来,一直对在加拿大培养中国学方面的学生感兴趣"。③为了筹集资金,库里校长还考虑过跟英联邦争取得到一些庚子赔款的资助。他期望中文系成立后,主要面对四种类型的学生:加拿大准备去中国从事商业贸易的学生,

---

① 图片摄于1931年。PR026618,McGill University Archives.
② 库里给凯佩尔的信,1933年2月14日。RG2,C69,McGill University Archives.
③ 1933年2月14日库里写给凯佩尔的信。RG2,C69,McGill University Archives.

准备去中国从事传教的人员，从中国来加拿大求学的学生，以及住在蒙特利尔的中国学生。

库里校长花费了大量时间与麦吉尔大学校内的一些负责人以及校外的学者们探讨在麦吉尔成立中文系的事情。1930年麦吉尔大学的中文系终于正式成立。麦吉尔大学在1931年的年度报告中宣告了中文系的建立以及组建中文系的目的："文学院增加了一个新的部门，即中文系。由于我们拥有了葛思德中国研究图书馆，一个中国境外最好的中国图书馆，使中文系的建立非常的顺理成章。加拿大位于大西洋和太平洋两岸之间，加拿大与东方的密切关系将不可避免地日益增长。从本质上讲，大学是国际机构，大学对国际关系的影响比通常想象的要大得多。为了使加拿大人有适当的设施来学习中国历史和地理，中国政府和社会机构，以及中国哲学、宗教、文学和艺术，某个加拿大大学必然应担负起带头作用。我们现在任命了毕业于北平帝国学院的江亢虎博士担任中文系主任。江博士曾在中国和美国担任大学职务。他曾于1914年至1920年在加州大学伯克利分校任中文与中国文化讲师。江博士非常有资格担任这个新的、重要部门的领导。"①

江亢虎(1883—1954)②

---

① Department of Chinese Studies Inaugurated. *Annual report*, 1930—1931.
② 图片来自麦吉尔大学档案馆.PU028533, McGill University Archives.

孙念礼在葛思德图书馆的工作与学术研究

从可以查找到的档案资料看,孙念礼在葛思德图书馆的日常工作主要包括对图书的管理维护,对图书目录的整理,图书的采购,指导学生查找与借阅图书,为学生及来访者讲解中国文化,举办讲座及展览等活动。图书馆的目录卡片做成三套:一套按书目排列,一套按作者排列,一套按学科分类排列。曾有专家赞赏葛思德图书馆图书分类与放置的科学性,想看的书很容易找到。图书馆的书目也随着新书的到来不断地更新。每隔一段时间,孙念礼都要向葛思德先生汇报她的工作,也要向麦吉尔大学图书馆馆长汇报。

在孙念礼1928年来到葛思德图书馆之前,图书馆的编目在馆长 Robert de Resillac-Roese 的管理下比较混乱。孙念礼来后,将所有编目工作重新做起。她的工作能力受到义理寿的赞赏。孙念礼在工作中与义理寿有非常频繁的书信往来,主要是交流有关书籍的采购与编目情况。义理寿不仅善于鉴定与采购有价值的书籍,还潜心钻研编纂适于中文书查找的目录。[①] 义理寿不欣赏哈佛燕京图书馆的首任馆长裘开明的编目学与目录学,因此按照自己的原则为葛思德图书馆的图书编目。1941年在北京出版了《葛思德东方藏书库书目》(*Title Index to the Catalogue of the Gest Oriental Library*),大大便利了学者们的查阅。1950年接任普林斯顿葛思德图书馆馆长的胡适先生曾对义理寿的中文目录给予极高的评价。

在孙念礼管理的葛思德图书馆的藏书中,最大套的书籍是《古今图书集成》。这套有五千多册的书籍由义理寿先生历经许多曲折发现并采购。在运往加拿大前,这批书籍被放在由金属制作的密闭的盒子中,再放入由金属链包裹的木箱子里。从北京出发,途径天津,再从天津水路到日本神户,再运到温哥华,然后直接从温哥华完好无损地运到目的地蒙特利尔的麦吉尔大学。据说《古今图书集成》

---

① 更多有关义理寿的文章,可参阅乔晓勤在《天禄论丛》第7卷58页的《义理寿编纂中文古籍目录的实践》。

摆放《古今图书集成》的书架①

于雍正四至六年（1726—1728）由清内府用铜活字排印，制成64部。至今保存完整的只有10余部。之后历年各个出版社有过多次复印。葛思德中文研究图书馆的《古今图书集成》即是18世纪初活字印刷的10余部中的一部。

葛思德的其他馆藏还涵盖了包括经史子集的各种类别书籍，非常适合中国文化研究方面的需求。自从葛思德中文图书馆成立以来，麦吉尔大学图书馆也系统地增加了对有关中国题材的西文图书的采购。而且，这样的采购从此被麦吉尔大学的图书馆委员会规定为长期的政策。

孙念礼在宣传葛思德图书馆方面做了很多工作，使人们对这个图书馆有更多的了解，并吸引国内外各界人士前来参观访问。她的这些宣传工作还包括参加各类会议及发表有关这个图书馆的文章。

孙念礼接待了众多前来使用与参观图书馆的学者们，以及其他慕名前来参观的来访者。她的耐心、专业素养都体现在了每次的接待与讲解中。例如，孙念礼在1931年5月初的一天接待了中国研究促进委员会（Committee on the

---

① 图片摄于1931年，McGill University Archives，PR026618。

China Studies Promotion)的成员查尔斯·贾德纳(Charles Gardner)先生。贾德纳先生随后给库里校长写信,高度赞扬了孙念礼:"你非常幸运聘请到孙念礼女士在葛思德图书馆服务。她是一位有能力的、可靠的、敬业的工作者。更重要的是,她对中文书籍的内容与如何查找到那些书籍有真正的兴趣,而不是仅仅把她的职业看作是一种促进个人研究的手段,或其他无关紧要的目的。她的学识和她的辛勤工作已经为这个图书馆做出了很多贡献。"①

1932年12月5日的《蒙特利尔公报》报道,来自日本的教育工作者们专程来参观葛思德图书馆。孙念礼向他们详细讲解了这个馆的馆藏。下图为这篇文章的标题:

著名作家赛珍珠(Pearl Buck)于1933年与家人来到蒙特利尔,孙念礼特地接待了她,为她介绍了葛思德图书馆。此外她还接待过在老舍帮助下完成了《四世同堂》英译工作的浦爱德(Ida Pruitt)和美国研究中国史的代表人物傅路德(Luther Carrington Goodrich)。②孙念礼接待的其他来访者还包括来自沈阳

---

① 摘自Charles Gardner 1931年5月6日写给Currie校长的信。RG4,C19,McGill University Archives.

② Perushek,D. E. "Nancy Lee Swann and the Gest Chinese Research Library",*Journal of East Asian Libraries*:Vol. 1985:No.77,Article 5,p.20.

的 Seiko Kubota 教授、法国巴黎中国研究所的爱斯嘉拉（Jean Escarra）教授、北平协和医学院的伯纳德·里德（Bernard Read）博士、马萨诸塞州剑桥福格博物馆（Fogg Museum）馆长兰登·华尔纳（Langdon Warner）先生、加州大学的盖乐（Esson Gale）博士、纽约市的厄普顿·克罗丝（Upton Close）先生、英国伦敦市的欧文勋爵（Lord Irwin），以及来自中国北平的 Walter Young 博士。① 估计实际上孙念礼还有更多的接待活动没有被文献记载下来。例如，档案文献中提到过 1930 年库里校长在葛思德图书馆接见了日本皇家成员，孙念礼很可能也参与接见并介绍了图书馆，尽管文献里没有具体记载。孙念礼经常在周末或晚间加班开放中文图书馆，接待来访者，或做一些其他相关的工作。

1934 年 1 月 25 日的《蒙特利尔公报》报道了蒙特利尔专业图书馆协会周三在麦吉尔大学的葛思德中文图书馆召开会议的消息。在会议开始之前，会员们参观了在雷德帕斯图书馆（即 Redpath Library，葛思德图书馆所在地）举行的中国民俗画展览。之后，葛思德图书馆馆长孙念礼博士做主旨演讲。她将中国文学作为她演讲的主题。孙念礼首先介绍了世界的三大语系，然后分析了其中的汉藏语系，并分析了这种语言从古语到现代的进化与改变。在演讲后，孙念礼博士向参观者展示了她的图书馆。她介绍了葛思德图书馆馆藏的内容、数量及特点。她说，这个馆是美洲大陆的大学中最完整的中文图书馆，是在西半球的其他任何地方都找不到的宝藏。

第 56 届美国图书馆协会（ALA）年会于 1934 年 6 月 25 日至 6 月 30 日在蒙特利尔召开。1934 年 6 月 28 日的《蒙特利尔公报》报道了参加第 56 届美国图书馆协会的代表们来到葛思德中文研究图书馆参观。孙念礼接待了这些来访者，并向他们详细介绍了这个图书馆的情况。她还对来访者说，在西方很难找到专门收藏中文书籍的图书馆。当今在美洲大陆，中文收藏最多的是华盛顿特区的国会图书馆，第二名就是这个葛思德图书馆了。

1934 年 3 月 17 日的《蒙特利尔公报》曾报道，孙念礼宣布葛思德图书馆将得到中国学研究促进委员会的资助，搞一个实验性的翻译项目。卡内基公司还承诺

---

① 摘自 1932 年麦吉尔大学图书馆的年度报告。

了一定数额的拨款。这个项目将会选择一些中国各个朝代历史的重要篇章,并初步计划从着手翻译汉代历史来开始这个项目。但《蒙特利尔公报》没有跟踪的报道。从学校档案馆里保存的来往信笺来看,中文系主任江亢虎认为这个项目太大,很难顺利完成。况且他认为孙念礼的中文水平也还不能够担此大任。估计这个项目并未真正开展起来。以下是《蒙特利尔日报》报道此事的标题:

WILL SELECT SECTIONS

Initial Step Will Be Taken With Dynastic History of Han Period of 400 Years

孙念礼身着中式服装的照片①

---

① 图片来自普林斯顿大学葛思德东亚图书馆网页:http://library.princeton.edu/eastasian/about.

1935 年 4 月 9 日，《蒙特利尔公报》报道了孙念礼在葛思德图书馆接待了魁北克图书馆协会成员，并向成员们讲解了中文书籍的制作。报道中提到，孙念礼首先回顾了中国周朝的石刻，以及之后刻在青铜上的文字，来一步步讲述中国文字与书籍的发展过程。

孙念礼不仅热心接待来访者，还积极参加各类会议，向大家宣传介绍葛思德图书馆。例如，她参加了 1932 年 3 月 29 日至 31 日在芝加哥召开的美国东方学会年会上举行的远东研究会议，并在会议上向与会者详细讲述葛思德图书馆的发展情况。

另一篇有关宣传葛思德图书馆的文章出现在《蒙特利尔公报》1932 年 11 月 2 日报道中："……专门准备好的有关中国研究图书馆和中文系的几本装饰精美的小册子由麦吉尔大学转交给了日内瓦国际联盟秘书处。目的在于吸引世界各地的学生来麦吉尔大学，利用这里非常有利的条件与设施来学习中国和东方文化。这些小册子包含了葛思德图书馆和麦吉尔大学的图片，以及三篇由麦吉尔大学校长库里爵士，中国研究系主任江亢虎博士，和葛思德图书馆馆长孙念礼博士撰写的文章。文中特别指出孙念礼博士做了大量工作，并在准备开展几个新项目。例如，中文图书馆将配合今年麦吉尔大学医学院为该学年建立的中国食品研究的奖学金。"

孙念礼不仅向学界和社区大众介绍中国文化，还在不同场合介绍其他有关中国的时局以及社会状况。1935 年 1 月 15 日的《蒙特利尔公报》报道了孙念礼所做的有关中国局势的演讲。她所讲的内容包括中国的政治和社会现状，还涉及教育、公共卫生、金融公司、交通运输、新建筑、防洪等。《蒙特利尔公报》在短短几年中有关孙念礼及葛思德图书馆的报道达几十篇之多，可见麦吉尔大学的这个图书馆在当时的蒙特利尔几乎是家喻户晓的。

库里校长的去世，以及中文系与葛思德图书馆的关闭

库里校长于 1933 年 11 月 30 日因突发疾病去世。他是在任职期内去世的校长，去世时只有 58 岁。麦吉尔大学在随后的两年没有正式的校长接任。

库里校长的葬礼在 1933 年 12 月 5 日举行①

库里校长生前是中文系的创办者,也是使葛思德图书馆与中文系日后保留在麦吉尔大学的坚定支持者。即使在经济萧条、财政困难的时期也不愿将它们关闭。但在他去世后半年的 1934 年 7 月,麦吉尔大学董事会决定解散中文系。董事会的通知写道:"鉴于财务委员会的提议,为了节省开支,校董会决定取消中文系,并撤销对中文图书馆经费的支持。1930 年成立的中文系在江亢虎博士的领导下,在为增进加拿大人对中国文化、历史与文明的了解方面,做出了宝贵的贡献。"②

葛思德中文图书馆也随后于 1936 年关闭。1934 年时麦吉尔大学当局已告知孙念礼,大学已无法给她发放工资了。这时也正是葛思德先生自己的公司陷入经济困境的时候,他的健康也出现了问题。他断断续续地尽可能地付些钱给孙念礼,但是在这个时期,她往往不得不提醒葛思德先生她已很久没得到工资了。即使在没有收入的情况下,孙念礼还坚持着她的图书馆工作。从 1934 年开始,葛思德先生可能已经意识到了他创立的图书馆不能永久留在麦吉尔大

---

① 图片摄于 1931 年 12 月 5 日。PR026618,McGill University Archives.

② "Changes in Policy and Curriculum". *McGill University Annual Reports of the Corporation*, 1933—1934. p. 17.

学,因此开始寻找潜在的买家,包括哈佛大学、耶鲁大学和其他一些大学。1935年11月13日的《蒙特利尔公报》登出葛思德中文图书馆闭馆及孙念礼离职的消息:"葛思德图书馆关闭了。馆藏可能会暂时在库房保存一段时间。目前没有官方声明。学校为节省开支,在两年前已经撤销了对它的财务支持。另据,孙念礼博士将在几天内卸掉她的馆长职务。她已经不是麦吉尔大学的在编人员了,而是属于图书馆创建人葛思德先生的雇员。"

> Gest Collection at McGill Likely to Be Put in Storage for Time
>
> NO OFFICIAL STATEMENT
>
> University Withdrew Financial Support Two Years Ago as Economy Measure

> Elsewhere, it was learned that Dr. Nancy Lee Swann, curator of the library, would relinquish her post during the next few days. She is not a member of the staff of McGill University, but an employee of Guion M. Gest, founder of the Chinese library.

1936年,在麦吉尔大学将这个图书馆关闭后不久,普林斯顿高级研究院(Institute for Advanced Study)在洛克菲勒基金会的资助下获得了葛思德馆藏。

葛思德馆藏迁到普林斯顿是相当不容易的。当这些书从蒙特利尔运出时,卡车起火,损坏了一套古今图书集成的盒子和盖子。到达目的地后,该研究院可以提供的设备只是一个商业建筑的地下室。与在蒙特利尔的麦吉尔大学宽敞而设备齐全的图书馆及阅览室相比,普林斯顿的地下室非常令人沮丧。孙念礼在写给葛思德先生的一封信中提到那里的条件之差使她的情绪低落。尤其是有一天下了暴雨,导致这座建筑物漏的水流到地下室。幸运的是,她那时正在办公室,并让一名看门人用拖把将雨水清除。①

经过一段艰苦的筹备期后,葛思德藏书最终从普林斯顿高级研究院转为由普林斯顿大学所拥有。葛思德藏书被命名为普林斯顿大学葛思德东亚图书馆。

---

① Perushek, D. E. "Nancy Lee Swann and the Gest Chinese Research Library", *Journal of East Asian Libraries*: Vol. 1985: No.77, Article 5, p. 22.

这个馆在发展中文藏书的基础上,增加了日文与韩文方面的馆藏。葛思德中文研究图书馆迁离麦吉尔大学,对麦吉尔大学是一大损失。不过,这个图书馆最终在普林斯顿大学得到了精心保管与进一步的发展。曾在麦吉尔大学葛思德中文图书馆工作的孙念礼也迁到普林斯顿,继续为这个馆工作到1948年。在之后的1950—1952年,曾任中国驻美国大使的胡适先生在此馆任馆长,使葛思德中文图书馆的管理得到了进一步的提高。

1942年8月刊的《麦吉尔新闻》(*McGill News*)刊登了一篇麦吉尔大学图书馆馆长格哈德·洛默(Gerhard Lomer)写的题为"半个世纪的雷德帕斯图书馆"的文章。文中写到:"葛思德中文图书馆在孙念礼具有专业素养的管理下,做出了广为人知的、令人钦佩的贡献。这个美洲大陆排名第二,甚至在某些方面名列第一的图书馆被摩根校长(Principal A. E. Morgan)移除了。"①从这位馆长的评论中可体会到他有些愤愤不平的语气。

孙念礼在麦吉尔大学期间的学术贡献

孙念礼在麦吉尔大学工作期间不仅将葛思德图书馆管理得很好,而且在学术研究方面也有丰硕成果。她的毕业论文经修改后,在1932年出版了《班昭:中国最杰出的女学者》(*Pan Chao: Foremost Woman Scholar of China*)一书。

此书的出版在国际汉学界很快就引起热烈的关注,不少学者写了有关此书的介绍或书评。汉学家、美国大学教授卡罗尔·B.马隆(Carroll B. Malone)于1933年6月在《太平洋历史评论》(*Pacific Historical Review*)期刊中介绍孙念礼的《班昭传》说:"班昭生活在公元1—2世纪。当时汉朝的中国相当于东方的罗马帝国。与罗马帝国有类似的问题,也有类似的人口和文明。这本书的前两章广泛地介绍了班昭生活的时代背景。她出生于一个有影响力的官员家庭,并且自己受过很优等的教育,是一位名列前茅的学者。她参与了她父亲和兄长毕生致力编写的西汉历史(公元前202年—公元22年):《汉书》。《汉书》是中

---

① Lomer, Gerhard R. "The Redpath Library: Half a Century". *The McGill News*. Autumn, 1942.

国古代位列第二的重要史书,是'任何人类语言中最伟大的历史记录'。她的另一位兄长在中国的中亚西部边境担任了三十年的将军,守护着通往罗马帝国的伟大的丝绸之路。她本人还被任命为皇后的老师。在'女诫'的篇章中,班昭大力提倡妇女的教育。如果她的想法在中国历史上得到采纳,中国妇女可能会幸免了十八个世纪的文盲和几个世纪的缠足。这本书提供了插图、地图,一些中文文本,和许多必要的汉字。孙念礼博士的作品具有学术性,可靠性和可读性。中国悠久历史文化需要许多这样的作品。"①

汉学家恒慕义(Arthur W. Hummel)在书评中写道:"该书在学界首次向我们提供了对中国古代一位才女的研究,并生动地描绘了她那个时代的社会和思想状况。"②1932年10月5日的《蒙特利尔公报》是这样报道的:"这本书是麦吉尔大学中国研究图书馆中国研究专家孙念礼博士出版的第一部有关中国女性传记研究的著作。它由美国历史学会出版,对研究中国的历史、哲学等方面做出贡献。到目前为止,这是对中国女性的唯一一份传记性研究。它完整地描述了班昭——道德家、散文家、诗人、历史学家和教师的生活和作品,其影响深远。这项工作被认为是中国研究图书馆和麦吉尔大学的重要文学和历史贡献。"

孙念礼在书的前言里感谢了帮助她完成这部书籍的机构和个人,包括中国的华北协和华语学校和燕京华文学校(Yenching School of Chinese Studies,简称"华文学校")、杜联喆女士(Tu Lien-che)、冯友兰博士、何乐益教授(Lewis Hodous)、苏慧廉教授(William E. Soothill)、戴闻达博士(Jan Julius Lodewijk Duyvendak)、江亢虎博士,查尔斯·贾德纳博士(Charles Gardner)和傅路德博士(L. C. Goodrich)。

---

① "Pan Chao, Foremost Woman Scholar of China, first century A. D.: Background, Ancestry, Life, and Writings of the Most Celebrated Chinese Woman of letters by Nancy Lee Swann". Review by: Carroll B. Malone. *Pacific Historical Review* 2, no. 2 (1933): 239—240.

② "Pan Chao, Foremost Woman Scholar of China, first century A. D.: Background, Ancestry, Life, and Writings of the Most Celebrated Chinese Woman of letters by Nancy Lee Swann". Review by: Arthur W. Hummel. *The American Historical Review*, Vol. 38, No. 3 (Apr., 1933), pp. 562—563.

在孙念礼感谢的学者中,江亢虎对她的帮助最大。1932年新书出版时江亢虎应孙念礼的邀请题写了中文书名"美国孙念礼敬卿撰《曹大家文徵》"。(班昭为曹世叔妻,因此后世亦称班昭为"曹大家")下图是江亢虎题写的中文书名:

此书出版后,孙念礼将几本新书赠与她的友人。她送给库里校长的那一册目前仍在我馆收藏。下图是她签赠的字迹:

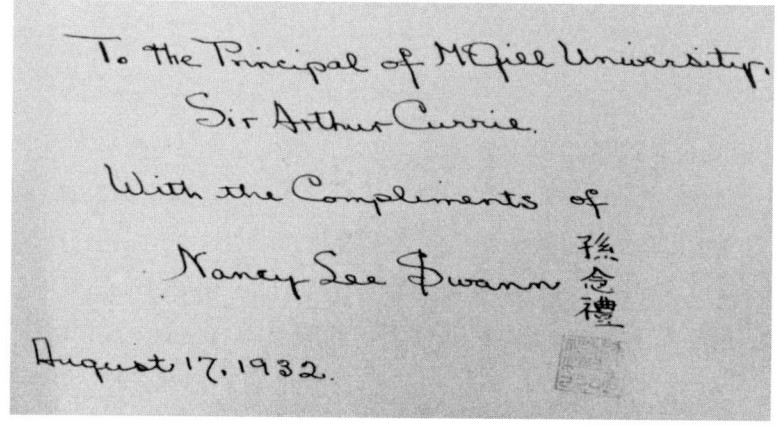

在初版问世 70 年后，孙念礼的这本书作为《密歇根中国研究经典丛书》(*Michigan Classics in Chinese Studies*) 于 2001 年再版。汉学家曼素恩 (Susan Mann) 在重版前言中充分肯定了这本书的学术价值。她认为此书在西方汉代史研究方面以及在中国妇女史研究方面都起了领跑作用。到了 21 世纪人们对班昭的研究又出现了一股热潮，因此孙念礼 1932 年版的书在近年还发行了电子版。

在写作《班昭传》的同时，孙念礼还将《后汉书》中的《邓皇后传》翻译成了英文"Biography of the Empress Teng"，发表在 1931 年第 2 期的《美国东方学会会刊》上。麦吉尔大学的 *McGill University Publications* 丛刊特地将这篇翻译收入在它的第 XXI（1931）特刊中：

邓皇后既是东汉著名的女政治家，也是班昭的学生，因此孙念礼的翻译工作实际上也是她做班昭研究的一部分。从时间上看，她的这部翻译作品在《班昭传》之前一年出版，因此是她的第一部出版物。

1936 年 11 月，孙念礼在《哈佛亚洲学报》(*Harvard Journal of Asiatic Studies*) 的创刊卷上发表了题为"七位亲密的藏书家"(Seven Intimate Library Owners) 的文章。文中提到杭州的七位私人藏书家。她在 1937 年 3 月 20 日写给多伦多博物馆的汉学家怀履光主教 (William Charles White) 的信里说明了一些关于她写这篇文章的情况："撰写这篇文章给我带来了极大的慰藉。那是我情绪最低落的一段时间。麦吉尔大学的中国研究图书馆关闭后,我生活在前途渺茫的状态中。然后我来到纽约,暂时离开本行工作与研究。之后我找到有关这七位图书馆主人的资料并撰写出这篇文章。我在去年七月回蒙特利尔监督运送葛思德图书馆馆藏的断断续续的时间里将此文最终脱稿。"①

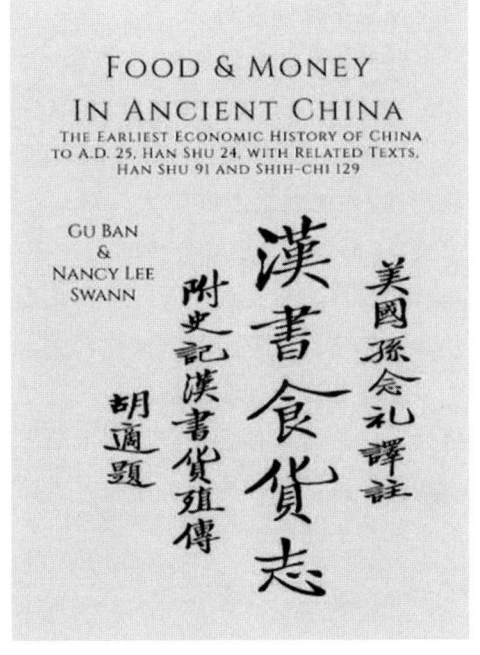

孙念礼的另一部重要翻译著作是将《汉书·食货志》翻译为英文,并有详细注释与介绍。食货志为古代史书中的一个大类,开始于班固的《汉书》。孙念礼翻译了班固的《汉书》中的卷九一:《食货志》,又翻译了司马迁的《史记》中的卷一二九:《货殖列传》。翻译成英文后的书名为"Food & Money in Ancient China: the Earliest Economic History of China to A.D. 25"。通过对这些史书的翻译与注释,孙念礼这本书的出版为西方汉学界研究中国古代经济起了带头作用。虽然此书于1950年才出版,孙念礼在出版前的很长一段时间就开始着手准备了。胡适还为孙念礼的这本新书题了词。

杨联陞先生在1950年12月的《哈佛亚洲研究期刊》(*Harvard Journal of Asiatic Studies*)撰文介绍了孙念礼的这本书。他说,此书主要是对历史文本的翻译和研究,因此无法解决中国古代经济史上的所有问题。然而,在所选择的某些范围内,作者对中国古代经济问题做了充分的总结。因此,这部书籍对学习中国历史的学生们来说确实是不可或缺的。很多其他学者们也都赞扬了孙念礼这部书对研究中国古代经济史的贡献。直至今日仍有很多学者在研究论文中参考此书。为满足读者需求,Martino Fine Books 图书公司于2013

---

① Perushek, D. E. "Nancy Lee Swann and the Gest Chinese Research Library", *Journal of East Asian Libraries*: Vol. 1985: No.77, Article 5.

年将原版书重印发行。

此外,孙念礼还写过一篇题为"A Woman among the Rich Merchants: The Widow of PA 巴寡妇清 (3rd Century B.C)",发表在 1934 年的《美国东方学会会刊》上。① 巴寡妇清是中国秦朝巴蜀地区的寡妇,也是商人。她能保住家族产业,并使财富不断扩大。司马迁的《史记·货殖列传》和班固的《汉书·食货志》都有关于巴寡妇清的论述。孙念礼的这篇文章以巴寡妇清为例,探讨《史记》与《汉书》在讲述与评价古代商业及商人方面的异同。相对于其他作品,孙念礼的这篇文章引起的关注较少。

孙念礼离开加拿大后所著的其他作品,本文就不在此一一介绍了。笔者希望通过以上有关孙念礼在加拿大葛思德图书馆工作期间的史料,补充她已较为人知的在美国普林斯顿工作与学术研究的经历,使大家对孙念礼为汉学界所做的贡献有更完整的了解。

---

① Swann, N. L. (1934) "A Woman among the Rich Merchants: The Widow of PA 巴寡妇清 (3rd Century B.C)", *Journal of American Oriental Society*. Vol. 54, No. 2. pp. 186—193.

一位被遗忘的美国外交官
——雷希正先生与欧柏林大学的中文馆藏①

◎朱润晓②

摘　要：

　　本文通过介绍一位鲜为人知的美国外交官雷希正先生的生平来探索其与欧柏林大学的渊源。同时，作者对雷先生在二战时从事翻译工作和后期美国外事局的职业生涯的分析，阐述他对俄亥俄州的汉学研究和东亚图书馆事业的贡献，尤其是中国史和明史方面的贡献。

关键词：

　　中国；特色馆藏；东亚图书馆

A Forgotten American Diplomat
——Mr. John A. Lacey and Chinese Collection of Oberlin College

◎ Runxiao Zhu

Abstract：

　　This paper will explore an unknown Ohio-born diplomat John A. Lacey's life and his relationship with Oberlin College - Chinese Special Collections. Threading Lacey's life through his time in China during the World War Ⅱ and his late diplomatic career working in Asia, I aim to

---

　　①　笔者在此要感谢俄亥俄大学的李国庆教授对我一直以来的支持与鼓励才让这篇拙作得以定稿；同时我也要感谢欧柏林大学特色馆藏部的 Ed Vermue 先生、Gena Reynolds 女士、档案馆的 Ken Grossi 先生和我的学生 Eric Hughett 在查找资料和提供文献上提供了很大的帮助。

　　②　朱润晓，美国欧柏林大学东亚部馆员。

recapture his passion and interest in education and libraries, particularly in China and Ming history.

Keywords:

China; Special Collections; East Asian Library

第一次看到雷希正(John Albert Lacey)的名字是我刚到欧柏林大学就任的那年——2016年。有一次我去地下室整理东亚馆的古书,在一套线装本的内封上看到了一个正正方方的红印章,钤"雷希正"三字(图1)。当时的第一反应就是这章定是清末或民国初哪位文人的,有空我再查一查这个人吧。就这样过了一年半载,古书整理得差不多,雷希正的这个印章也在很多种古籍上看到,其他的一些书也有一位惠赠者的藏书票"John A. Lacey"(图2)。我从未把这两个名字关联在一起,更想不到这个名字隐藏了一段很长的往事。

图1　雷希正印章

图2　雷希正英文藏书票

对很多人来说,雷希正先生或许是一个无关紧要的人。而对我来说,雷先生却是欧柏林东亚馆发展历史上一位极其重要的人物。不仅仅是因为他当年将个人藏书慷慨惠赠于欧柏林大学中文馆,而且我本人对其人其事有着很大的兴趣。在一次很偶然的机会中,我在一本1964年中英文版香港中文大学校刊上找到了雷希正的名字,从那时起我也解开了这两年里的一直不解的谜题:谁是雷希正？原来 John A. Lacey 就是雷希正。① 关于雷先生的生平，并不太容易找到相关的资料和故事。我最初着手查找是从美国国会图书馆普雷西德（Henry Precht）1989年对雷希正的一次采访中开始，里面有一些段落是雷先生谈起他在亚洲的一些掌故。② 除此之外，我去年夏天实地采访雷希正在俄亥俄州的老家阿什兰（Ashland），想从当地的历史协会（Ashland Historical Society）找一些新的材料。很可惜，那里的工作人员告诉我没有什么关于这个人的资料。这几年来，我慢慢地收集各种关于他的资料，这里一点、那里一滴的。似乎雷希正是一位名不见经传的人物，关于他的消息很少。或者他本身也是一个很低调的人，不愿意抛头露面。这里我只能尝试利用我现在找到的一些资料来尽可能还原雷希正先生的生平。

雷希正生平

雷希正，1917年6月14日出生于芝加哥，排行家中老大；卒于2002年3月25日，享年84岁。早年雷希正随全家南迁到俄亥俄州的阿什兰（Ashland），随后他就读于阿什兰高中、密歇根州立大学和芝加哥大学。在读高中时，雷希正有位好朋友哈罗德·安德鲁（Harold Andrew），他的妈妈是阿什兰大学的英文老师，也是当地长老会教堂一位很活跃的成员。通过她，雷希正有幸得识了在中国做医疗传教士的富马利女士（Mary Fulton）。③ 据说富马利是第一位在中

---

① 《[香港]中文大学校刊》(University Bulletin)，第一卷第一期（1964年6月），英文版 p.5，中文版第5—6页。

② 雷希正生平主要和中国相关的事件作者都是通过1989年国会图书馆普雷西德（Henry Precht）对雷希正的采访所得；Henry Prechtand John A. Lacey. *Interview with John A. Lacey*. 1989. Manuscript/Mixed Material. https://www.loc.gov/item/mfdipbib000650/. Accessed on June 19, 2019。关于雷希正出生和过世等消息都是从新闻报刊上所得，即 Obituaries - John A. Lacey …… Westford, long career as diplomat; In *Lowell Sun Newspaper* 2002 March 28, Thursday. p. 63; "Lacey, John A. - the Political Graveyard". http://politicalgraveyard.com/bio/lacey.html. Accessed on July 3, 2019.

③ Mary Hannah Fulton 富马利. https://zh.wikipedia.org/wiki/%E5%AF%8C%E9%A9%AC%E5%88%A9. Accessed on July 22, 2019.

国盲人和护士学校就职的女传教士,并见过孙中山先生。她在中国的所见所闻让雷希正开始对这个遥远的国度产生兴趣,当年他的梦想是要成为美国最好的中国历史文化老师。雷希正 1935 年高中毕业后,并没有考进他理想的学校,阴差阳错地拿了全额体育奖学金去密歇根州立大学读书。由于他对体育的兴趣不是很浓,一年后学校就拿掉了他的奖学金,使他不得不暂时退学,搬去了芝加哥。刚到芝加哥时,雷希正从事一些印刷类的销售工作,经常穿梭于市区多幢高楼中。有一次很偶然的机会他遇到了进出口商人乔治·F.鲁比(George F. Ruby)并成为了他的助理。1938 年秋,雷希正考入芝加哥大学,并继续他的学业。1940 年拿到了正式的本科学位。①

珍珠港事件之后,雷希正申请加入美国海军并参加第二次世界大战。1942 年夏天,他被派往科罗拉多州参加日文语言培训,之后去了华盛顿首府短住了一阵,然后才派驻亚洲战地。他先驻军重庆,负责翻译日军电报等各类翻译工作。其间,雷希正也协助救援飞虎队的行动。战争结束后,他继续留在重庆帮助国民党士兵的军事训练等,他所在的部门主要负责解析密码和自行车的训练。② 当时留在中国的美国海军基本属于中美特种技术合作所(简称中美合作所,Sino-American Cooperative Organization,简称 SACO)管辖。③ 1944 年底到 1945 年初,雷希正有两个月时间没有接到直接指示,所以他开始在全国各地游历,还跑去了延安访问八路军部队。到夏天的时候才被通知调往上海工作;同年 9 月被派去北京负责翻译中国北方地区日本人留下的文件和档案材料,一直呆到年底回美国。

回到美国后,雷希正重新拾起他要成为美国最好的中国历史老师的梦想,返回芝加哥大学攻读博士学位。回到大学后,他决定专攻明朝洪武年间官制改革的研究。明朝初年,朱元璋为了防止相权过重,罢黜了有一千多年历史的宰

---

① Henry Prechtand John A. Lacey,1989.

② 雷希正在国会图书馆那次访谈中提到当时中国人骑自行车不能掌握平衡,也对速度没有什么概念。笔者对自行车在中国的起源和历史并不是很了解,所以不能进一步证明这条消息的可靠性。参见:Henry Prechtand John A. Lacey,1989.

③ 关于 SACO,可以参见 https://saconavy.net/ 以及 https://en.wikipedia.org/wiki/Sino-American_Cooperative_Organization.

相制度，并分权于六部尚书。① 在明朝官制研究中，雷希正尤其对明朝百姓称官员为"父母官"或者"朝廷命官"这些概念感兴趣，可能这与他在二战时的经历有关。在他的访谈中，有几次他都提到很反感接触的一些国民党官员只顾自己贪污，不管百姓死活，反而共产党在百姓中声望很高。加上美国政府内部对中国各种政策上的分歧——比如驻美大使和海军上将相互之间有很大的矛盾，谁都不买谁的账，雷希正在访谈中多次提到这样的挫败感，称这样的做法常常弄得下层的小兵小将不知道该服从谁的指示。② 况且，他认为美国的体制或多或少，是在间接地模仿中国传统的官僚制度，所以研究明朝官制改革是很有用的。1953年朝鲜战争结束后，美国对外政策大改动，所有的外事机构都合并为一，受美国国务院统一管理。由于他对亚洲地区的了解，雷希正任职于美国驻外事务处(the Foreign Service)，被多次派往亚洲各地。他的外事生涯很长，依次如下③：

美国国家情报局——东南亚外事部(Indochina desk)(1954—1956)
美国"驻中华民国"大使馆——经济部领事 (1956—1960)
美国驻港澳总领事馆——代理领事、经济部领事 (1960—1964)
美国驻新加坡总领事馆——总领事(1964—1965)
美国驻缅甸大使馆——领事 (1965—1966)
海洋环境科学院(1967—1969)
美国驻澳洲伯斯总领事馆——伯斯总领事(1969—1972)
缅甸仰光总执行长(1972—1975)

1976年，由于年迈的父亲和体弱多病的妻子需要人照顾，年仅59岁的雷

---

① John D. Jr. Langlois, "The Hung-Wu Reign, 1368-1398". In *the Cambridge History of China: The Ming Dynasty*, 1368—1644, edited by Mote, Frederick W. and Denis Twitchett, Vol. 7, 107—181. (Cambridge: Cambridge University Press, 1988): pp.121—122; 139—140.
② Henry Prechtand John A. Lacey, 1989.
③ Ibid.

希正早早结束其政治生涯回到俄亥俄州的家乡阿什兰。回来后,他继续积极参加和组织各类社区活动。第二年,他合作创立了阿什兰城市理事会;之后又兼职阿什兰大学教职,教授政府学的课程。① 雷先生在采访中也提到扩展俄亥俄州图书馆事业。比如,1986年他参与创建了俄亥俄州图书馆之友协会,任会长;1989年代表该协会参加了俄亥俄教育媒体协会和俄亥俄图书馆协会的年会。② 如今,俄亥俄州图书馆之友协会已经成为俄亥俄图书理事会,是一个很重要的图书馆机构。

他一生中涉及很多外交事务,在此我无法一一述来。虽然他回到阿什兰后参与了很多社区慈善事业,但是我几次去阿什兰寻找关于雷希正先生更多的资料都无功而返。阿什兰历史协会都说找不到关于此人的资料。当然,我对于他跟欧柏林大学的关系有更多的问题。有时想起总会一声叹息!阿什兰离欧柏林短短20英里,可惜先生在世的时候,我没能有机会认识,很多不解之谜也可能真的无从找起。比如他当时选了惠赠藏书给欧柏林大学,是在一种什么样的情况下?还有是不是因为欧柏林大学在他家乡周围是跟中国最有渊源的一所大学?

捐书于欧柏林大学

说起雷希正跟欧柏林大学中文特藏馆的关系,还要从他跟当时的欧柏林大学图书馆馆长艾琳·桑顿(Eileen Thornton)女士的来往信件谈起。雷希正在被派往澳洲之前,短暂回美国一阵子,住在华府。1969年8月19日,雷希正给桑顿女士写了一封信。

信件中大致内容如下:

雷希正会将他的私人中文书籍收藏捐赠给欧柏林大学图书馆用以支持欧柏林的中国历史和文化课程。藏品大概有1000册中英文书籍,包括中国历史文化和日本语言方面的书籍。私人收藏书籍主要有三个方面的内容:一、关于

---

① Obituaries - John A. Lacey.
② Henry Prechtand John A. Lacey,1989.

明朝的书;二、关于中国历史和学术研究材料;三、关于中国艺术、建筑、戏剧等。部分是古籍或原刻版善本,也有一些普通书籍。他也对自己中文书收藏做了估价,大概2500美元。大部分书籍是在二战后陆陆续续收购的。据雷希正先生自己说,其中《大明会典》为明朝原版,另外《大明一统志》也为原版,虽然《大明一统志》1969年可以在台湾购买到重印版,但是原版仍被视为高价值品。另有《皇明实录》等虽为和刻本,但是作为原始历史文件,有很高的价值。最后他提出捐赠的三个条件:第一、要有捐赠者的名字;第二、他在未来可以继续使用这些书籍,如有相关邮寄费用等,他会私人出钱;第三、欧柏林大学愿意支付包装和运输费用。

图3　雷希正捐赠信件第一页

```
                              -2-

secondly, my continuing access to these books either at Oberlin
or, if need be, by post which would of course be at my expense;
and three, Oberlin College's willingness to pay for the packing
and posting of these books from Washington, D. C. to Oberlin,
Ohio.  Please inform me if these terms are satisfactory.

Regarding the last condition, would you please inform Mr. Lipscomb,
who is handling our effects on behalf of Paxton Van Lines, Inc.,
that Oberlin College authorizes Paxton Van Lines to pack and
transport these books from my residence to your library in
order to enable the company to bill you in accordance with ICC
regulations.  Mr. Lipscomb's address is: Paxton Van Lines, Inc.,
5300 Port Royal Road, Springfield, Virginia, 22151.  His tele-
phone is: 703-321-7600.

                                     Sincerely yours,

                                     John A. Lacey

Enclosure:
List of Chinese and Japanese Titles in
Mr. Lacey's Library.
```

图 4 雷希正捐赠信件第二页

之后，桑顿女士和雷先生之间的交流基本通过电话，其中需要留档的电话记录有保存下来。其中的一份通话记录说明雷先生是由国会图书馆东方部埃德·比尔(Ed Beal)牵线搭桥联系到桑顿女士的，还有意送他小女儿来欧柏林上大学。但是我在学校档案部的校友记录中并没有找到这样一位学生。我想或许他小女儿最终并没有来欧柏林上大学。另一层关系则来自芝加哥大学，欧柏林大学当时的历史系主任卡尔逊教授(Ellsworth Carlson)的一位在芝加哥大学的朋友对雷希正提到过欧柏林和中国的渊源。卡尔逊教授曾经是欧柏林差团在中国传教的一员。另一份电话记录上桑顿对雷希正说起欧柏林大学1969年雇佣了第一位正式的东亚馆馆员林健一先生——台湾大学中文系毕业，有着深厚的文化历史背景知识。关于林先生的情况，桑顿在接受雷希正赠书后，写过一封信（图5）给卡尔逊教授，也说起林健一先生。从34位候选人中精挑细选出来的林先生不仅会对雷先生的私人藏书做评估和处理，而且会和密歇根大学合作处理雷希正藏书中的任何复本。① 1969 年 9 月雷希正的 24 箱藏书安全抵达欧柏林。这些详细的信息清晰地告诉了我们当时捐赠者和图书馆之间的关系，并阐述这些书是怎么到欧柏林大学的。这对我们后人研究本馆的历史渊源很有帮助。

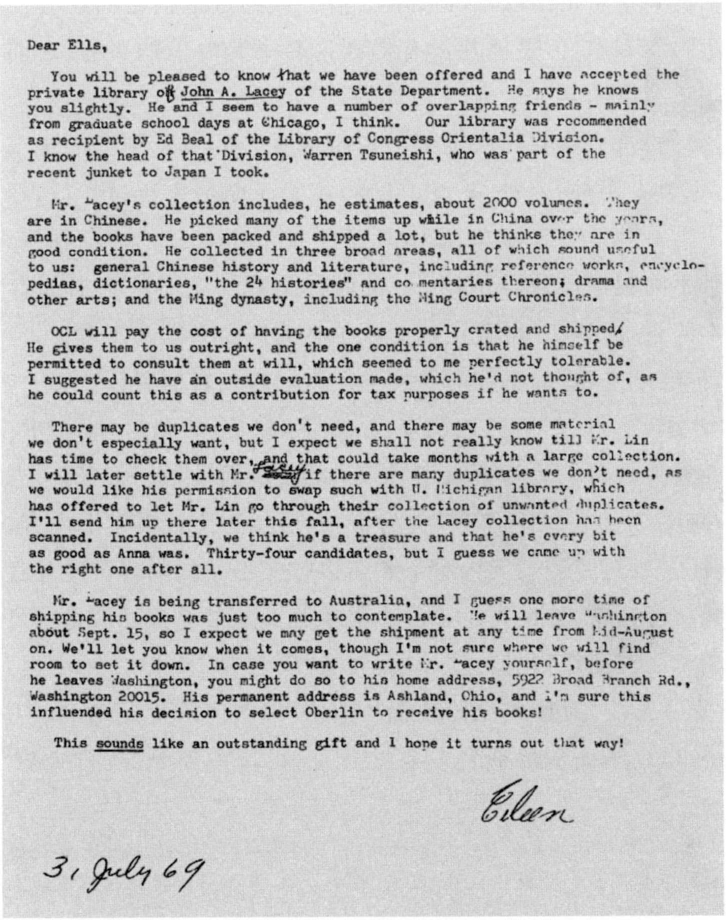

> Dear Ells,
>
> You will be pleased to know that we have been offered and I have accepted the private library of John A. Lacey of the State Department. He says he knows you slightly. He and I seem to have a number of overlapping friends - mainly from graduate school days at Chicago, I think. Our library was recommended as recipient by Ed Beal of the Library of Congress Orientalia Division. I know the head of that Division, Warren Tsuneishi, who was part of the recent junket to Japan I took.
>
> Mr. Lacey's collection includes, he estimates, about 2000 volumes. They are in Chinese. He picked many of the items up while in China over the years, and the books have been packed and shipped a lot, but he thinks they are in good condition. He collected in three broad areas, all of which sound useful to us: general Chinese history and literature, including reference works, encyclopedias, dictionaries, "the 24 histories" and commentaries thereon; drama and other arts; and the Ming dynasty, including the Ming Court Chronicles.
>
> OCL will pay the cost of having the books properly crated and shipped. He gives them to us outright, and the one condition is that he himself be permitted to consult them at will, which seemed to me perfectly tolerable. I suggested he have an outside evaluation made, which he'd not thought of, as he could count this as a contribution for tax purposes if he wants to.
>
> There may be duplicates we don't need, and there may be some material we don't especially want, but I expect we shall not really know till Mr. Lin has time to check them over, and that could take months with a large collection. I will later settle with Mr. Lacey if there are many duplicates we don't need, as we would like his permission to swap such with U. Michigan library, which has offered to let Mr. Lin go through their collection of unwanted duplicates. I'll send him up there later this fall, after the Lacey collection has been scanned. Incidentally, we think he's a treasure and that he's every bit as good as Anna was. Thirty-four candidates, but I guess we came up with the right one after all.
>
> Mr. Lacey is being transferred to Australia, and I guess one more time of shipping his books was just too much to contemplate. He will leave Washington about Sept. 15, so I expect we may get the shipment at any time from mid-August on. We'll let you know when it comes, though I'm not sure where we will find room to set it down. In case you want to write Mr. Lacey yourself, before he leaves Washington, you might do so to his home address, 5922 Broad Branch Rd., Washington 20015. His permanent address is Ashland, Ohio, and I'm sure this influenced his decision to select Oberlin to receive his books!
>
> This sounds like an outstanding gift and I hope it turns out that way!
>
> Eileen
>
> 31, July 69

图 5　桑顿女士写给历史系教授卡尔逊的信

---

① Oberlin College Library Records - Eileen Thornton. RG16.

雷希正中文馆藏之古籍

一、《大明会典》万历十五年(1587)内府刻本　(图6—图9)

前文中提到雷希正给欧柏林大学的信中说到过他捐赠的这套《大明会典》是明朝原版内府刻本,但是他并没有提到这套书是哪里购买的、之前的藏书票或者藏书印章有谁的名字在内。

《大明会典》是一套明代钦定刻印出版的关于明典章制度的史书。它版本比较复杂,主要有两种:一种是180卷本,始纂于弘治十年(1497),经正德时参校后刊行。另一种是228卷本,嘉靖时经过两次增补,万历时又加修订,纂成重修本刊行。不同版本册数也不同。① 古代各类藏书家对这套书都有不一样的抄本和刻本的收录记载。雷希正赠予欧柏林的这套书据初步考证,应该为万历内府本,又称经厂本,是由吏部尚书大学士张居正负责监督印刻。② 此版共100册228卷16函,十行二十字,四周双边,上下黑口双黑鱼尾,版心中镌卷名,下镌页码。开卷为张居正等万历四年(1576)的上奏题本,次为万历十五年二月十六日(1587)(图7)上奏的会典表,再为目录,后接正文。由于书内容较复杂,册数众多,无法一一对照记载的内府本卷名以核实每卷的内容。况且我对这套书的来源也无从考证,雷希正先生并没有提供关于此书更多的信息。可以得知的是万历本相对而言比较稀少。据原瑞琴《〈大明会典〉版本考述》中提到:"(清代律学家)沈家本认为'万历本流传甚希',他便'以重值购置'万历本,用于法律学堂学习参稽,以助于明制的研究。由此可见,万历本还是'殊可宝贵'的。"③雷

---

① 原国立北平图书馆有万历朱红抄本一部,存204卷(132册),抗战中为保存而与其他珍本一起运至美国国会图书馆暂存,摄有胶卷,哈佛、普林斯顿、芝加哥大学东亚馆藏有此胶卷。原本现存台北"故宫博物院"。

② 胡福生、曲德森,《中国印刷发展史图鉴》,太原:山西教育出版社,2013年,第323—326页。关于明代印刷业,也可参见 Tobie Meyer-Fong. "The Printed World: Books, Publishing Culture, and Society in Late Imperial China". *The Journal of Asian Studies* 66, no. 3 (2007): pp. 795—796.

③ 原瑞琴,《〈大明会典〉版本考述》,《中国社会科学院研究生院学报》,2011年1期,第136—140页。

希正对明朝官制很感兴趣,购买这套书也是符合他的学术兴趣。

从这套古籍的外观来看,可以看出本来的主人(们)是花了很大的心血保存和修护的。此古籍的修复过程可能沿用了"金镶玉"装帧形式:每页书都使用裱镶法——即重新加入一层镶衬用纸以保护原本很脆、韧性很差的纸;然后每一册的外封都换新的后重新进行线装,这样虽然保护了原来的纸张,但是在外观上却增加了原册的厚度,失去了古籍的原有风貌。①

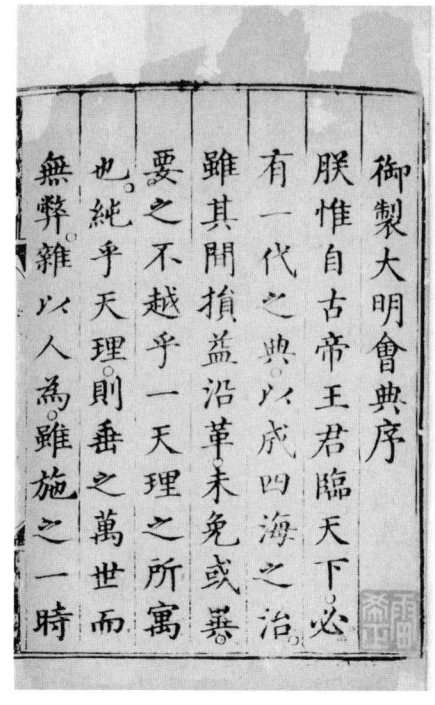 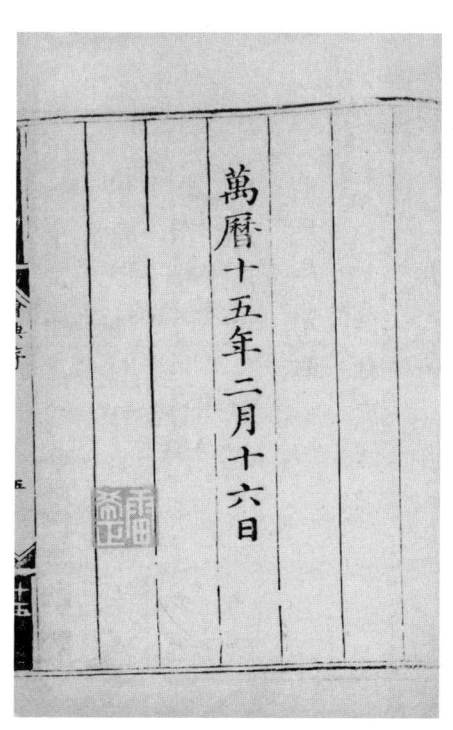

图6 《大明会典》序,钤"雷希正"章　　图7 序末年,钤"雷希正"章

---

① 笔者感谢哈佛燕京图书馆马小鹤老师指出此古籍的装帧形式可能为"金镶玉",并提供朱振彬的《关于古籍的"金镶玉"装帧》一文让我阅读。

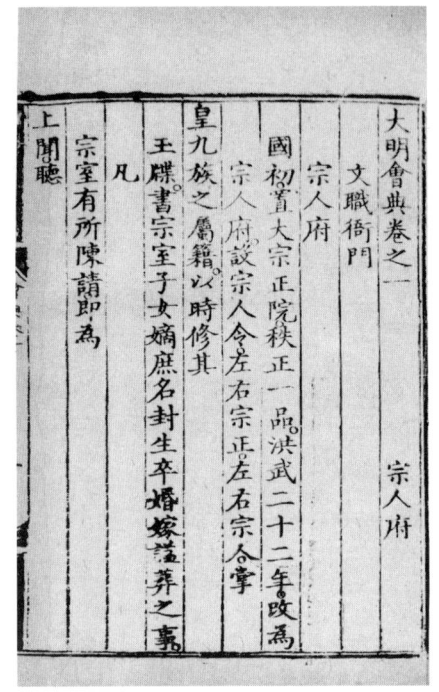 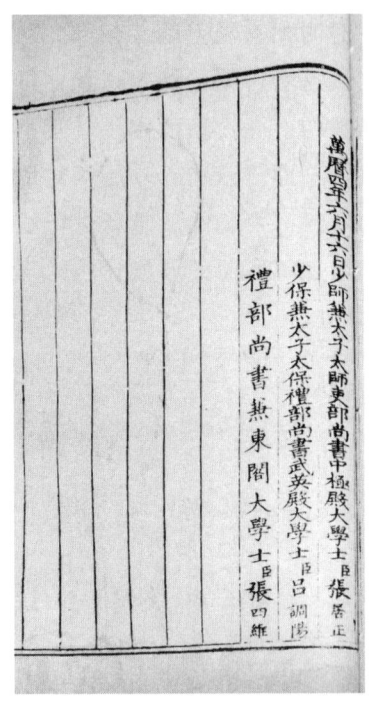

图 8 《大明会典》卷端　　　　图 9 《大明会典》司礼监刊印末页

二、《钦定明鉴》嘉庆二十三年(1818)武英殿刻本（图 10、图 11）

雷希正赠送给欧柏林大学的另一套钦定的书为《武英殿版钦定明鉴》。武英殿在康熙十九年(1680)设立,掌刊印和装潢书籍等。武英殿的印书在雍正朝和乾隆朝最为辉煌;嘉庆年间每况愈下。同治八年(1869),武英殿失火,殿内各类书版、活字、材料等都无一幸免。光绪三十二年(1906)后,清廷引进西方石印技术,武英殿基本停止各类活动。[①] 由于武英殿对雕版木材选择、纸质、用墨选料等都要求极高,一定选用最上等的材料;字体方面也选用行云流水古书法家的名字体,所以初见这套古籍时,我还误认为是明刻本。至于真假,武英殿大火

---

① 胡福生、曲德森,《中国印刷发展史图鉴》,太原:山西教育出版社,2013,第430—435页。

后,原先的版子都毁了,民间仿造无法用到相同的质材,所以基本不存在。① 此版24卷10册1函,卷首有嘉庆二十三年谕旨、奏表。八行二十字,四周双边,上白口單黑魚尾。版心上镌书名,中镌卷次。可见字体为正楷体,字形秀丽。

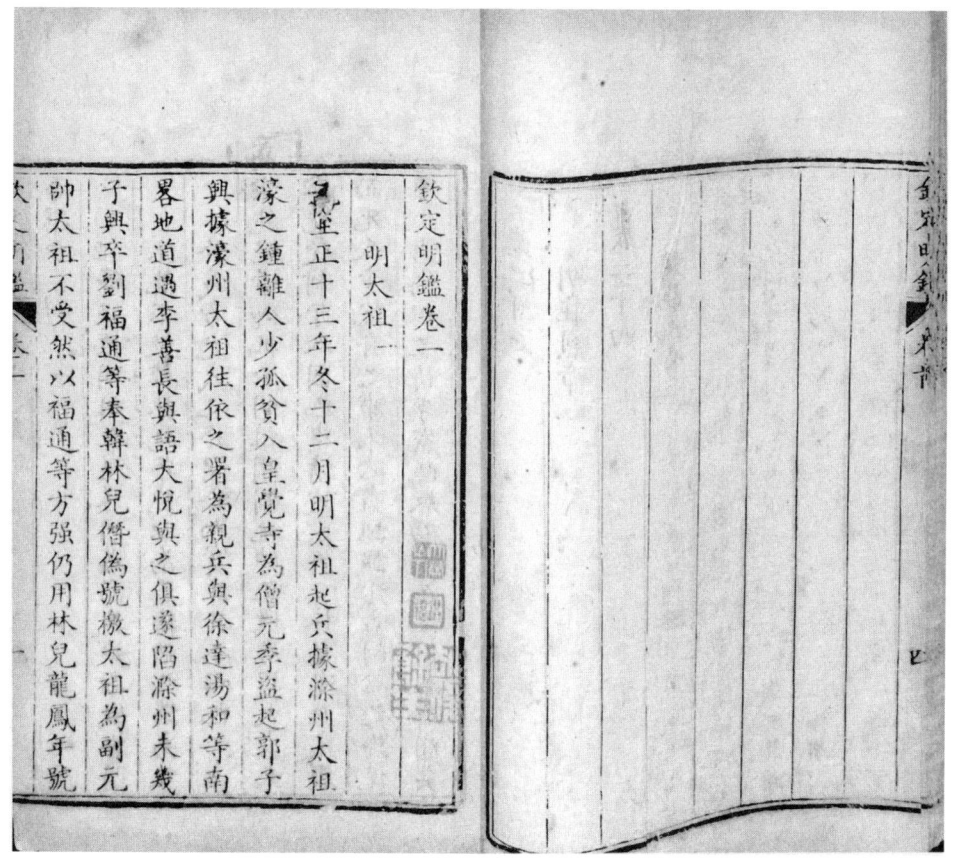

图10 《钦定明鉴》卷端

---

① 胡福生、曲德森,《中国印刷发展史图鉴》,太原:山西教育出版社,2013,第430—435页。

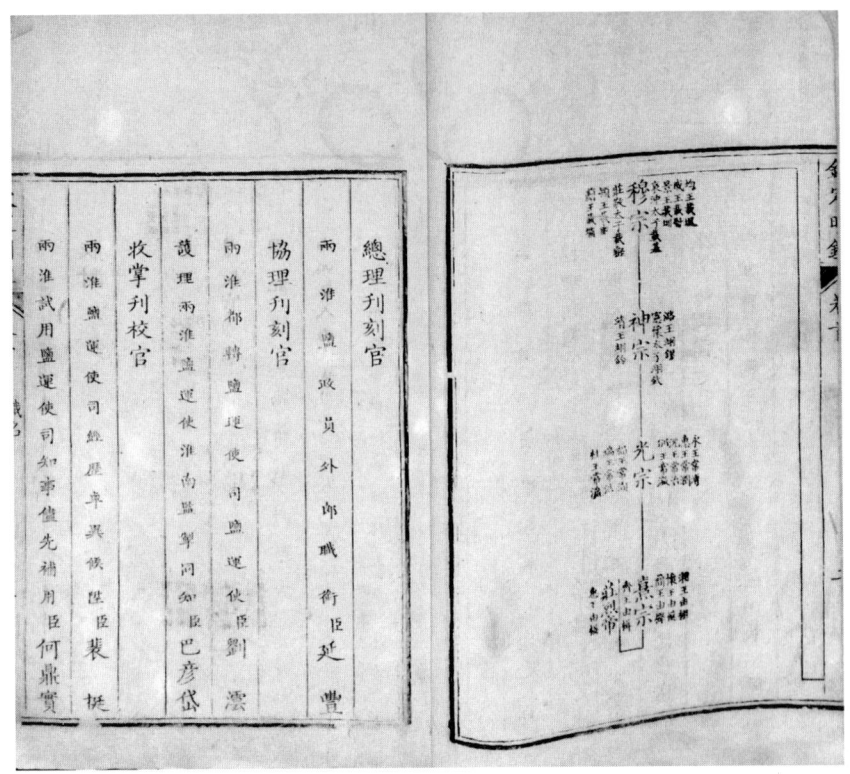

图 11 《钦定明鉴》刊刻官页

三、其他古籍

在雷希正收藏的其他古籍中,还有几种很重要的古书。如《大明一统志》、和刻本《皇明实录》、宝日堂明崇祯刻本《皇明通纪》等。这些古籍对研究明朝历史是非常重要的。所有的这些古籍,都经过精心修复和重装订,所以我推测古籍的修复和整理都是雷希正花时间和精力去做的。至于是雷本人在亚洲找人修复还是通过书商进行整理?当时是什么样的人才有资格做古籍修复?我观察到这些书在修复的过程中有一些很不寻常的情况:比如,《皇明实录》中首序的题记页和卷端页顺序明显装倒了;再如《大明会典》最后几函中有多册书页中加入的镶衬用纸是其他的雕版古书重新回收使用,有满文,也有汉文。我大胆一问,是否清朝灭亡后,很多满文刻本被拿出来重新回收,再利用在其他的古书中呢?做装订的是不识字的工匠还是专业的藏书家?这些问题都还需要进一步地去考察。我尤其对 20 世纪 40 年代末到 70 年代初,日本和中国的古籍买卖市场是什么样的情况特别感兴趣,希望以后有更多的研究可以注重在 20 世纪中古籍二手市场的研究,这样对我们核实这些古籍的版本和真实性非常有帮助。

结 语

欧柏林大学东亚馆在海外东亚馆来说,虽比不上各个大馆的馆藏,但是作为只有 2900 名本科生的文理学院来说,我馆收藏的量也不小、质也较高。收藏的各类材料书籍也能有效地支持本校各类东亚研究相关的本科生课程和项目。追根溯源,其实正是有这些不知名的藏书家或者对中国文化有着深厚感情的人对海外东亚图书馆事业的支持和贡献,我们这些小型东亚馆才能独树一帜,继续扩展我们的馆藏。

参考文献

1. Fulton, Mary Hannah 富马利.https://zh.wikipedia.org/wiki/%E5%AF%8C%E9%A9%AC%E5%88%A9. Accessed on July 22, 2019.

2. 胡福生、曲德森,《中国印刷发展史图鉴》,太原:山西教育出版社,2013。

3. "Lacey, John A. -the Political Graveyard". http://politicalgraveyard.com/bio/lacey.html. Accessed on July 3, 2019.

4. Langlois, Jr, John D. "The Hung-Wu Reign, 1368 — 1398". In *The Cambridge History of China: The Ming Dynasty*, 1368 — 1644, edited by Mote, Frederick W. and Denis Twitchett. Vol. 7, 107 — 181. Cambridge: Cambridge University Press, 1988.

5. Meyer-Fong, Tobie. "The Printed World: Books, Publishing Culture, and Society in Late Imperial China". *The Journal of Asian Studies* 66, no. 3 (2007): 787 — 817.

6. Oberlin College Library Records -*Eileen Thornton*. RG16.

7. Obituaries - John A. Lacey……Westford, long career as diplomat; In *Lowell Sun Newspaper* 2002 March 28, Thursday.

8. Precht, Henry, and John A. Lacey. *Interview with John A. Lacey*. 1989. Manuscript/Mixed Material. http://www.loc.gov/item/mfdipbi000650/, Accessed on June 19, 2019.

9. SACO-Sino-American Cooperative Organization 中美合作机构. https://saconavy.net/.

10. *The University Bulletin [of the Chinese University of Hong Kong]*《[香港]中文大学校刊》,1964 年 6 月版,第一卷第一期。

11. 原瑞琴,《〈大明会典〉版本考述》,《中国社会科学院研究生院学报》,2011 年 1 期,第 136—140 页。

12. 朱振彬,《关于古籍的"金镶玉"装帧》。http://www.nlc.cn/newhxjy/wjsy/wjls/wjqcsy/wjsbblwzj/201011/P020101123706046515709.pdf. Accessed on Aug 10, 2019.

美国哈佛大学中国古旧地图馆藏特色与学术价值

◎陈 熙①

摘 要：

美国哈佛大学馆藏丰富的中国古旧地图。本文在系统整理哈佛大学馆藏1949年以前出版发行的中国相关古旧地图的基础上，从馆藏地、语种、时间、内容等方面对哈佛大学馆藏中国古旧地图的总体情况进行了分析。根据地图的学术价值、版本价值和美学价值，选取若干馆藏中西方代表性珍稀古旧地图进行重点介绍。最后结合数字人文的方法，讨论了馆藏海量的近代军事地图的学术价值和应用前景。

关键词：

哈佛大学；中国；古旧地图；军事地图

China-related Ancient Map Collection in Harvard University: Features and Academic Value

◎ Xi Chen

Abstract：

Harvard University has a rich collection of ancient Chinese maps. On the basis of systematically sorting out the relevant old Chinese maps published before 1949 in Harvard, this paper analyzes the general profile of the Chinese ancient maps in Harvard from the aspects of location, language, time and content. According to the academic value, edition value and aesthetic value of those maps, some representative rare maps, both in Chinese and western languages, are

---

① 陈熙，复旦大学图书馆中华古籍保护研究院讲师。

selected for highlight introduction. Finally, combined with the method of digital humanities, the paper discusses the academic value and applicate prospect of the massive collection of modern military maps in Harvard.

Keywords:

Harvard University; China; Ancient Map; Military Map

哈佛大学是海外汉学研究重镇,拥有极为丰富的中国研究资料,其古旧地图的收藏亦可谓琳琅满目,其中既有传统中国舆图,也包括众多15世纪以来在西方发行的中国相关地图,这些古旧地图此前并未进行过系统的整理和研究,可以说仍是一座尚待挖掘的宝藏。2018年,笔者在哈佛燕京图书馆的资助下访问哈佛一年,对哈佛大学全校各图书馆藏的中国古旧地图进行系统的梳理和研究。整理的对象是1949年以前的中国相关的古旧地图,其中既包括中国的传统舆图,也包括西方出版的中国相关地图。在此基础上,为馆藏中国古旧地图逐一编撰了提要,提要主要包括地图涉及的主要内容、历史背景及价值、地图的基本资料三个方面。编撰此提要主要目的,是希望通过介绍各地图的主要内容,挖掘地图相关的历史背景与研究价值,以向学术界推介哈佛大学的中国古旧地图收藏,为相关学者的研究提供参考与便利。经一年余的梳理和查验,共录得古旧地图信息1250条。本文就哈佛大学馆藏中国古旧地图的基本情况、特色、代表性地图及学术价值等进行论述。

一、馆藏中国古旧地图概貌

哈佛大学馆藏的中国古旧地图散布于大学下属各图书馆中,其中主要集中于哈佛地图馆(Harvard Map Collection)和哈佛燕京图书馆(Harvard-Yenching Library),按照图书馆电子检索系统的条目信息(Item)统计,两馆馆藏数分别为751条和462条,占馆藏中国相关古旧地图总数的60.03%和36.93%,另外哈佛大学主图书馆、植物学图书馆、艺术图书馆、法学院图书馆等其他馆藏共有59条,占4.72%。① 每个条目下所包含的地图(Sheet)数量不一,有些是单幅地图,有些是地图集,有些条目下所包含的图幅众多,如军事地图往往一个条目下包括几十、几百甚至上千幅地图,因此,如果按图幅数统计,那么全校馆藏32369幅,其中地图馆22656幅,占69.99%,燕京图书馆9302幅,占28.74%,其他馆862幅,占2.66%。地图馆在数量占比方面的优势主要归因于其所藏海量的近代军事地图。

就地图语种来说,全校馆藏中国古旧地图以中文相对最多,占41.12%;其次为英文,占36.80%;再次为日文,占21.28%;其他的还有法文、荷兰文、德文、拉丁文、俄文、意大利文等。② 19世纪以前荷兰和法国是欧洲的制图中心,因而早期西方发行的中国地图多以法文和荷兰文绘制。燕京图书馆和地图馆在所藏中国古旧地图的类型上各有所侧重。简单来说,燕京图书馆以收藏中文和日文地图为主,传统舆图绝大多数在燕京图书馆,而地图馆则以收藏西文地图居多,近代及以前西方出版的中国地图大多藏于地图馆。不过这种划分仅仅是相对的、粗略的,目的是让读者对两馆的特色有个初步的印象。具体而言,燕京图书馆藏中文地图占68.69%,日文地图占25.66%,英文地图占5.05%,其他占0.61%;而地图馆则47.86%为英文地图,15.32%为其他西文地图,20.55%为中文地图,16.27%为日文地图。这种差别,与两馆的历史传承及各自的使命密切相关。燕京图书馆原为哈佛燕京学社汉和图书馆,致力于收藏东亚传统人文研究资料,因而传统中国印行的舆图大多集中于此,而地图馆则包罗万象,收集世界各地不同时期出版的地图,而又以西方出版的地图居多,因而中国相关的西文地图多在地图馆。

从地图成图时间看,年代越晚,地图的数量也就越多,反之年代越早,所藏地图数量自然也就越少,这也符合一般的藏书规律。具体而言,75.22%的地图成图于20世纪上半叶,即1900—1949年。这一时期,现代制图技术已经十分

---

① 对于一种地图同时在不同馆藏有副本的情况,分别计入该馆藏图数,因而此处各馆合计数略大于总数。

② 对于一种地图同时有多种语言的情况,分别计入该语种的图数,因而各语种比例合计略大于100%,以下同。

成熟，出版了大量的现代地图，更重要的是，军事地图大量涌现，国军、日军、美军、俄军等都曾测绘发行了大量的中国相关军事地图，使得这一时期地图数量出现井喷式增长。其次为19世纪的地图，占总数的13.75%；18世纪的地图占6.87%；17世纪及以前的地图只占3.44%。不过年代越早的地图越稀有，版本方面的价值也会更加突出。

馆藏地图涉及内容多样，根据相近主图地图的数量，大体可以分为以下七大类：行政区划图、军事战争图、城市地图、河道海岸图、地形图、交通邮政图以及其他专题地图，其中以军事战争图和行政区划图在数量上居多。行政区划图共357条，主要为行政区或特定区域的综合性地图，通常包含国界、省界或县界等行政区边界，或是地形、河流、城镇、交通线路等要素；军事战争图则以军用地形图为主体，这些军用地形图多绘制于20世纪上半叶，常常以固定的长宽或经纬度等间距绘制，图幅较多，比例尺通常较大，如五万分之一、二万五千分之一、五千分之一甚至更大，因而多可以清晰反映当时特定地区的详细地表情况，也有部分是反映特定战争形态，如日俄战争双方形势图等，此部分共有362条；城市地图则主要是以某个城市为主体的地图，多反映该城市外部轮廓及内部城市空间结构等，计有114条；河道海岸图是专门以河流和近海海岸为主题的地图，有78条；地形图以绘制中国相关地形要素为主题，有84条；交通邮政图则是以铁路、公路、航空、航运、邮路等为主题的专题地图，这些对于研究近代以来的中国交通邮政史具有重要的参考价值，共有85条；除了上述几类主题地图之外，其他地图鉴于数量不足以单独分类，因而合并在一起，归为专题图类。其中又可以分为宗教地图、人口地图、工商业地图、语言地图、古迹地图、历史地图、探险地图、气象地图、物产地图和农业地图等10个小类。这些专题地图往往在某一方面有着独特的魅力和价值。如40幅的探险地图中，有详细绘制斯坦因1900—1915年间三次在西北地区考察的路线，也有详细标注俄国探险家科兹洛夫在蒙古和青藏高原东部的探测路线，科兹洛夫后来发现并掠夺了黑水城的西夏文书。这些探险图有助于我们重新了解19世纪末20世纪初期西方探险家对中国内地和中亚地区的地理探测和寻宝行动。再如宗教地图详细绘制了19世纪末基督教在华建立传教站的分布情况，对于了解和研究基督教在华传播情况有很大的参考价值。

需要指出的是，上述的分类是根据一幅地图的核心主题进行的，以便于对地图进行梳理，但实际上不少地图往往同时具备多种要素，具有相互交叉的特征，如某些军事地图也会详细绘制特定地区的河道状况，因而也可以看做是河道海岸图；某些大比例尺的军事地图已详细标绘大城市的内部结构，因而也可以视为城市地图；反映内河航运的交通地图当然也必须绘制较为详细的河道特征，因而将之归为河道图也不无道理；探险地图除了绘制探险路线外，最重要的当然是绘制探险家沿线地形，因而大多数的探险图也是地形图，诸如此类，不一而足。总的来说，一些地图在内容上是同时具备多项主题的，但为了便于梳理，只能选定最突出的特征或主题进行归类。

以上为哈佛大学馆藏中国古旧地图的概貌，下面将分别就传统舆图、西文地图和数量庞大的近代军事地图进行介绍，并选择其中若干代表性的珍稀地图进行重点分析。最后简要论述如何应用数字人文方法对地图信息进行挖掘和利用。

二、传统舆图

中国传统舆图的发展自成体系，在制图理念、技术、形态、目的等诸多方面都与西方地图有着明显的不同。对传统舆图的研究有助于了解古人对世界的观念和认知。哈佛大学的中国舆图基本藏于燕京图书馆，从地图信息看，最早的是宋代石刻地图《华夷图》和《禹迹图》，不过这都是清末民初的拓片。从版本上，燕京图书馆藏最有价值的舆图当属嘉靖本《广舆图》无疑。在中国地图学史上，《广舆图》是对后世影响最大的地图之一。该图集是罗洪先依据元朱思本的《舆地图》经十余年修订增补而成。罗洪先对朱思本《舆地图》运用的计里画方十分推崇，认为"其图有计里画方之法而形实自是可据，从而分合东西相牉，不至背舛"。朱思本的《舆地图》重振了唐代贾耽创立的"计里画方"绘图法，经罗洪先《广舆图》推广后，明清时期大量采用这种绘图技术。罗洪先在序言按语称"朱图长广七尺，不便卷舒，今据画方，易以编简"，根据计里画方改编成二卷本。

内有总图、两京十三省舆图、九边图、河图和周边地区舆图。该图也成为后来意大利传教士卫匡国(Martino Martini)绘制中国新地图的主要依据。《广舆图》最早刊刻于明嘉靖三十四年(1555),后多次翻刻,燕京图书馆藏为嘉靖四十五年(1566)韩君恩、杜思刊本,翻印自胡松本。笔者认为,衡量一幅古地图的价值,主要从以下三个方面:学术价值、版本价值和美学价值。学术价值主要指地图承载的地理信息所反映的古人对世界的认识及其在地图学史上的作用和影响;版本价值主要考虑该图的版本和年代,大体而言,稀见版本、原刻原版、年代久远的舆图通常会显得更为珍贵;美学价值则侧重于地图的艺术性,舆图不同于一般的古籍,除了对知识的传承外,通常还具有很强的可观赏性,给人带来审美上的愉悦,因此,对古地图的价值判断,还需考虑该图在构图、绘制、配色、刻印以及品相等方面综合水平。燕京图书馆藏《广舆图》的价值主要体现在学术价值和版本价值上,同时其刻印和保存品相也是值得称道的,因此《广舆图》应是哈佛大学馆藏最有价值的中国传统舆图。

与《广舆图》处于同一时期的还有嘉靖三十六年(1557)张天复的《皇舆考》。该书以闽本廖世昭《志略》为底本,参考桂萼《舆地图志》、罗洪先《广舆图》、许论《九边论》等进行增删修订而成,主要目的为匡正《大明一统志》的疏漏。该书于清乾隆四十四年(1779)被禁,现世流传以明万历十六年(1588)张象贤遐寿堂刻本较为常见。据《美国哈佛大学哈佛燕京图书馆藏中文善本书志》载,馆藏本目录页后刻有"武昌府学教授廖恕学生李元敬校正"字样,而万历朱珵刻本序言中载"书始播于武昌",因而认为馆藏本是嘉靖原刻本。[①] 如果这个判断无误,那么《皇舆考》虽然在学术价值上不如《广舆图》,但其版本价值似乎更胜一筹。而后由张天复后人张元忭等修订的明天启六年(1626)本《广皇舆考》在版本方面同样具有相当高的价值。

绘制于明万历年间的《边城御虏图说》是燕京图书馆藏的一幅精品舆图。原图无题,该题名系后人所拟。该图刻画了明代九边之宣府镇下辖自下竿岭口至石榴嘴口等116处边城关隘形势,分为上下两栏,上栏为文字解说,详细描述

---

① 沈津《美国哈佛大学哈佛燕京图书馆藏中文善本书志》,桂林:广西师范大学出版社,2011。

了各关口建立时间、城墙规格、修复时间、守军数量、管辖范围、堡垒御敌能力等；下栏为各关隘形势图，以山水画的方法绘制各关口附近山势和城墙，用红色题签标注关口名。这本万历年间的边关舆图，写绘精美，品相完好，堪称善品。

明天启四年(1624)重刻本《筹海图编》也是值得称道的军事图籍。该图共十三卷，是胡宗宪在浙江督军抗倭时，出于防御倭寇的实际需要，聘请郑若曾、邵芳等编撰的沿海军事图籍。绘制了东部各省沿海山沙图，各图上为海，下为陆，将海岸线拉平绘制，海面绘波涛纹，陆地重点标绘沿岸的卫所和烽堠，同时标绘县城、巡检司、村落、山峰、海岛、河流等。后有倭寇入侵路线图及各省分府图等。该图的绘制是出于明代抗倭斗争的实际需要，内容详备，对研究明代海防、卫所、抗倭、海上交通等诸多问题有重要参考价值。

除上述舆图外，燕京图书馆仍有许多明代精品舆图，此处不一一列举。

清代舆图的编修较明代有大幅度的增加，保存至今的也相对较多。燕京图书馆藏大量官修舆图以及基于官修舆图改绘的各类舆图，如光绪会典舆图系列等。此外，还有大量值得称道的舆图，如清嘉庆年间刻印的《大清万年一统地理全图》，[1]该图原是浙江余姚黄千人在其祖父黄宗羲旧刻舆图的基础上重订而成，并于乾隆三十二年(1767)付梓，最初题为《大清万年一统天下全图》。黄千人制图之时，大小金川、新疆、西藏等尚未平定，此版修订反映乾隆至嘉庆年间的新变化。其空间范围西起帕米尔，东至朝鲜，南抵南海，北达黑龙江。陆地部分为蓝底白字，海水则绘制碧波纹，图幅广大，壮阔明朗，全图分为八条屏幅印制，以便于旅途携带，供"博雅君子悬壁纵观天下之广"，除了地理信息上的学术价值外，该图还胜在其美学价值。

《七省沿海全图》是清代较有代表性的海图之一，自清雍正年间陈伦炯绘制《沿海全图》及《海国闻见录》后，后人不断地在其基础上重绘，形成多个题名相近的彩绘长卷本，散布于海内外多个馆藏机构。[2]哈佛大学藏有两个版本，一是地图馆藏的《七省沿海全图》，为费正清捐赠，另一为燕京图书馆藏《海防图

---

[1] 吴文津《美国东亚图书馆发展史及其他》，台北：联经出版公司，2016，第215页。
[2] 北京图书馆善本特藏部舆图组《舆图要录：北京图书馆藏6827种中外文古旧地图目录》，1997。

卷》本，燕京本无图题，"海防图卷"为后人所加。是图上为陆、下为海，将东部海岸线拉直绘于长卷轴之上，自右向左铺展，两图图幅分别长达 6 米和 8 米余，内容包括《环海全图》《七省沿海全图》（前两幅图名缺，根据类似图补充）《琼州图》《澎湖图》《台湾图》《台湾后山图》等 6 个部分，以《七省沿海全图》为主体，绘制了北起鸭绿江，经辽东半岛、山东半岛、东部沿海各省至北部湾等沿海海岸线以及沿海岛礁、滩涂、河口、府县、卫所、堡垒、村镇、桥梁等要素，并在紧要口岸文字标注港口停泊情况、海防形势及防范匪患要义等。沿海山脉绘制具有较强的山水画色彩。地图馆藏本色彩较为鲜艳，成图时间在 1787—1820 年，但内容上尚缺少《琼州图》《澎湖图》《台湾图》《台湾后山图》部分。燕京图书馆藏本色彩较淡，绘制于咸同年间，年代稍晚于地图馆藏本，但内容完整。两个版本各有所长，皆为清代精品海图。

太平天国运动后期，为了筹措军费，清军在长江中下游地区设立厘卡，对过往商品收取厘金，这种战争期间临时性的税收在战后逐渐固定并推广开来。燕京图书馆藏《光绪水道图》即是反映厘卡制度的原始档案资料。该系列图虽题为水道图，但实际上是长江中下游地区厘卡图及相关档案，其中又以江西地区图居多，兼及浙江嘉兴、台湾等地。光绪三十年（1904），江西省牙厘茶盐总局要求各县将各自辖区内厘卡所在方位及相距里程等信息制图上报。该系列图上详细绘制了各县所辖厘卡的具体位置以及相应的道路、河流、里程等，部分标注了来往货物情况、盗匪出没情况等，根据这些图可以准确地复原清末江西厘卡的空间分布，是研究清末厘金和厘卡制度的重要资料。根据图中官文批条判断，该系列图在性质上应属于原始档案。

光绪《南阳县图》是燕京图书馆藏晚清珍品地图之一，据徐建平考证，该图绘制于光绪十八至二十一年（1892—1895）间，是光绪年间测绘会典舆图的产物。尽管会典图最终只收录府级地图，但许多地方已完成了县级地图测绘，南阳县在上报会典馆所需舆图之外，另行绘制了此图。该图绘制了该南阳县形态、山川河流、集镇村庄、道路桥梁、庙宇教堂、厘税墩卡等要素，其中村镇 1906 个，按照村庄户数多寡分为 7 个等级标注，据此可知这一时期南阳县村级人口分布状况。该图广大且绘制精细，在县级地图中实属罕见。该图兼具传统舆图与现代地图的特征,如西北和东北部的山地是以传统山水画法绘制,地名的标注和书写方式以及计里画方等都带着浓厚的传统舆图色彩;与此同时,该图又采用了等深线、比例尺、经纬网等现代地图要素,可以认为该图是近代中国传统舆图向现代地图转变的中间结果。此图除燕京图书馆藏外,仅见台北"故宫博物院"收藏,版本珍稀。[1]

除了中国绘制的舆图外,燕京图书馆还藏有日本和朝鲜绘制的中国相关舆图,如日本著名地图学家长久保赤水 1835 年出版的《古今沿革地图》以及李氏朝鲜时期的《天下图》等。

三、西文地图

哈佛大学馆藏的西文地图基本上可以涵盖西方绘制中国地图的整个演变历程。西方最早的中国地图是 1584 年由巴布达(Luis Jorge de Barbuda)绘制、奥特利乌斯(Abraham Ortelius)出版的《中国新图》(Chinae olim Sinarum Regionis, nova descriptio),该图的信息大体来自于马可波罗游记之类的传闻,因而存在明显的偏差,东部海岸线基本上是平直的,北部以长城、星宿海和未知名山脉为界,将中国大体绘成长方形,黄河长江两大水系尚未分开。由于没有其他地理信息来源,该图出版后,便成为了欧洲绘制中国地图的基本模版,其他同时代出版商绘制的中国地图大体上都是基于该图进行翻刻或改绘。如哈佛馆藏的 John Speed 于 1626 发行的 *The Kingdome of China* 以及 Willem Janszoon Blaeu 1635 年发行的 *China veteribus Sinarum Regio nunc incolis Tame dicta* 等大体如此。John Speed 1626 年的中国图略有改进,如增加了渤海湾等,但基本信息源并未改变,仍停留于传说阶段。一个明显的例证,是该图周边的人物插图。该图周边绘制了中国男人和女人、日本男人和女人等多幅肖像画,但很明显是西方人的面孔。该图插画还绘制了东亚执行死刑的方式——将人钉在十字架上,并用长矛戳肋下,显然,也是按照西方处死耶稣的方式绘

---

[1] 徐建平《哈佛燕京图书馆藏〈南阳县图〉研究》,《历史地理》,2017 年第 2 期,第 295—309 页。

制,这表明在缺乏足够地理信息来源的情况下,绘图师只能根据西方社会的状况进行想象。尽管如此,这些早期的西文中国地图仍在地图学史上具有重要的学术价值。

意大利传教士卫匡国(1614—1661)绘制的《中国新图志》(*Novus Atlas Sinensis*)让西方绘制中国地图进入一个新阶段。卫匡国是明清之际进入中国的传教士,在中西方文明交流史上曾发挥重要作用。他在明朝灭亡的前一年到了中国,之后在中国生活了很长时间,期间接触了大量的中国舆图,包括著名的《广舆图》。卫匡国的《中国新图志》很大程度上就是在《广舆图》的基础上修订而成的。同时融入了卫匡国自己在华多年的实际观测结果以及沿海地区最新的航海测绘资料。内有总图1幅,直隶、山西、陕西、山东、河南、四川、湖广、江西、江南、浙江、福建、广东、广西、贵州、云南等分省图15幅以及日本朝鲜图1幅。每图后附详细解说,介绍各省地理环境、风土人情、社会经济等。每幅图的图示处绘制了各省代表性特征的插画,如在湖广绘制了农夫在播种水稻和犁田的场景,在浙江绘制了妇人在缫丝和养蚕,在四川绘制了关羽和拿刀的周仓,在山东绘制了梁山好汉,在直隶绘制了一品官员坐像,在广东绘制了莲花塘,在云南绘制了大象,等等,人物形象也基本符合中国人的特征,相较于此前将中国人绘制成欧洲人面孔的地图插画,卫匡国地图对中国的认识水平已有了明显的提高。《中国新图志》出版后迅速在欧洲传播开来,取代了奥特利乌斯地图成为当时欧洲绘制中国地图的新范式,大幅度提高了欧洲关于中国地图的绘制精度,推动欧洲中国地图绘制进入一个全新阶段,如馆藏 J. van Loon 1657—1687 年出版的《中华帝国新图》(*Imperii Sinarum nova description*)等大体都是遵从卫匡国模式。哈佛藏本为铜板印制,但未着彩色,图版为拉丁文,文字解说为德文。综合考虑学术、版本和美学三方面价值,哈佛馆藏的西文中国地图中,以此图价值最高。

西方绘制中国地图的又一次重大变革来自于法国制图师唐维尔(Jean Baptiste Bourguignon d'Anville,1697—1782)1737 年出版的《中国新图集》(*Nouvel Atlas de la Chine*)。唐维尔是法国路易十四的皇家绘图师,他的地图集之所以能推动西方对中国地图绘制的根本性变化,主要归功于他所获得的当时最准确的地理信息来源——《康熙皇舆全览图》。全览图是经康熙下令组织,以西方传教士为主体开展全国性地理大测绘而成,因而该图的精度要远高于之前的中国舆图。《康熙皇舆全览图》在测绘过程中,即由耶稣会士雷孝思等人陆续送回法国,献给国王路易十四。法国皇家绘图师唐维尔据此绘制成这套《中国新地图集》。唐维尔的新图随后被杜赫德(Jean Baptiste Du Halde,1697—1782)收入到其 1735 年出版的《中华帝国全志》(*Description géographique, historique, chronologique, politique et physique de l'empire de la Chine et de la Tartarie chinoise*)中,之后便随着后者在欧洲的广泛发行而传播开来,成为当时欧洲对中国地理认知的最新知识来源,进而彻底改变了欧洲古地图上中国的地理轮廓形貌。在这之后,欧洲绘制的中国地图基本来源于唐维尔的新图集。如哈佛馆藏的德国人哈斯(Hase, Johann Matthias)约于 1738 年绘制的《中华帝国与中国本土地图》(*Regni Sinae vel Sinae propriae mappa et descriptio geographica*)、Bellin,Jacques Nicolas 1749 年出版的《中国、朝鲜及临近蒙古地区:来自耶稣会传教士 1708—1717 年的地图》(*La Chine avec la Korée et les Parties de la Tartarie les plus Voisines:tirées des Cartes que les Jesuites Missionaires ont levées les Années 1708 jusqu'en 1717*)、Samuel John Neele 于 1808 年出版的 *China* 等皆是如此。哈佛藏本为铜版黑白本,品相完好。

总体而言,哈佛的西文中国古旧地图馆藏大体可以构成完整的中国相关地图史演变历程。19 世纪中期以后,随着西方对中国沿海和内地探测的不断深入,涌现出各类航海地图、探险地图、商业地图、教会地图等,对中国地图的绘制也越来越精确。

四、军事地图

近代军事地图是一座尚待发掘的宝藏。哈佛的军事地图主要藏于地图馆,尽管条目数只有 362 条,仅占总数的 28.96%,但其每条记录下的数量众多,各条合计有 22434 幅,占总数的近 70%,数量巨大,单从数量角度来说,军事地图实际上构成哈佛馆藏中国地图的主体。这些军事地图除了少数是古代军事防卫相关舆图外，绝大多数是近代军用地形图，其中测绘的主体是日本参谋本部陆地测量部和民国参谋本部陆地测量总局，美军在二战时期也有绘制和翻印了一批。二战结束后，美军占领了日本，并从日本军部缴获了大量军事地图，经过复制后运回美国，藏于美国 Army Map Service Library，后陆续分散到公共图书馆和大学图书馆。在缴获地图的背后，通常盖有 Captured Maps 的字样。

明治维新后不久，日本即对中国进行军事地图的测绘。此时日本军方测绘的中国地图已完全采用西方现代地图测绘方法，测绘精度也完全可与西方媲美。如馆藏的兵部省陆军参谋局（1872年改为参谋本部）1875年绘制的《亚细亚东部舆地图》，其对中国东部海岸线的绘制已有很高的准确度，明显高于同时代日本民间测绘地图，类似的还有日本参谋本部1878—1887年绘制的《中国五省地图》。后来日军测绘的军事地图绝大多数采用等距长方格，分多图对特定区域进行切分绘制，而不是以政区为单位绘制。馆藏明治十七年（1884）参谋本部绘制的《清国山东省》可以说是这类军事地图最早的雏形之一。该图按经度1°、纬度40′等间距长方格，将山东半岛切分为15块，并逐一绘制各区域的城镇、村庄、交通线路、地形等要素。尽管同样绘制有行政边界，但作为军事地图，政区界线显然并不是最重要的因素。同时，《清国山东省》一个明显的特征是仅仅绘制了交通沿线地形及沿海地形，非交通沿线地区则留下大片空白，这也反映了此时日军对中国的地图测绘还处于起步阶段，只能测绘城镇和交通线路等重点要素，而后期的军事地图内容则越来越详细。尽管如此，明治时期《清国山东省》之类的军事地图已经奠定了后来日军军事地图的基本形态。

日本军事地图的测绘与其对中国的侵略步伐是密切配合的。甲午战争后，日本割占台湾，立即着手对台湾进行测绘，并于明治二十八至三十七年（1895—1904）间绘制了《台湾五万分一图》，详细绘制台湾岛及澎湖列岛等高线地形。1904—1905年日俄战争时期，日军则绘制了《五千分一旅顺要塞近傍图》和《南山近傍》，以五千分之一的大比例尺详细绘制了战场地形和各类军事设施。1932年为配合"一二·八事变"对上海的侵略，日本参谋本部陆地测量部、上海派遣军司令部对上海周边地区进行了航拍测绘，绘制成《二万五千分一空中写真测图上海近傍》。总体上,在 1937 年之前,日军测绘的重点区域是东北和台湾,而全面侵华之后,测绘范围则覆盖全国,包括全国或特定区域的各种尺度的军事地图。

特别值得一提的是,馆藏有大量的东北地区军事地图。东北历来是日军对华测绘的重心所在。馆藏 1937 年以前的日军测图绝大部分都是围绕东北地区展开,而全面侵华之后,尽管测绘范围覆盖全国,但对东北的测绘依然强度不减,由于东北地区面临苏俄的军事威胁,因而中俄边境地带更是日军测绘的重中之重。这些图详细标注东北各地地形、植被状况、水文条件、城镇村庄、军事设施,甚至标注了山间农舍,其中突出强调了行军相关的要素,如道路宽度、森林密度和沼泽湿地情况,机动车、炮车、步兵是否可以通行,各地水文条件、饮用水水量、水质状况,村庄人口及承载能力等,以满足行军作战需要。日军测绘的东北地区军事地图数量庞大、绘制精细,不仅有助于我们重新梳理和研究这段军事战争史,而且对于了解当时东北的历史地理、自然环境、社会经济状况等方面也有着重要的参考价值。另外,燕京图书馆前些年收购的一大批伪满洲国的历史资料,包含旧地图 95 幅,其中主体部分为东北地区的单幅地图,部分为战争形势图,也有不少伪满洲国行政区划图、城市图、交通图等。

中国测绘的军事地图,明清时期主要为边防和海防舆图。现代意义上的军事地图测绘则始于清末新政。清末编练新军,随后也开始了军用地形图的测绘。馆藏有光绪三十二年(1906)北洋陆军参谋处绘制的《黑龙江省》《奉天省》《胶州》《对马岛》等几幅地形图,即是最早的一批清末新军绘制的军用地形图。北洋政府时期,各省陆军测量局陆续测绘了一批军事地图。1927 年以后,民国参谋本部陆地测量总局、军事委员会军令部陆地测量总局以及各省陆军测量局等机构测绘了大量的军用地形图。民国军方测绘的军事地图在形态和样式上与日军地图一致,也是采用等间距长方格切分绘制。民国军事地图常有被日军窃取或缴获后翻印的情况。

美军在珍珠港事件后正式参战,随后对东亚和中国进行军事地图的绘制。但美军绘制的军事地图绝大多数是在中国和日本测绘地图的基础上进行改绘和增订。如 1944 年 3 月,美军参谋长联席会议敲定代号 Causeway 的从高屏登陆的攻台计划,为此美军地图服务部紧急利用日军20世纪20年代绘制的台湾地形图改绘出版了AMS-1版的台湾地形图,5月起陆续出版,至11月,又利用新的航拍图修订出版AMS-2版台湾地形图。总体上看,近代军事地图主要以中国和日本测绘为主,美军绘制的地图数量相对有限,且以翻印民国或日军测绘地图为主。

近代军事地图除了本身的军事和战争研究价值外,对于今天的人文社科研究而言,其最大的价值在于其所记载的各类社会经济、自然环境等信息。尽管这些信息对于当时的军事目的而言可能并非是最重要的,但却可以使得这些军事地图成为今天人文社科研究重要的资料来源。军用地形图大多采用固定长宽,将特定地区切分为众多的方块绘制,比例尺通常较大,因而对一地区的绘制往往十分详尽。内容上通常包括详密等高线地形、河流、行政边界、村镇、道路、军事设施、寺庙、植被覆盖等,对于这些信息的重新挖掘,可以成为研究近代军事、战争、行政区划复原、河道海岸变迁、寺庙空间分布、城市格局演变、地表植被变迁等众多问题的新资料。比如,部分军事地图中对寺庙的绘制十分详细,如能快速地将地图上的寺庙信息提取出来,则可以构建一套完整的近代寺庙空间分布数据,成为近代寺庙空间分布研究的新资料,而且这些寺庙在地图上是带有精确的空间定位的,这也是传统地方志等资料所无可比拟的优势。再有,由于军事地图对村落城镇的绘制十分完备,因而可以据此开展近代中国城镇村落空间结构的研究,如提取地图中的居民点信息,便可计算居民点之间的空间距离和分布格局,进而对近代城市空间格局理论提出新的看法。再有,出于航行的实际需求,军事地图中对河口海岸的标注和绘制往往具有很高的精度,从中我们可以观察到近代各大河口海岸的实际状况,了解近代以来河口海岸的变化情况,这显然比采用地方志等传统文献记载要精确得多。通过对军事地图所载信息的充分挖掘,可以为近代政治、经济、文化、社会、环境变迁等许多问题的研究提供新资料。

由于军事地图体量巨大,对它的有效利用面临着一个实际的问题,即如何快速有效地提取研究所需的图层信息。传统人工判读的方式效率太低,无法对数以万计的军事地图展开有效利用。近年来兴起的数字人文研究是一个可选的途径。数字人文的核心,是以计算机来取代传统人文研究中必不可少的却又是大量的、机械性的资料整理工作,以大幅度提高研究效率。目前的数字人文技术在文字挖掘等方面已有较大的进展,但尚未见有专门针对古地图利用相关的技术应用。对军事地图的信息挖掘,迫切需要能高效、准确地将纸质文本信息提取为电子图层信息的相关技术,以实现对军事地图的数字化转化。如此,则不仅哈佛馆藏的军事地图能得以利用,世界各地收藏的旧地图都能得以有效利用,一座新的近代人文研究的宝藏将被打开。

用经典案例勾勒中国当代商业历史
——陈之宏教授《当中国和世界相遇：中英双语商务金融案例》读后[①]

◎宫玉振[②]

摘　要：

陈之宏教授编著的《当中国和世界相遇：中英双语商务金融案例》，以历史学者独特的视角与广博的史识，在第一手资料搜集与经典案例精选的基础上，从"互联网革命""破坏性创新""请进来、走出去战略""投资银行"四个模块出发，深入探讨了塑造当代中国经济基本面貌的关键要素这一主题，清晰勾勒出了改革开放四十年以来中国走向世界、世界改变中国这段波澜壮阔的商业发展历程。陈教授的著作，不仅对于商学院的 MBA 学生，而且对于所有想要了解中国经济的历史经验教训、思考中国经济未来趋势的读者，都是很好的参考。

关键词：

第一手资料；商业案例分析；战略管理；孙子兵法；互联网革命；"破坏性"创新；"请进来、走出去"战略

---

① 陈之宏编著：《当中国和世界相遇：中英双语商务金融案例》（*When China Meets the World*：*Bilingual Business-Finance Cases*，香港：牛津大学出版社，2019）英文简介：https://www.oupchina.com.hk/en/general-interest/humanities/business-finance；中文简介 https://mp.weixin.qq.com/s?__biz=MzI1NTQ0NDAzNg==&mid=2247486312&idx=1&sn=da1f242ed9c4997173cd7a0acd6965d3&chksm=ea349e43dd431755a8e7bfd2ea46649a24fe721 debf259e8814868edbab419334ed4399d35f0&mpshare=1&scene=1&srcid=#rd.

② 宫玉振，北京大学国家发展研究院管理学教授，北京大学国家发展研究院 BiMBA 商学院副院长兼 EMBA 学术主任。

An Original Approach to Chinese Contemporary Business Studies
——A Reflection on Professor Zhihong Chen's Book
When China Meets the World：*Bilingual Business-Finance Cases*

◎　Yuzhen Gong

Abstract：

Professor Zhihong Chen's book, *When China Meets the World*：*Bilingual Business-Finance Cases* (Oxford University Press, 2019), is based on her original approach and comprehensive knowledge as a historian and presents a wide-range selection of classical business cases with first-hand sources at their core. The book provides four modules，"The Internet Revolution", "Disruptive Innovation", "The Strategy of Welcoming Investment In and Sending It Abroad" and "Investment Banks". Each module delves into the foundation of the Chinese economy through a clearly-outlined lens of China's magnificent forty-year journey of reformation and opening up to the world. This work is not only targeted toward MBA students but also toward anyone interested in further understanding and learning from China and its economic history. As for those contemplating the future of the Chinese economy，this book will also serve as a valuable reference.

Keywords：

Primary Source；Business Case Analysis；Strategic Management；The Art of War；Internet Revolution；"Disruptive" Innovation；The Strategy of "Welcoming Investment In and Sending Investment Abroad"

一

战争的历史,很大程度上是由经典的战争案例构成的;商业的历史,很大程度上是由经典的商业案例构成的。经典的商业案例会以其深刻而鲜活的特质揭示出商业世界的基本规律,所以案例教学从来都是商学院 MBA 教学最重要的方式。好的案例会说话,从事商学教育的人都知道,商学院的 MBA 学生从经典的商业案例中所学到的东西,往往远远超出一般的商业理论。

但是,商业案例的编写,却从来都是极为费心费力的事情。案例的选择需要独具慧眼,案例的编写需要深厚功力,案例的解读则需要一针见血。一句话,高质量的商业案例需要对真实的商业世界有敏锐的洞察与深刻的领悟，需要对商业实践有长期的跟踪与深入的思考，否则就无法形成经典的商业案例。

陈之宏教授在弗吉尼亚大学、康奈尔大学和上海纽约大学从事了近二十年的中国商务历史和文化教学，也在伦敦经济学院做过高级研究员。她所做的主要工作，就是引导世界一流商学院的国际学生们，结合鲜活的商业案例分析，去了解真实的中国商业世界。在多年丰富的教学实践基础上，陈教授对所用的案例进行反复挑选、修改和打磨，终于形成了这部《当中国和世界相遇——中英双语商务金融案例》(*When China Meets the World：Bilingual Business-Finance Cases*)，并由牛津大学正式出版。这部陈教授的心血之作，无论是形式还是内容，都体现了陈教授在今天中国商务历史和文化教学领域的极高水平。

本书的第一个特色是，特别重视第一手资料的搜集。陈之宏教授出身于历史学，严格的史学训练使得作者在案例编写时与一般的管理学者有一个最大的不同，就是非常注重第一手史料的收集与筛选。这就是为什么本书与市面常见的在第二手资料基础上进行的案例汇编完全不一样。尤其是许多材料都是陈教授从长年搜集、精心挑选的当事人的视频资料基础上汇总改编而成的，这无论对于案例教学还是历史研究都提供了极其宝贵的线索，甚至是鲜活的实证。本书通过把专家、商界精英和战斗在商业一线的企业家以这种方式带入课堂，来分享其亲身经历、实战经验和专业知识，也就把真实的商业世界展现在了读者与学生面前。

本书的第二个特色是，特别重视经典案例的选择。对于商业案例编写者来说，最大的挑战是商业案例往往具有很强的时效性。尤其是当代中国经济发展节奏极快，新技术、新产业、新业态层出不穷，商业模式的更新迭代更是家常便饭，往往是几年前为众人所关注的案例，几年之后便已经完全过时。这对于案例的编写者来说是极大的挑战，而这也就需要案例的编写者具备强烈的历史意识。陈教授的过人之处在于，她是以历史学者的"史识"来选择案例的。她所选择的案例，都是能够代表一个时代中国经济发展主题的经典案例，比如"互联网革命"下的淘宝逆袭，"破坏性创新"下的柯达浮沉、"走出去"战略下的 TCL 兵败欧洲等等。这些案例由于其经典、有长久的生命力、有深远的历史意义，因而其价值也就不因时间而褪色,相反会随着时间的推移,其所包涵的普遍性的商业规律,将会愈发清晰。

我在商学院从事的是竞争战略研究与教学。从竞争战略的角度来说,陈教授在本书中所选取的阿里巴巴、柯达和 TCL 三个案例,实际上是从三个不同的层面揭示出了战略思维的基本内涵。

二

阿里巴巴在中国打败 eBay(电子港湾),是陈教授在本书中所选择的第一个案例,也是一个经典的中国式以弱胜强的案例。其背后所反映出的中国式竞争战略智慧,对于所有的教学都是围绕经典的西方战略思维而展开的国际学生来说,一定会带来极大的冲击。

西方经典的竞争战略理论,基本是以力量和资源为核心来展开的,波特的五力模型也好,资源学派的理论体系也好,都是如此。本质上这是一种强者的哲学。用一句话来概括,就是强者为王:你强,我一定要比你更强。

这就使得西方的战略思维经常会强调力量与资源的优势,相信用强大的资源与实力就可以攻城掠地,横扫一切对手。eBay 带着雄厚的资本进入中国,并且财大气粗地跟中国所有主流的门户网站都签了排他的广告协议,目的很简单,就是封杀包括淘宝在内的所有竞争者。

在西方的商业世界里,这显然是一种经典而又屡试不爽的打法,所以 eBay 一定是带着必胜的信念。不幸的是,这次 eBay 进入的是中国。更不幸的是,eBay 这次遇到的又偏偏是喜欢武侠小说和太极拳的马云。

从孙子兵法到太极拳,中国人所奉行的主流战略思维,从来不是强者哲学,而是以柔克刚、以弱胜强、以少胜多。与西方的战略思维相比,这其实是一种颠覆式的智慧。而用陈教授所用案例中引用的一段来说,就是倒立着看世界。换一个角度看世界,你会看到一个完全不同的世界。如果西方对于竞争的理解就是实力的对决,那么中国人理解的战略,则是智慧的对抗。

这就有了马云那个经典的战略:免费。eBay 采取的向来是收费的模式,在

eBay 看来服务收费是天经地义的。美国如此,中国当然也该如此。马云却打破了常规,出人意料地采取了免费的模式。很简单:在规模与实力层面,弱小的淘宝根本不是强大得多的 eBay 的对手。但是免费的策略,却足以颠覆行业的逻辑,使得淘宝与 eBay 之争,从 eBay 希望的规模与实力之争,变成了淘宝发起的商业模式之争。

这就是经典的中国式战略思维:你打你的,我打我的。身为弱者,我不会在你具有优势的战场与你正面对抗,进行实力与资源的消耗。如果那样的话我就死定了。我要把你引导到对你不利的战场上、采取对你不利的模式,让你的优势根本就发挥不出来,让我的优势充分发挥出来,这样就可以为我打败你创造条件。

最后的结果我们都知道了:强大 eBay 最终黯然退出中国市场,今天的阿里已经成为电子商务领域的绝对王者。

对于商学院的国际学生来说,相信这个案例所带来的不仅仅是各种战略的术语,不仅仅是精彩的故事,更主要是战略思维上的强大冲击,是关于究竟什么是竞争战略和取胜之道的颠覆性思考,而这是商学院的其他课程都难以提供的。这也是陈教授这一案例所提供的独特价值。

三

柯达在中国先胜后败的故事,则是一个经典的"打赢了所有战役,但输掉了整场战争"的战略案例。

柯达在中国的竞争战略,一开始看来几乎是无可挑剔的。柯达进入中国市场的时候,富士已经占据了中国胶卷市场的 70%。柯达处于绝对的劣势。在这种情况下,柯达利用其强大的政商关系,与中国政府签订了"九八协议",也就是全行业收购协议。而正如陈教授书中所言,在此之前,中国政府从来没有允许任何一家企业对国有企业进行这样的全行业并购。

柯达这一出其不意的举措,将竞争对手富士打得晕头转向,并迅速改变了整个的竞争格局。柯达不断地攻城掠地,收购或控股了中国胶卷业所有七家本土企业。四年的时间，柯达在中国的市场份额就反超为67%。中国市场也由柯达的全球第17大市场，一举成为第2大市场。柯达毫无疑问创造的是辉煌的历史。

然而，正当柯达在中国驰骋纵横、捷报频传的时候，柯达却陷入了巨大的困境。柯达在中国全力并购胶卷企业的时候，正是数码技术突飞猛进并且颠覆传统的影像行业的时候。柯达所有的并购都是在传统的行业范围内，柯达所有的胜利都是立足于传统的技术基础上。而中国市场走向数码化的进程远远超出柯达的想象。

传统的地基正在塌陷，柯达天才而疯狂的全行业并购战略因此完全失去了意义，并购的成功反而使柯达背上了沉重的包袱，陷入巨大的转型困境。2012年，无法摆脱困境的柯达正式申请破产保护。柯达打赢了每一场战役，却因为数码时代的到来，而输掉了整场的战争。

柯达能够在中国市场上打败富士，是因为柯达将与富士在市场层面的竞争，提升到了政商关系层面，进而利用政商关系的优势，实现了并购战略的成功，并扭转了整个竞争格局。但是柯达没有想到的是，战胜了所有的对手，却输给了时代。这也应了那句著名的话："时代抛弃你时，连一声再见都不会说。"

这个案例给学生提供的启发可能在于：在战略层面，对于竞争者来说，重要的不是一时的你死我活，而是不断变化的大局。如果过于陷入局部的争夺，反而会失去对全局的把握能力。对于未来的竞争者来说，竞争当然要关注自己的对手，但更要学会关注时代的大势。时势才是决定战略成败的最大变量。

四

TCL走向国际化的案例，则是从另一个角度，提供了战略决策的一个深刻教训：就是如何在巨大的诱惑面前，保持清醒的自控能力。

2003年，TCL收购法国汤姆逊公司的彩电和DVD业务，TCL一举成为全球最大的彩电供应商。2004年，TCL并购法国阿尔卡特公司的手机业务，这是当时中国手机行业最大的跨国并购案。踌躇满志的TCL董事长李东生还立下誓言，要在18个月内让并购业务扭亏为盈。

然而没有想到的是，两年的时间，TCL连续巨亏50亿人民币，并不得不在2007年剥离欧洲公司业务，退回到中国市场。

直到今天，TCL国际化的并购，都是当代中国商业史上最经典的国际并购案例，不断地在商学院的课堂上引发争论。TCL这个案例的启发究竟在哪里？经常是众说纷纭，莫衷一是。

我认为陈教授此书最值得称道的一点，就是选取了当事人李东生自己对并购失败的反思，并用李东生的反思作为整个案例的结束，从而很好地提升了案例的价值，也给学生提供了极好的启发。

李东生的反思主要是四条：一是在做决策的时候、在已经看到风险的时候，却没有抵得住诱惑，包括成为全球第一的诱惑，和国家元首在后面看着你签字的诱惑。二是在操盘的过程中对实际的困难估计不足。三是对市场和产业转型、对并购所带来的冲击和困难不够谨慎。四是对相关国家法律和潜规则的了解不够透彻。

利益和风险，永远是战略决策的一体两面。《孙子兵法》中有句名言："不尽知用兵之害者，则不能尽知用兵之利也。"投资界也有一句名言：永远不要以安全的未来收益来评估当前的价格。人们往往会因为各种貌似辉煌的前景而忽视了各种不利的风险。TCL的案例很好地给学生提出了忠告：决策的背后，其实是人性。贪婪是人性的组成部分，过于乐观因而往往是决策的通病。在重大商业战略决策的过程中，永远要预计到最坏的情况。机会永远是会有的，但机会的背后往往是陷阱。只有做好最坏的准备，才能争取到最好的可能。

五

陈之宏教授在本书的前言中说：经过近二十年的演变，她现在所开设的这门课程，与当初已经大不相同。语言教学虽然仍是课程的重要部分，但"专业"的成份已经占据了中心地位。

我相信看了陈教授这部著作的读者，一定会完全同意陈教授的结论。本书由四个模块构成,而这四个模块的背后,是陈教授在一个最核心的问题上所做的专业思考:究竟是什么塑造了当代中国经济的基本面貌?

本书的四个模块,正是从不同的视角来回答这个核心问题的。正如陈教授所言,"互联网革命"不仅给中国的商业和金融领域,也给人们的日常生活乃至生活方式带来了深刻的变化。"破坏性创新"有着潜在的颠覆性作用,它重塑了中国传统行业的基本格局。"请进来、走出去"战略对中国和全球经济都产生了深刻影响,而"投资银行"则是参与中国经济发展的一个重要机构和机制性力量。

也正是有了这样的思考,陈教授才能用"当中国和世界相遇"这样一条清晰的主线,把表面看来是不相关的四大模块以及模块下的各个案例,给有机地贯穿在了一起。"当中国和世界相遇"这个主线,所揭示的正是四十年来中国走向世界、世界改变中国这段波澜壮阔的历史的主题。

从这个意义上说,本书绝非一部简单的案例汇编。本书所记录和勾勒的,是当代中国商业的历史,以及陈教授对这段历史的深度思考。从陈教授的这部著作中,我们可以清晰地看到,在商业的世界里,哪些只是一时的喧嚣和过眼烟云,哪些才是影响中国商业发展的根本要素。

在一个浮躁的时代里,很少会有人花二十年就是为了写一部书。陈教授的这部著作,不仅仅对于商学院的 MBA 学生,而且对于所有愿意总结中国经济的历史经验、思考中国经济未来趋势的人来说,都是极好的参考。

守旧与革新：爱荷华大学所藏《钦定书经图说》漫谈

◎杨岸琳①

摘　要：

本文由爱荷华大学所藏之光绪年间（1874—1908）《钦定书经图说》发端，以清季教育改革为背景，探寻该书成书之由来。兼由书衣题字，试以时代思想变革，追溯辛亥元老周震鳞与日本政要犬养毅之关联。

关键词：

《钦定书经图说》；周震鳞；犬养毅

Tradition and Revolution:
The Imperial Illustrated Book of History in the University of Iowa

◎　Anlin Yang

Abstract:

Beginning with a discussion of the educational reform in late Qing Dynasty, the article proceeds to introduce the writing motivation of the imperial illustrated Book of History in the Guangxu years (1874—1908). The author also concludes the article with an analysis of the historical evidences connecting Zhou Zhenlin, the Chinese revolutionary, and Inukai Tsuyoshi, the Japanese politician.

Keywords:

The Imperial Illustrated Book of History；Zhou Zhenlin；Inukai Tsuyoshi

---

① 杨岸琳，美国爱荷华大学图书馆东亚编目馆员。

所谓古籍者，无非旧时之书，隐于世，藏诸馆，其价值若何，全仰观者之心。更有散落海外者，经年不得一用，亦为寻常事。笔者幸甚，自去年春始整理本校民国前之中文古籍，偶遇此种光绪末年《钦定书经图说》，其插图精美，字体端方，是难得之清季官方石印本。兼有第一册书衣之题字，更牵连出革命党人周震鳞与日本首相犬养毅两位时代巨擘。此书发端于守旧之心，珍藏于革新之手，故笔者心有所感，遂成此文，与诸君分享。

一、京师大学堂与《钦定书经图说》

（一）经学之衰

光绪二十七年（1901）始行"废除八股，改试策论"（即所谓"科举改章"），中央放弃八股取士，转而偏向实用，是顺应旧学衰微之大势，亦是对新学发展之推波助澜。于是当时士子更不愿眷恋旧式经典，转而热烈追捧新书之情状，可由"科举改章"次年士子所言观之：

> 午后将郑宅借来之《新民丛报》、《中国魂》二种，一一阅读之，习其文体，是为科举利器。今科各省中举卷，多仿此文体者。①

士子不顾旧学，经学衰退自是无可避免。科举改章八年之后，中央预行经科大学，即遭遇考生水平不及，最终不得不变通考选办法：

> 经科大学学生尚未足额，现经奏明由各省就从前科举时举人、拔贡、优贡三项中，遴选经学根柢素深、确无嗜好者，送京由本部复加考试，入经科肄业。②

---

① 胡香生辑录，严昌洪编，《朱峙三日记（1893—1919）》，武汉：华中师范大学出版社，2011年，第103页。
② 北京大学校史研究室编，《北京大学史料：第一卷 1898—1911》，北京：北京大学出版社，1993年，第359页。

二十余年后,章太炎谈及当时经学形状,曾例举学子对经学常识之茫然无知:

> 一是在北京有大学生问及朱熹是否广东人,有问段氏《说文解字注》是否为段祺瑞;一为在上海有中学教员问学生孟子何代人,答曰汉,或言唐宋明清者过半。①

学子厌弃、中央妥协,旧学于二十年间已成明日黄花。但若回望此二十年之发展,则有此《钦定书经图说》作一斑,而窥当时中央对经学之态度。

(二) 教材之难

辛丑(1901)初定,中央始选派高才及新学名人前往日本考察学务。② 当中有名胡景桂者,曾录日本第八任、第十七任首相大隈重信(1838—1922)有关旧学教育之言:

> 宜先颁明诏,将五经、四书有关伦理者另编读本,史鉴中易感动人心者撮其要领编为修身书。此非废弃经史、割裂经史也。将来专攻文科者仍责令全阅,不过藉此简易之编,以一天下之志趣,以正天下之人心。③

大隈重信所持者,乃精简经学而保留全编以供专门学生之用。此理念亦体现于光绪时所行之新学制中。

光绪二十八年(1902)京师大学堂重开,未几,颁布《钦定京师大学堂章程》,提及其理念即为"略仿日本例,定为大纲",继续"以中学为主,西学为辅;中学为体,西学为用"④之宗旨,坚持新旧并行。而此种《钦定书经图说》中亦有说明编

---

① 章太炎《救学弊论》,载《华国月刊》,1924年第1卷第12期。
② 周用宜供稿,《周震鳞自序:一九五〇年四月十日笔述》,载《近代史资料》,1997年第91号。
③ 王宝平编,《晚清中国人日本考察记集成》,杭州:杭州大学出版社,1999年,第177页。
④ [清]孙家鼐《议复开办京师大学堂折》,《皇朝经世文新编》卷五,琼林书馆印本。

书"俾为通经致用之助"①,从而可见经学之新地位强调以实用为主。于此背景之下,采用新版简易经学教材似是顺理成章。旋即,大学堂成立编书处,公布《京师大学堂编书处章程》,当中有"取中国学问为学堂所必须肄业者,分门编辑"②之语,可见大学堂确曾希冀从日本之例,重编适应新教育之经学旧典。

然而"另编课本",且求"简易"实非易事。大学堂总监督吴汝纶光绪二十四年(1898)就曾上书李鸿章论及编写新版旧学教材之难处,其中有"又况欲荟萃经、子、史之精要,取菁华去糟粕,勒为一书,请旨颁行,此亦谈何容易!窃谓此等大政,不筹有著之款,不延名家之师,即京师大学堂尚难猝成"③之语。可见吴汝纶以为新版旧学教材编写之难在于经费与人力。而管学大臣孙家鼐则关注经学,以为编辑经书,士论必然多有不服,且有违尊经之意,④其所虑者乃是编写经学教材之声誉与反响。

经学既不可废,教材又实难速成。故大学堂先行折中之计,从旧籍中挑选一批经典之作,供学堂参考。癸卯年(光绪二十九年,1903)《暂定各学堂应用书目》之中,经学门有经学教材五种:

《四书章句集注》(十九卷,明经厂大字本,扬州鲍氏刻本,南昌万氏刻本,武昌局刻本);《明监本宋元人注五经》(明经厂本,扬州鲍氏刻本,南昌万氏刻本,江宁局刻本,崇道堂本,武昌局刻本);《永怀堂古注十三经》(明金蟠葛鼎问刻本今江宁书局补足印行,杭州局刻本);《经典释文序录》(武昌局刻本);《传经表通经表》(四卷,授经堂重刻本,式训堂丛书本)。

参考书四种:《十三经注疏》(阮刻本);《御纂七经》(官刻本,局刻本);《皇清经解》(一千四百八卷,学海堂本);《皇清经解续编》(一千四百三十卷,南菁书院

---

① [清]孙家鼐《条例》,《钦定书经图说》,内府印本。
② 张静庐辑注,《中国近现代出版史料:近代初编》,上海:上海书店出版社,2003年,第207页。
③ 吴闿生编,《桐城吴先生(汝纶)尺牍》第二册,《近代中国史料丛刊第三十七辑》,台北:文海出版社,1986年,第1727—1728页。
④ 北京大学校史研究室编,《北京大学史料:第一卷 1898—1911》,北京:北京大学出版社,1993年,第48页。

本)。①

总览京师大学堂经学教材之选择,不难发现大学堂经学一门所涉之旧籍委实卷帙浩繁。若是依照大学堂光绪二十八年(1902)所拟定之新学制(即"壬寅学制"),自蒙学堂至最高学府大学堂需二十年方能完成学业,②其间学生水平层次各异,此经学书目实难涵盖不同阶段学生之研习水平。再由壬寅年(光绪二十八年)十月张之洞《筹定学堂规模次第兴办折》可知,经学已非学生修习之重点,即使于文高等学堂之内,经学亦仅占八科③之中一科④。故此书目若当真施行,恐学生难以负担。更兼当时学风尚新知,求技术,士子对经学之态度早已不同往昔,又岂会大费周章拘囿于此"老旧"书单。如此简单地罗列经典,大约应是中央的权宜之计。

(三)《钦定书经图说》之"浅近"与精准

其实壬寅学制公布之后不久,虽官方已准备开出经学书单以充权宜,而以长远计,中央亦同时督促大学堂着手编写新教材。饶是孙家鼐与吴汝纶之前曾言及官编经学教材之难,然中央既已预备施行新学制,大学堂则必然需应对经学教材之挑战。

光绪二十九年(1903)二月底,孙家鼐、张百熙等一众大学堂骨干受命编写一种新《尚书》,需"浅近明白,务使妇孺皆知",且"一俟书成,即以颁发各省学堂",⑤此即两年后成书之《钦定书经图说》(参见图1)。该书虽身担学堂教材之责,却依然只求"浅近",此与《大学堂谨拟编书处章程》所持经学课本需"务取简赅,不求繁言"⑥之观念相合;亦是大学堂仿照日本新式教育,简化经学之作。

---

① 《京都近闻》,《湖南官报》,1903 年 5 月 17 日。
② 参见[清]张百熙《钦定高等学堂章程》,《钦定学堂章程:附张百熙进呈全学章程折》,台北:文海出版社,1986 年。
③ 此八科为经学、中外史学、中外地理学、算学、理化学、法律学、财政学、兵事学。
④ [清]张之洞《筹定学堂规模次第兴办折》,《张之洞全集》第四册,武汉:武汉出版社,2008 年,第 89 页。
⑤ [清]孙家鼐《表文》,《钦定书经图说》,内府印本。
⑥ 张静庐辑注,《中国近现代出版史料:近代初编》,上海:上海书店出版社,2003 年。

故大可将此种《书经图说》视为中央新编经学教材之尝试。

此种新《尚书》虽"浅近",然既已担"钦定"之名,编写必不能马虎。不止如此,1902年《钦定学堂章程》已规定"凡各项课本,须遵照京师大学堂编译奏定之本,不得歧异"。① 由此可见,身为官方教材之《钦定书经图说》,属"不得歧异"之列,大学堂编写必定慎重。而孙家鼐身为总修官,之前就曾提出官编教材

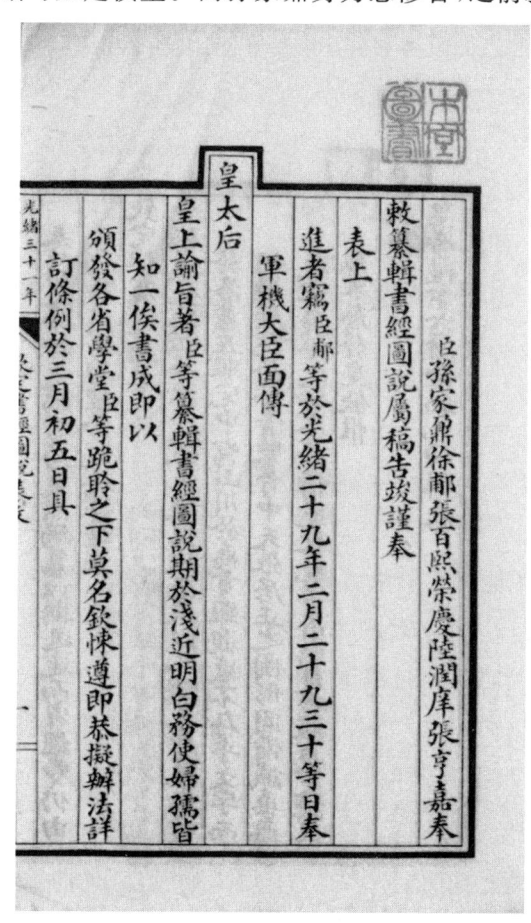

图1 《钦定书经图说》表文,中有"期于浅近明白,务使妇孺皆知"之语

---

① [清]张百熙《钦定高等学堂章程》,《钦定学堂章程:附张百熙进呈全学章程折》,台北:文海出版社,1986年。

需"由官学大臣阅过,进呈御览,钦定发下,然后颁行"①。此次编写《书经》,孙家鼐言明"臣等随时经理修改,按日进呈"②亦是恪行此要求之体现。编书肇始仅一月有余,四月初五大学堂即接谕旨,中有修改建议,强调"务在简明,不必繁征博引,再斟酌改编"③,可见书稿确实如期奉上,而中央亦已浏览之。如此效率,大约可佐证中央对此次《尚书》教材编写之重视。幸而当时石印术已蔚然成风,为求简易与准确之兼顾,《书经》可大量使用插图加以说明。而插图之选择,大学堂亦是遵照旧式,力求精准:

  人物衣冠必须斟酌古式。而古书图画之存于今者,有晋顾恺之所绘刘向《列女传》图,宋儒聂崇义之《三礼图》,及明臣张居正之《帝鉴图》。冠服形式具存模范,是编悉以数家为根据,有不合者更考他书正之。④

(四)《钦定书经图说》之"迅速"与"省经费"

除"简明""浅近"之要求外,《钦定书经图说》还需考虑"迅速"与"省经费"两条。⑤

自戊戌以来,各地新式学堂方兴未艾,甚至《钦定学堂章程》亦关注各地新学教育之蓬勃发展,专程提及"其有自编课本者,须咨送京师大学堂审定,然后准其通用",⑥可见当时各地自编课本已成风气。为适应新式分科教育,大学堂要求此种将"颁行各省学堂"之教材能迅速通行,大约亦有取代各自编课本之心。中央虽自壬寅末学制公布后历经诸般讨论,最终方案至癸卯方定,然自癸

---

① 北京大学校史研究室编,《北京大学史料:第一卷 1898—1911》,北京:北京大学出版社,1993 年,第 190 页。
② [清]孙家鼐《表文》,《钦定书经图说》,内府印本。
③ [清]孙家鼐《交片》,《钦定书经图说》,内府印本。
④ [清]孙家鼐《条例》,《钦定书经图说》,内府印本。
⑤ [清]孙家鼐《表文》,《钦定书经图说》,内府印本。
⑥ [清]张百熙《钦定高等学堂章程》,《钦定学堂章程:附张百熙进呈全学章程折》,台北:文海出版社,1986 年。

卯初即开始编写之新《书经图说》,并未因外界讨论新学制而受干扰,依然不断力求"迅速"。

大学堂虽强调编书需快,然事不遂人愿,官方教科书之编纂速度实难应付当时新学教育发展之势。时至1904年,中央《学务纲要》依然不得不妥协:

> 官编教科书,未经出版以前,各省中小学堂,亟需应用,应准各学堂各科教员,按照教授详细节目,自编讲义。①

从要求教科书必须经由官方编纂、审定,至最终妥协允许各地教员自用讲义以解燃眉之急,亦可见1903年初编《书经图说》即要求"迅速",想来中央已洞察各地新学教育之盛,如此要求确实符合当时实际。

辛丑(1901)之后国库空虚,虽中央对京师大学堂多方支持,张百熙依然以为拨款不足,因此中央甚至要求各省认解部分大学堂经费。自光绪二十八年(1902)至三十二年(1906),各省实际承担大学堂之经费共计67万余两。② 有鉴于《书经图说》编写之时大学堂经费尚需各地支持,大约进表之中孙家鼐等不断强调"省经费"实非虚言。张百熙亦于奏折中强调编书"购书籍,延聘画工,雇觅钞胥,置办纸墨等项,费亦不赀",大约可见编书经费之紧张。幸而石印术成本低廉,张百熙似不必专门考虑印刷之资。然孙家鼐、张百熙等为省经费,编书伊始即打算将此任务直接转交学务处("奏请交学务处编书局遵照编纂,以期迅速而省经费"③),然大约未得应允。光绪三十一年(1905)成书之际,大学堂依然想法将出版之花销转与学务处,其《条例》中以《书经图说》本为学堂课本之理由,要求"应需一切费用,如添购图籍,延聘画工,并将来印刷纸墨之项,当责成学务大臣一手经理,即于学堂经费项下覆实"。④

---

① 《学务纲要》,《奏定学堂章程》,湖北学务处本,《中国近代教育史料汇编》,北京:全国图书馆文献缩微复制中心,2006年,第429页。
② 北京大学校史研究室编,《北京大学史料:第一卷 1898—1911》,北京:北京大学出版社,1993年。
③ [清]孙家鼐《表文》,《钦定书经图说》,内府印本。
④ [清]孙家鼐《条例》,《钦定书经图说》,内府印本。

饶是编书过程遭遇诸般难处,大学堂依然历时三年编成此书,为求插图精美,甚至"在南省延聘"①画师。最终成书"《书经图说》十六册,凡为图五百七十幅,说四百四十八节,每图别具标题,厘为五十卷"②。时艰如此,大学堂治学之态度却能一以贯之。风雨如晦,小楼成书,大约可算作奇迹。

二、周震鳞与犬养毅

本校所藏《钦定书经图说》首册书衣有题字:
　　犬养木堂先生留览
　　　　周震鳞敬赠
其下周震鳞钤印两枚:"周震鳞印""道腴"(参见图2)。由此可想,本校所藏《钦定书经图说》乃辛亥元老周震鳞赠与日本前首相犬养毅之原本。如此,笔者不禁生念,有意探寻两种疑问:其一,周震鳞缘何与犬养毅相识;其二,周震鳞又为何挑选清廷编纂之《钦定书经图说》相赠。

图 2 《钦定书经图说》书衣,周震鳞之题字

---

① [清]孙家鼐《奏折》,《钦定书经图说》,内府印本。
② [清]孙家鼐《表文》,《钦定书经图说》,内府印本。

（一）革命之谊

周震鳞，字道腴，湖南宁乡人。身为辛亥元老之一，"致力革命数十年，辛亥革命前后，无役不从"①。1900 年周震鳞同窗唐才常因起义失败牺牲，周震鳞大为震动，由此踏上革命之路：

> 是役死者，皆两湖俊彦。余平生遭受打击，无痛于此者。乃与同学黄克强（兴），龚敬夫（超）合失败余党，决定革命必先排满，非继太平天国，利用满清不平等积年界限，鼓动民族革命，不能建民权自由鹄的。②

故周震鳞 1905 年自两湖书院毕业后，被选送留学日本士官学校，但接湖南同乡之电报（"经湘绅电阻"③），遂决定留湘办新学，并借机"转移湘人顽固脑筋"④，宣传革命思想，培养革命党员。

早于周震鳞回湘发展革命之前，孙中山业已赴日开展工作，并结识当地友人。当中有与孙中山私交甚笃且大力襄助革命名为犬养毅（1855—1932）者。犬养毅，号木堂，第二十九任日本首相。幼时曾求学于私塾，熟读经典。后结识大隈重信，并成为其幕僚。犬养毅始终于中国革命关注颇多。1911 年武昌起义，犬养毅本于汤河源疗养，听闻起义消息，即抱病启程前往上海。抵沪后，犬养曾面见周震鳞总角之交黄兴，其间曾表述自己支持革命之立场：

> 少数顽固之徒，绝不能代表日本的国论，民间多数有识者，均能谅解革命党的大志，并热望由于文明的新政，为四亿同文的国民谋求幸福。我等正在努力消除误解，以报雅命。⑤

---

① 周用宜供稿，《周震鳞自序：一九五〇年四月十日笔述》，载《近代史资料》，1997 年第 91 号。
② 同上。
③ 同上。
④ 同上。
⑤ 陈固亭著，《国父与日本友人》，台北：幼狮书店，1965 年，第 10—11 页。

归国后，犬养毅于日本第二十八次国会期间发表报告书，谴责日本政府抱定君主立宪制，支持清政府之所为。① 由此观之，犬养毅于革命多有实际支持，可谓辛亥革命初期之重要人物。

1905年，由头山满、犬养毅支持，孙中山于东京成立同盟会。旋即，周震鳞被介绍加入，孙中山、黄兴并"以湖南党务付托"②于他。然次年夏，由于同志疏忽，周震鳞革命党员之身份败露，幸"闻风安全脱走"，于当年秋"辗转由沪抵日京"③。此次旅日，周震鳞由黄兴引荐，终与孙中山晤面。两人秉持相同革命信念，自是一见如故。④ 之后，再由孙中山牵线，周震鳞得以结识犬养毅。犬养毅虽年长周震鳞二十岁，两人亦"经常在一起对中国革命的形式和前途进行探讨，寻求推翻清王朝封建统治的革命道路"⑤。

后民国初立，周震鳞亦早已返乡，主持湘省政局。至1913年"二次革命"倒袁失败，周震鳞声名在外，遭袁世凯切齿痛恨，无法于国中立足，只得再次出逃。然而"行至九江，被捕于日本舟中"⑥。闻此讯，犬养毅即设法展开营救。周震鳞得其相助，终被释放，随后再次流亡日本。故犬养毅于周震鳞革命之谊外，尚有救命之恩。

(二)《钦定书经图说》之情

周震鳞不止有革命者之身份，亦是湖南之知名学者。1895年周震鳞投考武昌两湖书院，张之洞身为监考官，察周震鳞于考场之上先行正文后作草稿，大异，遂问其因由，周震鳞答"先写正本者，文理在胸，临场而发，不吐不快，故先急

---

① 《日本讨论承认共和政府问题》，《申报》1912年1月28日，第3版。
② 周用宜供稿，《周震鳞自序：一九五〇年四月十日笔述》，载《近代史资料》，1997年第91号。
③ 同上。
④ 周用宜、周用仁《祖父周震鳞追随孙中山革命的岁月》，载《百年潮》，2017年第6期。
⑤ 庄建平、卞修跃著《周震鳞传》，北京：团结出版社，1995年，第61页。
⑥ 周用宜供稿，《周震鳞自序：一九五〇年四月十日笔述》，载《近代史资料》，1997年第91号。

书之;后抄副本者,谨遵大人考规也"。张之洞闻罢竟允其免交副本。① 之后周震鳞投身革命,曾有人向张之洞告发,张之洞从来一笑置之,以为周绝不会是革命党。②

1902年管学大臣张百熙主持重开京师大学堂,恰逢周震鳞自两湖书院毕业。而与周震鳞相熟之邹永成则受张百熙聘,协其处理大学堂事宜。③ 邹永成于是荐周震鳞充大学堂舆地教习之职。④ 周震鳞虽未成行,却由邹永成之荐,得张百熙留意。后周震鳞回湘办学,张百熙即奏派其为湖南高等学堂教务长兼地理教习。⑤ 然周震鳞早已决意"永不仕清",难以接受身为校长每日早晨需向帝像行叩头之仪,故自请任教务长。⑥ 虽不愿仕清,周震鳞依然领受张百熙之安排,任教湖南高等学堂,大约其内心对张百熙甚或京师大学堂尚留有好感。

然至1904年,黄兴所带领之反清组织华兴会起义之前,黄兴与周震鳞商议安排,曾言道:

> 你(指周震鳞)在湘有日,于学界声誉颇隆,而张之洞、张百熙、张鹤龄等对你颇有好感,你正可利用此一便利,于起事时不可暴露,倘若事败,也可设法保全革命实力,掩护同志,以图来日大举。⑦

黄兴之安排无异于使周震鳞利用张之洞、张百熙之信任,而周震鳞对此欣然应允。立场相迥,周震鳞与清廷人士显已分道扬镳。1906年周震鳞革命党人身份彻底暴露,张之洞方知晓自己判断失误,"鄂省侦悉,遂下令缉捕"⑧,周

---

① 庄建平、卞修跃著,《周震鳞传》,北京:团结出版社,1995年,第10页。
② 庄建平、卞修跃著,《周震鳞传》,北京:团结出版社,1995年,第52页。
③ 庄建平、卞修跃著,《周震鳞传》,北京:团结出版社,1995年,第28页。
④ 周用宜供稿,《周震鳞自序:一九五〇年四月十日笔述》,载《近代史资料》,1997年第91号。
⑤ 庄建平、卞修跃著,《周震鳞传》,北京:团结出版社,1995年,第30页。
⑥ 庄建平、卞修跃著,《周震鳞传》,北京:团结出版社,1995年,第30页。
⑦ 庄建平、卞修跃著,《周震鳞传》,北京:团结出版社,1995年,第52页。
⑧ 周用宜供稿,《周震鳞自序:一九五〇年四月十日笔述》,载《近代史资料》,1997年第91号。

震鳞则脱逃至日本，自此周、张彻底决裂。

周震鳞虽与清廷势同水火，然仍对此种官方所编《钦定书经图说》青眼有加，除书籍本身之精妙外，大约是因此书纂修兼校对官邹代钧①（参见图3）之由。最初周震鳞从两湖书院毕业，即是由邹代钧之侄邹永成举荐，冀其任教京师大学堂。1907年徐锡麟起义失败，牵连周震鳞，周遂赴鄂躲避。居湖北期间，周震鳞"乃匿于武昌邹师所创之舆地学会"②。邹代钧建舆地学会后，曾任教两湖书院，为地理教习，而此即周震鳞求学于此之时。且周震鳞有被举荐任大学堂地理教习之资质，大约可想周震鳞于舆地一科颇有心得，是邹代钧之得意学生。周震鳞逃亡之时选邹代钧处藏身，亦可见两人情谊深厚。

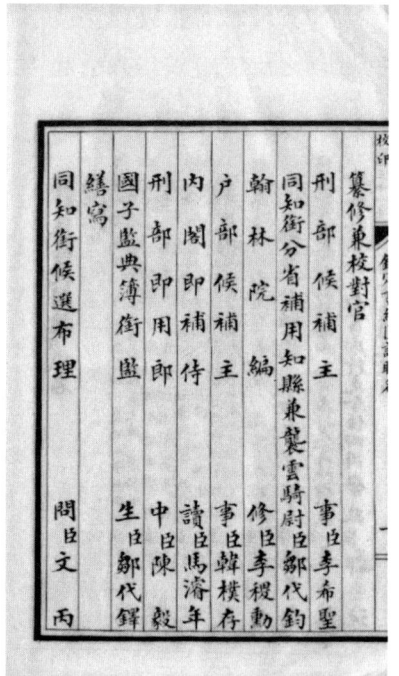

图3 《钦定书经图说》职名，其中有纂修兼校对官邹代钧

---

① ［清］孙家鼐《职名》，《钦定书经图说》，内府印本。
② 周用宜供稿，《周震鳞自序：一九五〇年四月十日笔述》，载《近代史资料》，1997年第91号。

1908年邹代钧谢世以后，周震鳞"见其师身后萧条，舆地学会无方续办，乃建议当局将学会图经（经即地图说明底片）、印图器械归学部收购。得代价以赡养代钧后人，并助代钧堂兄代藩"①。周震鳞与邹家颇有渊源，而其师邹代钧曾参与编纂《钦定书经图说》，若言周震鳞藏书之中有此《书经图说》，倒不算突兀。

周震鳞虽曾受张百熙、张之洞等清廷学者赏识，然道不同不可与之谋。萍浏醴起义（1906）失败后，周震鳞"夜探府衙，手提同志之血首时，实是痛心疾首，亦于同时暗下决心，不报此仇，誓不罢休"②。其痛恨清廷态度之决绝，可见一斑。而于革命之外，周震鳞虽知《钦定书经图说》出自清廷，然毕竟当中有恩师邹代钧之心血，故周震鳞并未一味拒绝。

(三) 赠书之由

周震鳞1906年与1913年两次赴日，皆因遭通缉。虽第二次旅日期间曾暂离日本，"往南洋筹募"③革命资金，然期间袁世凯在位，周震鳞想必无法回国。而此套赠与犬养毅之《钦定书经图说》共有十六册两函，大开本。若是周震鳞将《书经图说》带至日本相赠犬养毅，行色匆匆之下不大可能。反倒是犬养毅曾四度访华，周震鳞大约有与其晤面并赠书之可能。不过无论赠书于何处，携带沉甸甸两函《书经图说》出行，无论赠书人与收书人，想来也是有过一番辛苦。

另此套《书经图说》每册书衣均为销金纸之属，看来极为考究，与笔者所见其它《钦定书经图说》不同，大约曾仔细重装过，可见赠书人珍藏郑重之意。而周震鳞之书法本就名动湖湘，题字于销金纸上，更存一份敬意。如此颇费心思，周震鳞以书相赠犬养毅大约确有一番考量。然而毕竟时移事异，仅凭题字实难以追溯赠书之因由。不过有鉴于周震鳞与犬养毅千丝万缕之联系，故笔者大胆做些揣测，读者姑妄听之。

于革命事业观之，犬养毅实有助孙中山颇多：大隈重信即是由犬养毅引荐

---

① 文浩然《近代中国新化邹氏地学与武昌亚新地学社》，载《湖北文史资料》，1981年第9期。
② 庄建平、卞修跃著，《周震鳞传》，北京：团结出版社，1995年，第65页。
③ 周用宜供稿，《周震鳞自序：一九五〇年四月十日笔述》，载《近代史资料》，1997年第91号。

与孙中山相识。甚至有言，1900年孙中山领导惠州起义，犬养毅曾赠多把珍藏之军刀于孙以襄助其事业。周震鳞感念犬养毅，似合常理。之后辛亥起事、二次革命，犬养毅始终秉持支持革命、反对袁世凯之立场，此皆与周震鳞相一致。身为坚定革命者之周震鳞，大约当时对犬养毅心怀感佩之情。于私人情感言之，犬养毅当属周震鳞救命人之一，周震鳞必不会忘此恩情。故于公于私，周震鳞预备珍重之礼以赠犬养毅确在情理之中。

而赠书之选择周震鳞亦应有所思量。《钦定书经图说》虽出自清廷，然毕竟插图精美，与其它版本《尚书》颇有不同。两人熟稔经典，所反对者乃清廷，并非传统经学，故周震鳞选一种存有新意之经典相赠，倒不意外。尤为重要者，该书编纂者之一邹代钧乃周震鳞恩师。而邹代钧偏偏与犬养毅生年相若：犬养毅仅比邹代钧少一岁。故周震鳞选此书"敬赠"长者犬养毅，大约亦蕴含"尊师"之意。而犬养毅收下此套《书经图说》亦有认真珍藏：如今依然可见每册皆有"木堂图书"之钤印（参见图4）。

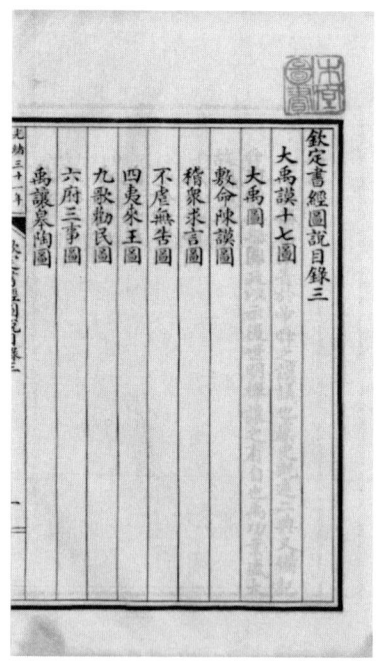

图4 《钦定书经图说》目录三，上有犬养毅钤印

三、余论

百年之前风云变换,所谓"新"与"旧"之界线其实模糊不清。"守旧"之清廷,面临江山危难,民意汹涌,亦不免于其中寻谋变更之出路。国力衰微,尚有心编纂新教材,且不论其有无钳制舆论之用心,然编书之决议确是有"革新"之念,似有一腔孤勇在。而力图"革新"之革命者,其实并非一味割裂己身与"旧"之关联,饶是与清廷仇深似海,然其学养、为人却尽皆出自旧教育。革命之心至纯,"守旧"亦非不可,革命者对此颇坦然。而此番"守旧"与"革新"全纠缠于一书之间:其中著书人心思之波动,藏书人命运之流转,百年后宛在眼前。如此,大约即为此种《钦定书经图说》之奥妙。

文礼其人其事

◎ 舒　悦①

摘　要：

文礼是美国史密森博物学院佛利尔美术馆的第二任馆长。他丰富的人生经历见证了美国中国艺术品从私人收藏到博物馆收藏的历程，见证了中国艺术史在美国博物馆的从无到有的成长延续。

关键词：

文礼；中国艺术；博物馆管理

Archibald Gibson Wenley

◎　Yue Shu

Abstract：

Wenley was the second director of the Freer Gallery of Art, Smithsonian Institution. His professional life witnessed the Chinese art collecting from individuals to public institutions and Chinese art becoming a major part in Asian art museums in the US.

Keywords：

Archibald Wenley; Chinese Art; Museum Management

文礼（Archibald Gibson Wenley，1898—1962）是美国佛利尔美术馆第二任馆长，是20世纪初为数不多的受过全面训练的东亚艺术专家之一。文礼先生的初愿是要做一名博物馆或图书馆员，他的经历听似传奇，却反映了美国20

---

① 舒悦，美国史密森博物学院图书馆佛利尔—塞克勒美术馆分馆中国艺术图书馆员。

世纪初亚洲艺术特别是中国艺术研究的发展历史。

文礼 1898 年 5 月生于密歇根州的安娜堡市,中学毕业后进入密歇根大学,由于第一次世界大战辍学被派往法国。战后重返密歇根大学并于 1921 年毕业。出于对图书馆职业的热爱,他进入纽约公立图书馆的图书馆学校深造,于 1923 年获得图书馆员证书。文礼毕业后经人介绍认识了佛利尔美术馆第一任馆长罗吉(John Ellerton Lodge,1876—1942)并向其表达了想在刚开放(1923 年 5 月 23 日)的佛利尔美术馆附属的图书馆就职的意向。谈话期间,文礼给罗吉留下了深刻的印象,当被问及是否会对中国艺术有兴趣时,性格秉直的文礼答道,"这个问题我无法回答,因为我对中国艺术一无所知"。① 罗吉对文礼的这个回答却非常满意,"这正是最合格的潜质,因为只有你给了我最诚实的回答,而其他人都牵强地说他们懂中国艺术"。当时罗吉正在寻找一位有潜力的年轻人希望将其培养成为中国艺术专家,正是两人的这次谈话彻底改变了文礼的人生轨迹。

文礼最终接受了罗吉的建议,放弃了图书馆专业而转向中国艺术。罗吉为文礼设计了一套严密的培训计划。受法国汉学家沙畹(Emmanuel-Edouard Chavannes,1865—1918)成就的影响,罗吉认为只有坚实的中国历史文字基础以及田野考古勘探实践才是研究中国艺术的唯一途径。得益于深厚的中文功底和历史知识,拥有法兰西学院中文教授头衔的沙畹不仅翻译研究了出自新疆

---

① John Pope,"Archibald Gibson Wenley: an appreciation", *Ars Orientalis*, vol. 5 (1963), pp. 1—5.

库车和甘肃敦煌等地的汉文材料,而且于1907年3月开始花了近一年的时间在华北和东北进行了详尽的访古,拍摄了大量的古迹照片,揭拓了大批的碑文,考察并把众多珍贵的资料记录下来。为了将文礼培养成沙畹式的专家,罗吉设计了一个七年计划,准备把文礼送到中国、法国和日本学习中文和汉学。第一站就是中国,文礼师从佛利尔美术馆研究馆员毕安琪(Carl Whiting Bishop, 1881—1942)开始学习中文。

1923年至1934年佛利尔美术馆联合波士顿美术馆在中国进行考古勘查活动,负责人为毕安琪。毕安琪生于日本,精通日文中文,拥有哥伦比亚大学考古专业硕士学位。1923年2月毕安琪代表佛利尔美术馆抵达北京,建立常驻办公室。鉴于中国政府限制外国人在中国进行考古发掘,罗吉送毕安琪到中国的初愿是希望同中国学术组织达成合作协议,共同进行实地考察,再三强调收集文物和实地发掘并非工作重点,①重点在于实地考察与协助发掘。抵达北京后不久,毕安琪找到刚从哈佛拿到人类学博士学位回国的李济,邀请他一同参加开展考古研究工作。当时的清华大学校长曹云祥(1881—1937)也同意与佛利尔美术馆合作,实地考古主要以清华的名义进行,经费由佛利尔出,文物由清华保管。②

1923年8月1日,文礼乘船抵达上海,见到毕安琪和他的中国助理董光忠。③ 随后的两年文礼一直居住在北京,驻地选择了以外交人员、艺术家、学者为主的东交民巷。在中国期间他一直以美国使节的身份在美国东方学会(American Oriental Society)注册。根据佛利尔美术馆档案室资料显示,在华的二年期间文礼协助毕安琪进行了如下考古勘探:

1923年9月,河南新郑

1923年10月,南京

1923年11月—1924年3月,北平郊区

---

① Lawton, Thomas. *Beyond the Legacy*, p. 30.
② Bishop, Carl W. *Archaeological Research in China*, p. 54.
③ John Pope, "Archibald Gibson Wenley: an appreciation", *Ars Orientalis*, vol. 5 (1963). p. 1.

1924 年 3 月—5 月，陕西

1924 年 4 月 28 日—4 月 30 日，河北北戴河金山嘴

1924 年 5 月 21 日—6 月 8 日，河南信阳西

1925 年 4 月 13 日—4 月 22 日，山西大同府和云冈

1925 年 4 月 28 日—4 月 30 日，河北北戴河

1925 年 5 月 30 日—6 月 1 日，河北西陵

1925 年 9 月—10 月，山西云冈和方山

每次探查文礼都做了非常详尽的报告并附有照片，这些材料现在都珍藏于佛利尔美术馆的档案室。这些材料中反映出的文礼一丝不苟的工作态度正是当初罗吉所看中的品质，也是一名史学家必备的优良品德。

1923 年 8 月，河南新郑县农民李锐凿井时发现了春秋青铜器古墓。9 月毕安琪带领文礼和董光忠前往郑州。文礼到中国一个月以后就有幸去了这个当时影响甚大的发掘现场，并能开始他的实地考古培训，这是个千载难逢的机会。当时已有大量的青铜器被挖掘出来，拥挤地堆放在郑州衙门府里，完整的器物摆放在墙边或桌子上，残缺的器物堆放在筐子里。① 青铜器上原有的厚重纯金装饰已被挖掘的民工抠去偷走。当意识到民工们还在现场随意敲碎器物以期发现更多的金子以及顺手牵羊地偷走小件器物时，毕安琪坐不住了，他当即决定马上前往发掘现场进行实地考察以免再无机会见到墓地的原貌。② 第二天他就和文礼登上了从郑州开往新郑的头班火车，下车后徒步一小时到达挖掘现场。当时有军队把守现场，大量的民工进行着边挖边破坏式的"发掘"。毕安琪和文礼亲眼看到一个精美的周长一米左右的牢鼎瞬间被砸得粉碎，还有更多的"不值钱"的陶器被随手打碎丢弃。尽管新郑大墓的发现对研究春秋战国历史提供了重要实物线索，但其不规范不科学的发掘过程令考古专家们痛心疾首。③ 当时的发掘没有对坑位、位置、地层进行详实记录，毫无章法的乱刨乱挖

---

① Bishop, Carl W. *Archaeological Research in China*, 1923—1934, p. 18.

② Bishop, Carl W. "The Find at Hsin-Cheng Hsian", *Artibus Asiae*, vol.3：no.2/3 (1928—1929), p. 115.

③ Bishop, Carl W. "The Find at Hsin Cheng Hsian", *Artibus Asiae*, vol. 3：no. 2/3 (1928—1929), pp. 110—121.

又对墓葬的形制造成了极大的破坏,对今后的研究造成了致命的伤害。毕安琪提出愿意无偿为中方提供考古发掘指导,中方没有接受他的建议。毕安琪后来著文建议中国联合西方国家建立考古学院培养专业的考古人员以科学的方法研究中国历史,同时也提醒西方国家要尊重和欣赏中国文化和历史,因为他意识到了中国文化对人类所做出的贡献。① 新郑之行对于刚刚加入考古之列的文礼来讲是一个是非常难得的机会,启程前他认真地阅读了史书中有关青铜时代的风俗习惯的资料。当看到发掘出的青铜器一一证实这些文字描述后,文礼感到此行收获满满。后来他将此行所见的青铜器详实描述发表于1924年《中国科学与美术杂志》(China Journal of Science and Arts)的第三期。②

从新郑回来后,文礼于1923年10月18日在上海举办了婚礼,毕安琪是伴郎。

随后在毕安琪的带领下,文礼还考察了南京附近的梁(南朝)遗址,北京附近的晚周都府燕都,当时他们的考察工具是一架中国政府提供的条件简陋的飞机,但却开创了中国空中考古的先河。

1924年3月,毕安琪、文礼、董光忠同国立历史博物馆的裘善元从北京前往陕西。此行的目的是对陕西省进行实地考察,为今后的考古发掘打下基础。③ 他们从北京一路坐火车到达河南三门峡,再往西火车就不通了。下车后在当地雇了骡子到陕州,再乘船至潼关。一路上往返于甘肃和河南铁路终点之间的骆驼商队和黄河上的大大小小形形色色的船只让文礼目不暇接。地处黄河、渭河交汇处的潼关厚重的历史遗迹让文礼感叹道:它就是"中华文化的摇篮"。④ 当时的陕西省省长刘镇华(1883—1956)给他们的探险提供了极大的方便和安全保障。他派车将毕安琪一行从潼关接到西安,还安排他们在西安住

---

① Bishop, Carl W. "The Bronzes of Hsin-cheng Hsien", *The Chinese Social and Political Science Review*, vol. 8, no. 2 (April, 1924), p. 99.

② Wenley, Archibald G. "The Hsin-cheng bronzes", *China Journal of Science and Arts*, 3, no. 3 (1924), p. 137.

③ Wenley, Archibald G. "Some Shensi monuments", *The Chinese Social and Political Science Review*, vol. 3, no. 4 (Oct. 1924), p. 106.

④ Ibid, p.107.

下。随后的几天他们遍访了西安周边的遗迹,古长安城、咸阳、礼泉和临潼。在考察过众多的皇陵如秦始皇陵、汉武帝的茂陵、唐太宗的昭陵后,令文礼印象深刻的却是位于茂陵附近的霍去病墓。显而易见,文礼出发之前已做好了十足的功课,阅读了《汉书》中对霍去病墓的描述,知道陵园中应有马、人、羊、猪及其他动物的雕塑,书中记载汉武帝为自己的心爱大将修建的陵园充满了天山一带的风味,不仅这些动物是天山一带的,就连陵园四周的树林也是模仿天山的植被。文礼一行将墓地的四周、顶部全都详细地看过,见到墓地外面各处散落着各种石雕,有马、水牛、老鼠、猪、石碑,石碑上刻有蝙蝠、鱼等小动物,但据文礼分析,他们的位置已被挪动,不能反映墓地原本的样子。有些石雕甚至被当地人搬回家去做榨油时压分量的石头。还有一个非常大的石雕,上面雕有人熊大战图案,得胜的一方是人,图案表现人已用自己的牙齿深深地咬进了熊的喉咙。文礼想它一定是有故事的。毕安琪指出,熊代表的是楚,人代表的是秦,雕塑寓意着楚的失势与秦的兴起。这些雕塑尽管经过千年的风吹雨淋,很多细节已模糊不清,但是仍能依稀辨别出他们当年的风采和时代的工艺特征。另外让文礼很高兴的一点就是由于刘镇华的帮助,他们从西安乘汽车回到潼关,再乘船到陕州,最后由郑州乘火车回到了北京,全程所花时间仅仅是当年马可波罗所用的五分之一。①

从陕西回来后,文礼又马不停蹄地去了北戴河。出发之前有人问他:"你怎么知道去什么地方发掘?"②文礼答道:"在中国无论什么地方只要你挖,一定能挖到东西!"文礼先阅读了《临榆县志》,史料中提到当时有一个为防御高丽而建的关卡名为金山嘴,这一线索和毕安琪之前所发现的古城位置正好吻合。一直以来人们就觉得这里有考古发掘价值,因为石箭头和大量的陶片随处可见。直到1923年夏的一场大雨冲出了一段旧城墙,城墙的石料和制式同西安的汉城墙非常相似,让毕安琪深信这里以前一定有个古城,于是在考察时让文礼来做记录。文礼胜任并且完成了此项任务,并将其考察结果发表于1925年1月的

---

① Ibid, p. 115.

② Wenley, Archibald G. "A buried city at Peitaiho", *The Chinese Social and Political Science Review*, vol. 9, no.1 (Jan. 1925), p. 82.

《中国社会及政治学报》(The Chinese Social and Political Science Review)尽管他们只是做了地表的勘探，但文礼深信他们所见的汉砖、陶片、残垣、柱础石、淡水井、防御位置不仅证明这里是曾经是个防守要地，而且非常具有考古发掘价值。① 60多年后河北省文物局于1986—1991年对此地进行了发掘，确定为秦朝行宫遗址，列入第四批全国重点文物保护单位，证实了文礼一行的猜测。

1925年3至4月文礼陪同毕安琪去了山西云冈。尽管云冈石窟驰名四海，但当时真正去过的西方人并不多。在云冈期间，4月25日文礼去了位于大同附近的方山（古称，今西寺儿梁山）。同年9月文礼与毕安琪再次参观云冈，并对方山的北魏文明太后（冯太后）的永固陵进行了实地考察。在考察方山时，毕安琪因为健康问题，在医生的建议下提前返回北京，剩下文礼、董光忠和裴善元继续此次考察。文明太后是北魏时期文帝的祖母冯氏，她的陵墓修建历时8年。对于太后墓，文礼描述如下："品位低下，是一个野蛮部落试图模仿甚至企图超越一个先进文明民族的失败尝试"。② 在考察之前为了了解北魏历史，文礼阅读了《周礼》《合校水经注》《后汉书》《明史》《北史》《史记》《大同县志》《太平御览》和《魏书》，掌握了大量的文字材料。由于始终拿不到当地政府的正式批文，文礼一行只得匆匆结束考察，留下了很多的遗憾。即使这样，文礼发现了大量的暴露于地表的物

---

① Ibid，p.87.
② Wenley, Archibald G., *The Grand Empress Dowager Wen Ming and the Northern Wei Necropolis at Fang Shan*, p. 10.

件都出现在《水经注》中。他深信未来的科学的发掘会以实物来揭示大量书中所记载的过去。

由于时局的动乱和强烈的民族主义情绪,佛利尔美术馆在中国的考古活动处处受阻。尽管毕安琪、文礼一再向当局表示他们绝无将文物带回美国的意图,他们并没有参与任何实际考古发掘活动。毕安琪不得已回美,文礼在中国的两年学习和考察活动于1925年结束,11月踏上了去法国学习汉语和中国历史的征程。在中国的两年,毕安琪在田野考察上对文礼的帮助是无价的。1942年毕安琪去世后,文礼将佛利尔美术馆出版的第一期《佛利尔美术馆不定期论文集》(*The Freer Gallery of Art Occasional Papers*)献给了毕安琪,以纪念他对中国考古事业的贡献和对文礼的提携与帮助。

罗吉给文礼设定的学习计划的第二站是去法国学习中文和历史。当时法国汉学经过几任法兰西学院中文教授的建设,不仅成就享誉欧洲,而且有着博学的汉学家和优秀的学府,形成了一个学习和研究中国语言的教学体系。尽管当时美国的中国美术史教育已开始形成并逐步走向成熟,罗吉仍然把欧洲作为培训专家的首选。[①] 1925年文礼到法国后进入由伯希和(Paul Eugène Pelliot, 1878—1945)于1921年创建的汉学研究所(L'Institute des hautes etudes chinoises),师从当时欧洲最负盛名的法国汉学家伯希和。伯希和当时正值事业最兴旺时期,刚刚凭借其精湛的汉语能力从敦煌藏经洞挑选出2千余册最具价值的文件带回法国,对中国研究的贡献为其在世界上赢得了大量的赞誉。向这样的老师学习,文礼受益匪浅。他还同时在东方语言学校(Ecole des Langues Orientales Vivantes)进修中文。在法国完成了三年的学业之后,文礼再被送到日本东京继续中文的学习并开始学习日文和日本文化。在日本期间,文礼对书法产生了巨大的兴趣,开始习字并对这一爱好坚持了一生。佛利尔图书馆的很多卡片上中日文书籍的书名都是他书写的汉字。

1931年文礼回到了美国,在佛利尔美术馆担任副研究员。他是美国第一位受过严格的语言、文学和历史学训练的博物馆专家。在此之前的博物馆员多

---

① Shin, Kin-Yee, "Making 'Chinese art': knowledge and authority in the Transpacific progressive era", Ph.D. Dissertation, Columbia University, 2016, p. 282.

是文物爱好者,缺乏必要的专业知识及培训。① 文礼在做馆员期间罗吉仍旧对他细心栽培。自 1931 到 1942 年,在罗吉的指导之下,文礼认真研究馆藏。佛利尔档案室中无数张文礼认真写下的笔记见证着他的不断成长和日趋扩展的知识,他对青铜器、佛教艺术、中日绘画研究都独有建树。除了发表文章,文礼将大量的时间与精力花在对馆藏器物的研究和编目上,建立起一套严格的器物注册和描述系统,这和他在图书馆学中学到的信息组织学训练有着直接的关系。高居翰(James Cahill,1926—2014)在 2010 年接受佛利尔奖章时特别提到这一点,他对文礼建立的严格详尽的描述系统大加赞赏,并确认其对馆藏研究的重要性。②

1942 年罗吉去世,文礼接任佛利尔美术馆馆长一职。对罗吉在事业上的栽培与教导,文礼终身受益。罗吉当年慧眼看到了文礼身上潜在的品质,花 7 年的时间和财力将其派到中国、法国和日本学习,为文礼打下了坚实的汉语和中国文化知识基础。罗吉前瞻性的中国考古计划使文礼有幸参加了大量的田野工作,获得了难得的第一手经验,这在当时的博物馆界是非常罕见的。长期潜心于器物的学习研究不仅使文礼全面了解了佛利尔的馆藏,更使其充分利用图书馆学的知识建立起一套严谨详尽的器物描述体系,成为一名在诸多领域卓有建树的博物馆管理体系的建设人才。

1943 年正值第二次世界大战,文礼上任的第一件事就是要保护好美术馆的藏品。当时美国民众的反日情绪日益高涨,馆里收藏的日本珍品很有可能成为公众宣泄情绪的对象;同时美术馆也可能成为敌人空袭的目标,尽管这种可能性不大,但准备还是要做好的。1941 年 12 月 8 日,珍珠港事件后的第二天,罗吉将馆里所有的日本藏品都放到了佛利尔美术馆非常结实的地下仓库。同一天,罗吉通知了当时馆里的唯一一位日本籍工作人员木下与吉(Kinoshita Yokichi,1932—1950 年间就职于佛利尔),为了人身安全可以不到馆里上班,

---

① John PoPe, "Archibald Gibson Wenley: an appreciation", *Ars Orientalis*, vol. 5 (1963), p. 2.

② Cahill, James, "In defense of the visual: reflections on an illustrious career", *Ars Orientalis*, vol. 41 (2011), p. 9.

改由在家中工作。佛利尔在遗嘱中规定,馆中藏品是不得带出美术馆的。而木下先生作为一名装裱专家,没有画可装裱就意味着没有事情可做。为此文礼想到了一个折中的方案让木下在家中修复了大量的图书馆里的东亚书籍。木下先生直到1944年1月31号才回到馆里恢复日常书画装裱工作。

二战期间文礼和美术馆的同仁全都服务于国家。他的贡献是为海军翻译日本在远东海域的航行方向。① 他还和罗吉编写了一本名为《中国》的小册子,这是一个专门论述中国地理、历史和社会的一本杰出的入门手册。书中附有图解说明,内容简单扼要。

1944年底,民众的反日情绪已平静了许多,战局也慢慢明朗。文礼带领大家将日本藏品从地下室移到正常的仓库。在一番仔细的调查之后,文礼大大地松了一口气,战时馆里的器物未丢失一件,也没有任何的损伤。1946年1月文礼决定开始展出日本藏品,首先将几件日本瓷器在孔雀屋(Peacock Room)展出。三个月后,文礼再次调整展品的表现力度,将日本藏品的展出量调到了战前的水平。

1952年文礼担任美国日本展览委员会(Japanese Exhibition Committee)主席,会员有洛克菲勒三世、华盛顿特区的国家美术馆馆长、波士顿美术馆馆长、西雅图美术馆馆长、芝加哥艺术学院院长、纽约大都会美术馆馆长。文礼充分利用他当年在日本留学时发展的博物馆专家和收藏家的人脉关系,游说多方,最终成功地找到一批精美的艺术品并得以在美国展出。展览"日本绘画与雕塑"于1952—1953年举行,使美国公众第一次看到如此美妙的日本艺术品,很多器物更是第一次离开日本,即使是在日本,民众见到它们的机会也不多。美国观众被日本文化所折服,展览在一定程度上消除了美国人民对日本的仇视和片面的看法,对恢复美日文化关系起到了积极的作用。

战后,文礼将其工作重点放在将美术馆发展成为研究东亚文化的中心上,在业务上他招聘了更多的专业人员,并着手恢复由于战争而停办的馆办出版物——《东方研究系列》(Oriental Studies Series)。战后的第一期重点内容就

---

① John PoPe, "Archibald Gibson Wenley: an appreciation", *Ars Orientalis*, vol. 5 (1963), p. 2.

是《约翰·伊勒顿·罗吉任内收藏之中国青铜器描绘与图版目录》(*A descriptive and illustrative catalogue of Chinese bronzes acquired during the administration of John Ellerton Lodge*)。文中举出了56件罗吉馆长22年间为美术馆收藏的中国铜器,每一件器物的详尽文字描绘都出自罗吉之手,但这些文字从未发表出版过。为表达对这位前馆长的敬意,文礼选定将战后的第一期《东方研究系列》献给对他意义非凡的罗吉馆长,既是对罗吉馆长的纪念又是对他在中国铜器研究上所做的贡献的肯定。

自佛利尔美术馆建馆以来就一直和密歇根大学合作出版期刊《伊斯兰艺术》(*Ars Islamica*)。战后随着越来越多的学术研究从伊斯兰艺术扩展到中国、日本等东亚国家的艺术,刊物的涵盖面已无法反映学术的研究状况及学者专家的要求,因此自1951年起该刊改名为《东方艺术》(*Ars Orientalis*),将其研究范围扩展到整个亚洲地区。起初编辑力量主要依靠密歇根大学的东亚系,著名的中国艺术教授罗越(Max Loehr,1903—1988)担任《东方艺术》的主编。佛利尔美术馆主要提供经济资助,文礼一直是编辑委员会成员。鉴于《东方艺术》是一个纯学术的期刊,文礼提出再增加一个非定期出版物,并于1947年正式出版《佛利尔美术馆不定期论文集》(*The Freer Gallery of Art Occasional Papers*),主要发表佛利尔本馆研究人员和其他学者对佛利尔馆藏研究的学术文章,以及受邀来研究佛利尔馆藏学者的研究发现和成果。

对出身于图书馆专业的人来讲,图书馆永远都在他的心中占有一个位置,文礼也不例外。在担任馆长期间,他将图书馆的收藏规模从寥寥几千册图书发展到近四万册,其中中文和日文书籍就有近两万册,有关东亚艺术的各种文字的期刊有两百种,购买了大量的晚清至民国期间的线装书,日本江户和明治时期的浮世绘彩色木版画书,其中很多由于二战已无法在日本本土找到,成为珍本或孤本。图书馆也从简单的资料保管室发展成了有两名图书馆员管理的世界一流的学术研究专业机构。① 文礼还亲自在凡是需要汉字的编目卡上认真地用毛笔写下书名和作者的中文名。作为一名馆长,这些工作本来是不用他来

---

① John PoPe,"Archibald Gibson Wenley: an appreciation",*Ars Orientalis*,vol. 5 (1963),p. 2.

做的，但是出于对图书、对中国文字和文化的爱好，他在业余时间花大量的精力书写汉字卡片，给读者在查询资料时提供了极大的方便。

就任馆长期间，文礼的另一个重大创新就是在佛利尔诞辰一百周年之际(1952)颁发了"佛利尔奖章"以表彰在东亚美术领域里有着杰出贡献的专家学者。馆里有人向文礼推荐佛利尔的雕塑家朋友保罗·曼希普(Paul Manship，1885—1966)作为奖章的设计者，文礼深表赞同。文礼本意是想将第一枚佛利尔奖章颁发给自己的恩师罗吉，但考虑到第一次发奖就发给一位已故的人士听上去有些"阴森"，经商议后决定将奖章发给对传播亚洲艺术和文化有着巨大贡献的瑞典汉学家喜仁龙(Osvald Siren，1879—1966)。喜仁龙当时已77岁，对东西方艺术都做了大量的研究。退休之前是斯德哥尔摩大学的艺术史教授，发奖之时是斯德哥尔摩国家博物馆绘画和雕塑部的荣誉主任。1956年2月25日进行了颁奖仪式，共有三百多人出席，仪式上文礼介绍了为庆祝佛利尔诞辰100周年而举办的特展，强调很多展品都是佛利尔先生当年的收藏，并指出罗吉在任期间"凭借他的智慧和品位为美术馆增添了一批重要的藏品"。

早在1924年佛利尔美术馆就设有东亚书画装修部，其功能在当时的美国是独一无二的。中日书画装裱要求有特殊的职业训练和专业技能，在西方这样的人才是非常少有的。罗吉安排当时供职于波士顿美术馆的木下与吉每年花几个月的时间在佛利尔美术馆修复装裱中日书画。木下最终跟随罗吉转到佛利尔美术馆进入东亚书画装修部供职。

文礼对佛利尔美术馆最大的贡献是在1951建立了文物保护实验室。随着化学家盖腾思(Rutherford John Gettens，1900—1974)的到任，佛利尔美术馆逐渐走上了成为研究和保护亚洲艺术中心的历程。文礼意识到，掌握对古器物材料的认识及对材料运用的了解是研究艺术史的必要条件,对馆藏器物进行技术检测可以更多地了解中国早期技术史。另外通过运用科学的藏品评估方法和手段,可以确定藏品的受损程度,辨别以往修复中藏品是否被做过手脚,以辨真假。最后,是要系统地收集文保信息。① 实验室初建时期规模不算太大,工作重心主要是放在对藏品的物理和化学分析上,其次是保护。建实验室的费用大约是两万五千元,最初每年用于添置新的设备的花销大约是五百到一千元。工作大致可分为三个部分:一是分析,主要是获取馆藏物品材料的基本信息;二是技术检测,主要是针对即将购买的物品进行检测,掌握必要的信息,协助购买决策;三是文保,主要是对瓷器、金属器、石器和木器进行清洗。1957年全馆装置了中央空调系统,大大地改善了文保环境。文礼注意到早前出版的有关馆藏中国青铜器的目录已绝版,他建议盖腾思对馆藏的所有中国青铜器进行一次全面的技术研究,并将之前没有收录的器物一并收录到新的目录中。此番对中国青铜器的成分、制作工艺和腐蚀产物的分析,提高了对中国冶金研究的标准。另外实验室还对东亚绘画作品上的颜料进行了细致的研究;通过科学分析手段将玉器从其他石料中鉴别出来;对馆藏器物上出现的风化成分进行了充分的研究。盖腾思拥有哈佛大学的艺术史硕士学位,自1928至1951年一直供职于哈佛大学的福格美术馆,受雇于佛利尔美术馆之后就一直担负着建立文保实验室的重任,并于1961年被任命为实验室主任。盖腾思也是国际文物修护学会的创始人之一,并于1968至1971年出任该会主席。佛利尔美术馆的文保实验室在文礼、盖腾思及一批致力于文保工作的科学家们努力之下发展成为一个有着严格科学机制的文保科学研究部门,研究的范围从对器物保护扩展到对纸张和展品的保护,工作人员的职责范围也随之增大,但是其宗旨始终是贯彻史密森提倡的"促进知识的增长"和文礼提出的"对馆藏器物的了解、检验、保护和修复"。

在培养新生代博物馆专业人员问题上文礼也是不遗余力。高居翰就是直

---

① Gettens, Rutherford J. "Conservation Studios and Laboratories 2: The Freer Gallery Laboratory for Technical Studies in Oriental Art and Archaeology", *Studies on Conservation*, vol. 4: no. 4 (Nov. 1959), pp. 140—145.

接的受益者之一。在多种场合和文章中,高居翰都提到文礼对他的提携和培养,"我愿意同大家分享我所有的研究资料的做法,受益和源于文礼的言传身教。佛利尔美术馆是公共机构,作为馆长的他深信他有义务为公众服务,同公众分享研究资源。他受过图书馆培训,他把公共图书馆资源分享的原则带到了博物馆工作中"。① 对于公众提的问题,文礼都会花上大量的时间进行研究,并认真地在回信中将他的研究结果答复给对方。即使是美术馆的库房,文礼也主张对外开放,不仅接待研究人员,也面向公众开放。佛利尔先生当年捐献的东西,从照片幻灯片到印刷品全部对外开放同社会分享。文礼出任佛利尔美术馆馆长的二十年是20世纪40年代至60年代,当时学界的习惯做法是对研究材料的占有和囤积。而文礼则与当时的做法大相径庭,他力主学术开放,大家都应有社区精神,相互帮助互相合作。他为亚洲艺术研究领域建立了一个开放模式,打破了排他性和占有性等阻碍研究发展的做法,他的这种开放态度大大地推动了学术研究的进步。高居翰指出我们所处的时代利他主义观念越来越弱了,"开明的自我利益"的观念越来越强了。当听说某个学者甚至是我们自己正在为找不到资料而发愁时,我们就会想起文礼的学术开放的胸怀!②

文礼一直对东方文字有着极大的兴趣,他不仅为图书馆的编目卡书写汉字,他也花了大量的精力与时间研究中国青铜器上的古代文字以及篆刻在印章上和书写在书画上的题款。他曾撰文《布伦戴奇藏品中的一尊牺尊》(A Hsi Tsun from the Avery Brundage Collection),③尊的形象为一个非常写实的犀牛,底部内壁刻有24个金文。文礼阅读了大量的历史文献如《济州金石志》《山东金文集存》《攈古金文》《小校经阁金文》《三代吉金文存》,并对比甲骨上的文

---

① James Cahill's Rule on Generosity, http://jamescahill. info/2012/january/cahills-rule-on-generosity viewed on 5/1/2019.

② James Cahill's Five Notable Figures in the Early Period of Chinese Painting Studies, http://jamescahill. info/the-writings-of-james-cahill/cahill-lectures-and-papers/229-clp-15-1991-qfive-notable-figures-in-the-early-period-of-chinese-painting-studiesq-college-art-assn-appended-are-three-pages-of-notes-for-inserts-filling-out-the-paper-to-lecture-length-for-delivery-to-society-for-asian-art-sf viewed on 7/5/2019.

③ Wenley, Archibald G. "A Hsi Tsun from the Avery Brundage Collection", *Archives of the Chinese Art Society of America*, Vol. 6, 1952, pp. 41—43.

字来说明这件牺尊是一件晚商时期的青铜器。1955年佛利尔美术馆购入一张元代名家吴镇(1280—1354)的墨竹,画中的题款是画卷的重要部分。研究后文礼撰文《吴镇的〈风竹图〉》('A Spray of Bamboo' by Wu Chen),①文章中他将每一枚印章的篆文都识别和记录下来,并用楷书书写出来附在文章后。通过对这些收藏印的识别与研究,梳理出收藏的承传,最后得出结论。文礼认为尽管故宫博物院也收藏一个主题相同的吴镇册页,但是它们不是同一幅,从而证实佛利尔的收藏是一幅吴镇的原作。

1957年美术馆购入一尊"博山香炉",以往大家都借用劳费尔(Berthold Laufer,1874—1934)在《中国汉代陶瓷》(Chinese pottery of the Han dynasty)一书中的观点将香炉确认为汉代的器物,但文礼通过阅读《晋东宫旧事》《东宫旧事》《晋东宫古事》《汉旧仪》《汉官典职仪式选用》《汉官仪》《神异经》《古玉图谱》《学津讨源》《从古堂款识学》等文献,参考其他西方学者的文章,研究器物上的动物人物风格和内容,并同其他馆藏中类似的香炉进行比较,最终将这尊博山香炉定为汉代早期作品,而不是具有汉代典型特征的晚期作品。

1958年文礼撰文《郭熙的〈溪山秋霁图〉》('Clearing autumn skies over mountains and valleys': attributed to Kuo Hsi),②通过对水墨的运用和技法研究,追溯印章的年代判断出绘画真伪和作画年代。从印章上看最早的一枚是柯九思(1290—1343)的,倪瓒(1301—1374)就是凭此印章断论此画为郭熙的原作。题跋也提供了其他参考资料,就此文礼得出结论此画作为宋代郭熙所作,指出即使不是郭熙本人之作也是一位有着同样水平的同期大家所为。

文礼扎实的文献史料功底和对文字的钻研兴趣,一丝不苟的分析研究态度,成为后人学习的榜样。③ 在他任馆长期间,美术馆收购了大量精湛的中国、日本绘画精品和中国青铜器。尽管他本人的研究兴趣在中国和日本,但凡是负

---

① Wenley, Archibald G. "'A spray of bamboo' by Wu Chen", *Archives of the Chinese Art Society of America*, Vol. 8 (1954), pp. 6—9.

② Wenley, Archibald G. "'Clearing autumn skies over mountains and valleys': attributed to Kuo Hsi", *Archives of the Chinese Art Society of America*, Vol. 10, (1956), pp. 30—33, 35—41.

③ Lawton, Thomas. *Beyond the legacy*. p. 48.

责印度和中东艺术的策展人推荐的艺术品,文礼都给予全力的支持。1903年佛利尔在巴黎展览会见到了一批精美的伊斯兰艺术品,他叹为观止,但当时这些艺术品均为私藏而非出售品,佛利尔对无法将他们收入他的藏品中抱憾。文礼在佛利尔去世30年后让他的心愿得以实现,当年展出的三件作品,1949年在文礼的支持下终被以佛利尔名字命名的美术馆收藏。①

1962年2月17日文礼逝世于华盛顿,享年63岁。他丰富的人生经历见证了美国的中国艺术品从私人收藏到博物馆收藏的历程,见证了中国艺术史在美国博物馆从无到有的成长延续。他本人就是一个活生生的事例,从对中国艺术的一无所知到成为中国艺术专家,他的人生轨迹同美国亚洲收藏的发展是同步的。他前瞻性的学术开放理念,提倡博物馆的社区职责,对年轻学者的提携,都是他对博物馆和学术界的贡献。这些做法现已被视为理所当然,但这在五六十年前是非常难能可贵的。他的这些做法同他所接受的图书馆教育有着不可分割的联系:他将知识共享的图书馆理念扩展到了博物馆界,让公众和学者分享世界人类文化遗产。

---

① Lawton, Thomas. *Freer: a legacy of art*. pp. 117, 120—121.

北美四家图书馆中文古籍钤印经眼录

◎李国庆①

摘 要：

本文汇集北美四家图书馆所藏中文古籍所钤藏书印章，略加考订，按该馆所编古籍目录编号罗列于下，供学界研究参考。

关键词：

北美图书馆；古籍书目；藏书印

Seals in the Catalogues of Chinese Ancient Books in Four North American Libraries

◎ Guoqing Li

Abstract：

This article is a primary study on a collection of seals on the Chinese ancient books held in four North American Libraries. The catalogue numbers of the ancient books compiled by the museum are listed below for academic reference.

Keywords：

North American Libraries；Chinese Ancient Books；Seals

藏书印的正确著录有助于了解古籍的流传过程、校补人物的字号斋名等。现将北美四家图书馆所藏中文古籍上所钤藏书印章略加考订，按该馆所编古籍目录编号罗列于下，供学界研究参考。因篇幅所限，重复之印一般省略，考释也

---

① 李国庆，美国俄亥俄州立大学教授，图书馆中韩文部主任。

尽量从简。本人才疏学浅,错讹之处难免,诚请方家不吝指正。

美国达特茅斯学院图书馆中文古籍目录①

达特茅斯学院(Dartmouth College)坐落于美国新罕布什尔州的汉诺威(Hanover)小镇,建校于 1769 年,是美国历史最悠久的常青藤大学之一。该校贝克图书馆藏书两百多万册,包括中文藏书五万余册,其中古籍(1912 年以前出版的图书)130 余种。

001 古音丛目五卷古音附录一卷,**002 古音余五卷奇字韵五卷**,**017 罗江县志十卷**,**019 金石存十五卷**,**095 古今风谣一卷** 钤印:"樱山文库" 按:樱山文库原属于日本明治时期的著名学者、藏书家鹿岛则文(1839—1901,号樱宇)。他去世后,所藏三万余册图书散逸各地,残余八千册为昭和女子大学收藏。	
003 文字蒙求四卷,**011 学案小识十四卷卷首一卷卷末一卷** 钤印:"尺理须提"	
021 平津读碑记八卷续一卷再续一卷三续二卷 钤印:"番禺张嘉理所藏金石文字" 按:上海博古斋拍卖有限公司 2009 年春季大型艺术品拍卖会古籍善本专场有《攈古录》二十卷,钤有同一方印,释为"番禺张嘉程所藏金石文字"。印主待考。	

---

① 陈曾红、王晓燕、杨玉蓉编,《美国达特茅斯大学图书馆中文古籍目录、美国纽约州立宾汉姆顿大学图书馆中文古籍目录、美国宾夕法尼亚州立大学图书馆中文古籍目录》,北京:中华书局,2018 年 5 月。

续表

027 陔余丛考四十三卷 钤印:"华氏如贵"	
032 澄兰室古缘萃录十八卷 钤印:"关"	
035 大乘起信论义记七卷附别记 钤印:"童鼎璜""童谷斡马若韶居士敬助""阿弥陀佛" 按:据《绍兴嵊山中心小学百年校志》附表10-1历届小学高小毕业生名单,第四届清宣统三年(1911)毕业生中有童鼎璜。余不详。	
036 法苑珠林一百卷 钤印:"陈荣捷印" 按:陈荣捷(1901—1994),广东人,毕业于岭南大学。1929年获哈佛大学博士学位后,先后在海内外多所大学任教。1942年起任达特茅斯学院中国哲学和文化教授,后任荣誉教授,台湾"中央研究院"院士。	
037 李太白文集三十卷 钤印:"陈继武印"	
041 宋王忠文公文集五十卷 钤印:"王履之印"	
043 南轩文集四十四卷 钤印:"白云红树楼藏书""古交室藏书印"	

续表

056 湛园未定稿六卷 钤印:"国侨"	
059 渔洋山人精华录训纂十卷总目二卷年谱二卷笺注辩讹一卷 钤印:"会稽徐氏墨润堂精校本" 按:此书为清光绪十七年(1891)徐氏述史楼刊本,印章即徐氏所有。	
068 紫石泉山房文集十二卷诗钞三卷,074 仪卫轩文集十二卷 钤印:"佐藤文库""佐藤氏藏"	
070 绿萝山庄文集二十四卷 钤印:"尺木堂""盛世元音""安昌毛氏藏书之印" 按:清初歙县制墨名家程怡甫肆名"尺木堂",亦有一书坊名"尺木堂"。	
076 万善花室文藁七卷 钤印:"辽东刘氏"	
081 新安先集二十卷 钤印:"陈传廉印"	

续表

090 国朝二十四家文钞二十四卷 钤印:"古道照颜楼珍藏" 按:日本著名汉学家、教育家池田四郎次郎(1864—1933),名胤,字公承,号芦洲,其书斋名古道照颜楼,故亦自称古道照颜楼主人。	
097 红楼梦散套不分卷 钤印:"虞季子永宝"	
102 绣像绿野仙踪八卷 钤印:"梁晋明"	
104 御定骈字类编二百四十卷 钤印:"H. L. ZIA/谢洪贲" 按:谢洪贲(1873—1916),字鄫侯,别号寄尘,晚年自署庐隐,浙江绍兴人,清末民初知名的中国基督徒翻译家、著述家。	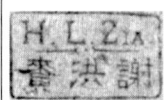
105 类腋十六卷补遗一卷 钤印:"鹤城文库""野鹤亭图书记""高松氏藏图书"	 
116 易学启蒙四卷 钤印:"自得楼藏书""三□藏书" 按:清慈溪人冯金澎有《自得楼诗稿》。	 

续表

117 性理字义二卷 钤印:"反求堂章"	
118 近思录十四卷 钤印:"渡部氏藏书印""□斋小林佑之""小林姓□书记"	
119 孙子评注二卷 钤印:"长谷川图书印""田中"	
122 二十七松堂文集十六卷 钤印:"柏悦堂藏版记""长谷部" 按:前者为书坊印。	

宾夕法尼亚州立大学图书馆中文古籍目录

宾夕法尼亚州立大学图书馆属美国大型研究图书馆,然而中文图书馆藏起步较晚,藏量小。五百多万册的馆藏中,中文图书仅有近三万册,以中国现代文学、近现代史和西南地方史研究书籍和期刊居多。中文古籍极少,仅有约十种,多为晚清刻本。

001 东华录一百二十卷 钤印:"变不变斋主人印""幼禅读过""保山壬子京所藏""戈氏迟生手翰"	

续表

008 御定历代赋汇一百四十卷 钤印："观涛藏书"	

纽约州立宾汉姆顿大学图书馆中文古籍目录

纽约州立宾汉姆顿大学（Binghamton University, State University of New York）建校于1946年，是纽约州立大学系统（SUNY）六十四所大专院校中可授博士学位的四所综合性研究型大学之一。该校图书馆有近两千五百万册纸本书，然2003年才开始有计划地收藏中文书籍，目前有近三万册中文藏书，主要为来自中国及北美各出版社的近期出版物及赠书，古籍善本实为凤毛麟角。其中一部分为于2016年10月28日过世的匹兹堡大学东亚系荣休教授王伊同先生的收藏，一部分为加拿大英属哥伦比亚大学（The University of British Columbia）东亚馆所赠的复本，多出自"蒲坂书楼"。

002 圣武记十四卷 钤印:"威堂读本""驾丝斋藏""长毋相忘""斯大王伊同""绛雪诗屋""申正熙印""石川""研耕道人" 按:申櫶(朝鲜语:신헌,1811—1885),朝鲜王朝后期大臣、将领、外交官。本名观浩,字国宾,号威堂、琴堂、于石。其子申正熙(1833—1895)亦是近代朝鲜政界的重要人物,甲午战争时任内务府督办。王伊同(1914—2016),字斯大,江苏江阴人。曾就读过江阴南菁书院、金陵大学、燕京大学,1944年留学哈佛大学东方语文系,获哲学博士学位。后去芝加哥大学、威斯康星大学、哈佛大学、哥伦比亚大学、匹兹堡大学等校执教。终为匹兹堡大学荣誉退休教授。著有《五朝门第》《南朝史》《王伊同学术论文集》等。"驾丝斋"为其父王希玉之书斋。从此书和013、014上所钤位置看,应是王伊同继承了其父的印章或斋号,而不是这些书。	 
004 金石文字辨异十二卷 钤印:"真州吴氏有福读书堂藏书" 按:扬州测海楼主人吴氏兄弟,兄名引孙(1851—1920),字福茨;弟名筠孙(1861—1917),字竹楼,均光绪间扬州闻人。吴引孙于光绪五年(1879)中举,后官浙江宁绍道;吴筠孙于光绪十四年(1888)中举,又于光绪二十年(1894)成为进士,后官湖北荆宜道。测海楼仿宁波"天一阁"而建,上层存24万余卷书,底层名"有福读书堂",为子孙读书之处。1931年富晋书社曾编有《扬州吴氏测海楼藏书目录》石印7卷本,目录学家陈乃乾据此编有《测海楼旧本书目》四卷附录一卷,慎初堂铅字排印本。	

续表

005 书目答问五卷附二卷 钤印:"苕溪沈氏所藏""碧梧栖老凤凰枝" 按:嘉德四季第三十九期拍卖会上有《艺概》六卷,钤印:"武进袁氏藏书""苕溪沈氏所藏""碧梧栖老凤凰枝"。竹墩在湖州东苕溪东岸,即今菱湖镇竹墩村,距湖州二十公里。现存《竹溪沈氏家乘》以元季至正八年(1348)沈氏第八十世沈子敬为竹墩始迁祖。《中国人名大辞典》收录的沈氏名人423人,吴兴竹墩沈氏就有80人;《辞源》沈氏名人39人,竹墩沈氏17人。	 
006 程氏家塾读书分年日程三卷附纲领 钤印:"吴兴姚伯子觐元鉴藏书画图籍之印" 按:姚觐元(?—约1902),道光时举人,字彦侍,又作念慈。浙江归安(今湖州)人。清代学者,文献学家。为藏书家姚晏之子,大学问家姚文田之孙,幼承其祖父之家学,好博览古籍,尤精于音韵训诂,故搜采独多,皆世间不传之本。藏书处为咫进斋,藏印有"吴兴姚伯子觐元鉴藏书画之印""彦侍籍读""咫进斋""觐元之印""姚氏彦侍"等。此印有释为"吴兴姚伯号觐元鉴藏书画图籍之印"者。傅增湘《藏园群书经眼录》中记有"姚伯子手校书"印,可为旁证。	
012 鹿忠节公集二十一卷 钤印:"伊同安吉所藏书画" 按:王伊同太太名楼安吉。	
013 揅经室集一至四集四十卷续集十一卷 钤印:"江绍铨印""斯大王伊同""驾丝斋藏" 按:江绍铨(1883—1954),名亢虎,是民国时期"中国社会党"领袖,著名学者。	

续表

014 思益堂集二十卷 钤印:"今关天彭藏书之印""斯大王伊同印""驾丝斋藏" 按:日本学者今关寿磨(1891—1970),号天彭,亦称天彭山人。所见藏书印还有"夜雨亭""寿""今关天彭之印"。	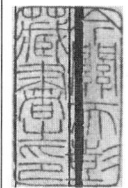  
016 汉魏丛书九十六种 钤印:"卢启明"	
017 平津馆丛书十集四十三种二百五十四卷 钤印:"朱氏槐庐审定""秋镫课诗之屋藏书" 按:朱记荣(1836—1905),晚清藏书家、刻家。字懋之,号槐庐。江苏吴县人。性喜书籍,以刻书、卖书为业,收藏甚富。	 

加州大学尔湾分校图书馆藏中文古籍目录①

该馆所藏1911年以前的中文古籍总计213种216部1177册。其中有明刻本5种6部、清钞本6种、和刻本25种(包括钞本和稿本各5种)、朝鲜本1种。在这些书当中,70部有藏书印章,各部数量不等,总计在100方上下。

001 十三经注疏四百十六卷附校勘记并附校勘记识语四卷 钤印:"博望楼"阳文朱方	

---

① 张颖、倪莉编,《加州大学尔湾分校图书馆藏中文古籍目录》,北京:中华书局,2019年。

续表

006 周易兼义九卷又一部 钤印:"反求堂章"阳文朱方	
008 周易口诀义六卷 钤印:"上海社会科学院图书馆藏"阳文朱方	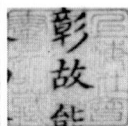
011 周易经传二十四卷 钤印:"须贺□以"阴文朱方	
013 汉上易传十一卷 钤印:"柴邦彦图书后归阿波国文库别藏于江户雀林庄之万卷楼"阳文朱方 按:此书原主柴野栗山(しばのりつざん1736—1807),名邦彦,字彦辅。日本赞歧(现香川县)人,朱子学者,"宽政三博士"之一。初在京都研修国学,后接受幕府招聘,往江户担任昌平坂学堂教官。其博学多才,精通汉诗文,著有《栗山文集》《栗山堂诗集》4卷等。万卷楼属阿波国德岛藩第11代藩主蜂须贺治昭(1758—1814)。	
015 郭氏传家易说十一卷 钤印:"研易楼"阳文朱方、"研易楼藏书印"阳文朱方、"沈仲涛读书记"阴文朱方 按:沈仲涛(1892—1980),现代藏书家。号研易楼主人。浙江山阴(今绍兴)人。早年在商务印书馆、启明书局供职,后经商,以其盈利购书收藏。民国间杨绍和"海源阁"、傅增湘"双鉴楼"、李盛铎"木犀轩"、潘祖荫"滂喜斋"等藏书大家的书相继流散后,他先后购得百余种,数千册。1949年随国民党迁居台北,藏书大多捐入台北故宫博物院。	 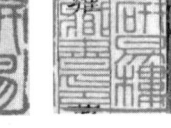 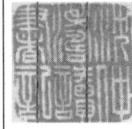

续表

016 周易义传合订十五卷 钤印:"愚"阳文朱椭圆	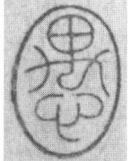
017 监本易经四卷首一卷 钤印:"吉村"阳文朱椭圆	
018 易学启蒙说统四卷 钤印:"广濑藏书"阳文朱方、"飞回(田)□白"阳文朱方 按:此书或为广濑淡窗旧藏。广濑淡窗(ひろせたんそう;1782－1856),日本江户时代的儒学学者、教育者、汉诗诗人。豊后国日田人。幼名寅之助,字廉卿,又字子基,号淡窗,初号青溪。死后讳建,弟子尊为文玄先生。	 
022 诚斋易传二十卷 钤印:"燮唐"阳文朱方、"唐治邦印"阴文朱方、"雪潭"阳文朱椭圆	  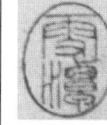
024 直音傍训周易句解十卷 钤印:"后藤"阴文朱方	

续表

025 周易参义十二卷 钤印:"寄赠"朱文方、"调济"朱文长方、"教汉经第四番"朱文椭圆	
027 易经直解十卷 钤印:"越后国颈城郡国贺村饶村宏熙图书之印"阳文朱长方	
032 新刻温陵霖寰曾先生鉴定易旨醒四卷易说醒四卷 钤印:"受益艸庐藏书记"阴文朱方、"定臣"阳文朱圆、"基宏"阴文朱方	
033 增订周易去疑十一卷 钤印:"大熊藏书"阴文朱方、"乾坤斗光"阳文朱方	
040 周易洗心十卷 钤印:"真州吴氏有福读书堂藏书"阳文朱方	
044 御纂周易述义十卷 钤印:"四明张氏古欢室藏书记"阳文朱方、"古鄞张之铭藏书"阳文朱方、"张之铭珍藏"阳文朱方 按:张之铭(1872—1945),号伯岸,晚号豚翁。浙江鄞县(今宁波)人。从小经商,亦嗜书如命。在日本东京横滨侨居多年,大力搜集图籍,得中外图书数以万计。有两地藏书,一在上海,一在日本东京桥区,皆名"古欢室"。章炳麟为之作有《古欢室记》。其藏书在1949年后散出。	

续表

048 易经遵注行文便蒙三卷 钤印:"岛父藏"阳文朱方、"嘉兵卫"阳文朱圆	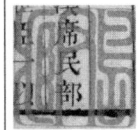 
054 周易虞氏义九卷虞氏消息二卷 钤印:"陈鹤乔先生所遗书"阳文朱长方、"颂幹更号悔叟"阳文朱方、"陈国栋赠"阳文朱方、"陈松鹤乔"阴文朱方、"陈氏国栋颂幹"阳文朱方、"陈国栋印"阴文朱方、"曾藏于顺德陈颂幹家"阳文朱方、"顺德陈氏苍野书室遗书侄国栋敬藏"阳文朱长方、"颂幹敬观"阳文朱方、"陈国栋字颂幹晚号拙庵名其居曰悔庐"、"知足知不足无可无不可能屈能不屈有为有不为"阳文朱方	          
057 周易通义二十二卷 钤印:"长白辉发那拉氏文彬号质夫字若山珍藏书画图书"阳文朱椭圆 按:文彬(1825－1880),字若山,号质夫。满洲正白旗人。咸丰二年(1852)进士。见《续碑传集》卷28。	
062 新镌遵注音韵周易正文四卷 钤印:"家吉"阳文朱圆、"张长清印"阳文朱方	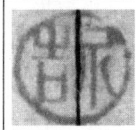 
069 乾坤凿度二卷 钤印:"祝氏藏书"朱文方、"子孙保之"朱文方	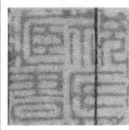 

续表

070 易说四卷 钤印:"钝盦"白文方	
071 易汉学八卷 钤印:"笃素堂张晓渔校藏图籍之章"阳文朱长方 按:张师亮(1828—1887),皖南人,字筱愚,号谨甫。一说字谨夫,号筱渔,一作晓渔。附生。咸丰丙辰(六年,1856)科殿试三甲第五名。家富藏书,其藏书处有笃素堂、养云山房。	
072 读易偶存五卷 钤印:"李氏藏书"阴阳文朱方、"冬涵阅过"阳文朱方 按:李冬涵,清山东济宁人,编有《济宁李氏·墨亭丛书》(稿本)。台湾傅斯年图书馆藏书中有"任城李氏珍藏"及"冬涵阅过"印。	 
076 易义别录十四卷 钤印:"吴县孔氏康侯珍藏金石图书"阴文朱方、"康侯校读"阳文朱方 按:孔昭晋(1863—1936),字康侯。光绪十五年(1889)中举,不仕,在老家横泾教书授徒。曾参与创办《集成报》,发起成立苏学会,往日本考察教育。后回苏办学三十余所。民国时,孔昭晋被推为吴县议事会议长、江苏省议事会议员、出巡局董事,并担任民国《吴县志》总纂。	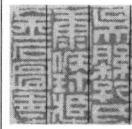 
077 周易郑荀义三卷 钤印:"僵蚕蚕蜕"阴阳文朱方	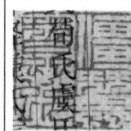

续表

080 周易解故一卷 钤印："邹俪笙读书印"阳文朱方、"东武邹俪笙藏"阳文朱方、"邹氏家藏"阴文朱方 按：台湾东海大学图书馆藏善本书简明目录——集部·别集类·清代之属著录《鉴止水斋集》二十卷上有藏印："邹丽笙读书记"方型朱印、"邹氏房藏"方型朱印，想必是同样的印，释读有误。《中国藏书家通典》载邹存淦(1849—1919)，清末民初医学家、藏书家。字俪生，号俪笙氏。浙江海宁人。《长安镇志》记其生卒为1819—1894年左右。又有人考证邹存淦生年应为1829年，卒年应在1898年后。（来源：https://www.douban.com/note/652667687/）。	  
091 汉儒易义针度四卷 钤印："子农"阳文朱方、"紫云山房"阳文朱方、"紫云山房"阳文朱长方	  
096 易例二卷 钤印："怡怡园"阳文朱椭圆	
098 易古文三卷附逸孟子 钤印："乾坤斗光"朱文方	
104 经学治己篇不分卷 钤印："人在蓬莱"阴文朱方、"竹报平安"阴文朱方、"尚志"阳文朱长方、"忧患余生"阴文蓝方	  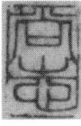 

续表

111 严永思先生通鉴补正略一卷 钤印:"叶启发家藏书"阳文朱方、"叶启发读书记"阴文朱方、"贺瑗藏书印信"阴文朱方、"叶氏启勋读过"阳文朱方 按:叶启勋(1900—?)现代知名藏书家,字定侯,号更生,湖南长沙人。叶德辉三弟叶德炯次子。性喜收书,以藏书知名,亦通晓目录学。家有藏书楼名"拾经楼",藏书达十多万卷。贺瑗,清末藏书家,字学遽,一号啸楼、仲肃,又号暗垒,湖南善化县(今长沙)人。	  
113 通鉴刊本识误三卷 钤印:"叶启发家藏书"阳文朱方、"叶启发读书记"阴文朱方、"叶氏启勋读过"阳文朱方、"润山氏珍藏书画之印"阳文朱方、"墨帷书屋"阴文朱方	 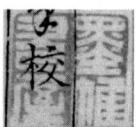
114 资治通鉴地理今释十六卷 钤印:"费潮瑞"阳文朱长方	
115 野记四卷 钤印:"寄云廔(楼)藏书印"阳文朱长方 按:寄云廔主人赵诒琛(1869—1941),民国藏书家,字学南,清末江苏昆山人。其先人赵元益(1840—1902)字静涵,同治初任职江南制造局,协助林乐知、傅兰雅翻译西书。	
124 文献通考二十四卷 钤印:"门有通德家承赐书"阳文朱长方、"行素"阳文椭圆 按:语出北周庾信《小园赋》:"门有通德,家承赐书。"	 

134 春明退朝录三卷 钤印:"九钟精舍藏书"阳文朱长方、"吴公詧"阴文朱正方 按:吴士鉴(1868—1934),近代金石学家、藏书家。字䋲斋,号公詧,一号含嘉,别署式溪居士。钱唐(今浙江杭州)人。光绪进士,官翰林院侍读、江西学政、资政院议员、清史馆纂修。以评骘金石、考订碑板、精研史籍而名重一时。与父吴庆坻笃志藏书。民国初因得商钟九件,遂以"九钟精舍"名其书室。早岁有书屋名"含嘉室",遂著有《含嘉室日记》。	
138 新斠注地里志十六卷 钤印:"黄凌翔"阳文朱方	
139 晋书地理志新补正五卷,147 汉西域图考七卷首一卷,148 皇清地理图不分卷 钤印:"黄麟书印"阳文朱方 按:黄麟书(1893—1997),广东省龙川黄布镇马岗村人。曾任广东省教育厅厅长,国民党广东省委常委、中央监察委员、中央考试委员、国民革命军第一军风纪巡察团中将委员等职。主要著作有《秦皇长城考》《边塞诗钞》《唐代诗人边塞思想》等。	
140 长安志二十卷附长安志图三卷 钤印:"湘潭韩氏藏书"阳文朱方	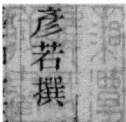
141 历代帝王宅京记二十卷 钤印:"朱氏槐庐审定"阳文朱方	

143 朔方备乘六十八卷 钤印:"翔阁"阳文朱方	
146 凝香室鸿雪因缘图记三集六卷 钤印:"冯稼"阳文朱方、"太原"阳文朱圆、"百越温郎"阴文朱方 按:冯稼(1917—),广东顺德人,1941年入读广东省立艺术专科学校,1947年在香港创办南国动画艺术学院,后在广州市文联参与筹组美协,任广东省美术家协会首届理事。	  
151 新释地理备考全书十卷 钤印:"谢刚国印"阴文朱方、"竹粉盦"阳文朱方 按:谢刚国,知名学者,曾列名"公车上书",《内务部古物陈列所书画目录》三主编之一。	 
153 昭陵碑录三卷附校录札记一卷 钤印:"艮成"阳文朱方	
157 宝颜堂订正省心录一卷附渔樵对问一卷 钤印:"金田氏图书记"阳文朱方	
161 御制耕织图二卷 钤印:"閒检时文"阴文朱椭圆	
162 兰蕙同心录二卷 钤印:"瑞京戊子前所得"阳文朱方、"张瑞京"阴文朱方	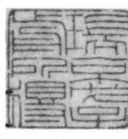 

续表

164 意林五卷补遗一卷 钤印:"王牛之印"阴文朱方、"颂平"阴文朱长方、"小字牛奴"阳文朱方	
165 日知录集释三十二卷刊误二卷续刊误二卷 钤印:"肥城张氏珍藏"阳文朱方、"郝"阴文朱方、"利埔字曰子垣"阳文朱长方	
175 禹王洪范九畴不分卷 钤印:"王魁仲印"阳文朱方	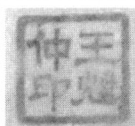
180 径中径又径四卷 钤印:"智颂"阳文朱方 按:外封题"卢智颂敬藏恭读"。	
181 庾子山全集十卷 钤印:"朱士楷藏书印"白文方、"培本"朱文圆 按:王欣夫《蛾术轩箧存善本书录•庚辛稿》之《温飞卿诗集九卷》载:士楷,约同、光时浙之秀水人,曾辑《新塍镇志》,其旧藏屡见于《涵芬楼烬馀书录附目》,盖亦好古之士也。	
191 重校正唐文粹一百卷 钤印:"子翔集古"朱文方、"王伯子"白文方、"魏塘金氏偶园珍藏"青文方、"子翔氏"朱文方 按:金安清(约1817—1880),原名国琛,字眉生,号侬斋,晚号六幸翁等。浙江嘉善魏塘镇人。国子监生出身。历任湖北督粮道、盐运使、按察使。有《六幸翁文稿》《偶园诗稿》《宫同苏馆全集》等著作。	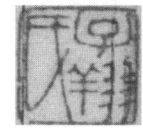

续表

195 肉蒲团四卷二十回 钤印:"共益贺本鸿文社藏书"阳文朱方、"河尻"阳文朱圆	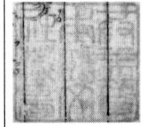 
203 东洋史要二卷 钤印:"籀青"阳文朱方、"余淑班"阴文朱方 按:余嘉锡有女名淑班(1920—)。	 
205 周易蠡测四卷 钤印:"水田内氏"阳文朱长方、"滨松小书巢内田旭图书"阳文朱长方、"小村藏书"阳文朱长方、"大熊藏书"阴文朱方、"乾坤斗光"朱文方	   
207 易道小成一卷 钤印:"米玄八之印"阴文朱方、"子重"阳文朱方	 
208 易学类篇三卷 钤印:"开文堂取次"阳文朱长方	
209 左国易一家言三卷 钤印:"阿部藏书"阳文朱方	
210 读易图例不分卷 钤印:"信之印章"阳文朱方、"伊参文库所藏"阳文蓝长方	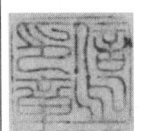 
211 周易精义解三卷 钤印:"敬道"阳文朱方、"广岛矢仓の下书物卖买处上河真次郎"阳文朱长方	 

续表

212 周易僭考不分卷 钤印:"樟廼舍印"阳文朱方	
213 周易卦象解二卷 钤印:"中央大学藏书"阳文朱方、"致道"阳文朱方、"致道"阴文朱方、"良宣"阳文朱方	
214 周易经象象囗决不分卷 钤印:"如翠"阳文朱圆	
215 易原二卷 钤印:"山县藏书"阳文朱圆	

2019 年 3 月于哥伦布市小叶巷

私器公藏：晚清状元吴鲁四代家学文物归藏香港大学冯平山图书馆

◎高玉华①

摘　要：

香港大学冯平山图书馆开馆近九十年，得各界人士慷慨支持及捐赠才有今日面貌。近年冯馆收到的重要捐赠，当推吴紫栋先生于2013年捐送曾祖吴鲁（1845—1912）状元四代家学文物。本文记述捐赠源起、经过、冯馆为吴氏家珍举办的展览及吴先生捐赠家学文物的本意。

关键词：

冯平山图书馆；学术图书馆；中文馆藏；吴鲁；吴紫栋；捐赠

Four Generations of Wu Lu Scholarly Works and Cultural Relics Find a Permanent Home at Fung Ping Shan Library, University of Hong Kong Libraries

◎ Angela Ko

Abstract：

For nearly 90 years Fung Ping Shan Library of the University of Hong Kong Libraries has been receiving generous support and donations from the public. A notable donation in recent years is Wu Lu (1845—1912) family treasures of four generations donated to the Fung Ping Shan Library by Wu Zidong, Wu Lu's grandson, in 2013. This article records the origin and story of the

---

① 高玉华，香港大学冯平山图书馆副馆长。

donation, the exhibition held in honor of the Wu family treasures and the major aims of the donation.

Keywords：

Fung Ping Shan Library; Academic Library; Chinese Collections; Wu Lu; Wu Zidong; Donations

香港大学冯平山图书馆在1932年开馆,是香港大学的中文图书馆。冯馆庋藏得到学界肯定,除了馆员多年来的努力,主要是获各界人士的支持和慷慨捐赠,至有今日面貌。冯馆的大恩人,首推当年捐巨资建馆的冯平山先生(1860—1931),香港大学为纪念平山先生大德,特冠馆名以志感激。时至今天,冯平山家族仍很关心冯馆发展,延续祖上大德,令人感铭。

踵平山先生善举,历来捐赠及支持冯馆的恩人无数。近年印象最深刻的捐赠是吴紫栋先生在2013年将曾祖晚清状元吴鲁家族四代学术著作墨宝捐送冯馆。

源起

吴鲁状元著作甚丰,文章练达兼善书法,尤以传世的《百哀诗》著名。吴鲁目睹八国联军侵华,清廷无能腐败,军队不堪一击,生民涂炭,遂以悲愤的心情写成《百哀诗》,是纪录庚子事变的诗史,足可媲美诗圣杜甫(712—770)咏安乱后的《秋兴》。而曾多次弹劾北洋大臣袁世凯(1859—1916)的御史江春霖(1855—1918)称誉吴鲁"书法精绝,名噪都下"[①]。子孙后人对先祖遗墨著作及文物极为珍视,数代不遗余力去保护,使得吴鲁诗文书法文物得以流传。可惜上世纪六十年代的乱离,使保存在家族手里的吴鲁遗墨无可避免地散落。

曾孙吴紫栋移居香港多年,1992年在福州新华书店发现北京古籍出版社于1990年出版的吴鲁《百哀诗》共五本在架上发售。翻阅期间,深受感动,因为

---

① 江春霖《清资政大夫吴鲁墓志铭》,载粘良图选注《晋江碑刻选》,厦门:厦门大学出版社,2002,第333页。

它是"庚子事变的重要史料,在诗的数量及反映史实的深广方面,是庚子吟咏最好的一部"①。于是当下立志,要把已散失多年的曾祖文物聚回并加以保存,好让子孙族人和学者可以了解及研究吴鲁文学和书法成就,以期发扬状元事迹、学问、文章。于是展开访寻吴鲁文物漫长的补遗之旅,在旧书市场上、私人手中、文物拍卖场内,重资觅回家族文物。精诚所至,聚回不少幼年时在故居见过的曾祖手泽,并对已损坏的文物进行修复维护,珍藏家中历时廿载。

近年收藏风气炽热,不少友人劝吴紫栋将曾祖文物出售获利,他不为所动,反而思量如何恒久保存,以求发扬曾祖道德文章与维系家学传承。吴先生了解家居环境并不适合文物永久庋藏,也担心后世子孙不一定会珍视。为避免家族文物将来再度离散,吴先生决定为家珍寻觅一个长远又安稳的归所。

捐赠经过

吴紫栋居香港40年,是香港中国美术会高级顾问,香港有名书法家,在金石诗画篆刻各方面都有涉猎,是艺术的爱好者和实践者。他退休前在上环工作,乘地理之便,工余常到香港大学美术博物馆冯平山楼参观艺术展览。冯平山图书馆原址在冯平山楼,在上世纪六十年代搬离,迁入香港大学图书馆总馆,故吴先生对与冯平山楼同名的冯平山图书馆自然不会感到陌生。2013年笔者应香港中国美术会之邀做美会春茗嘉宾,有幸认识不少香港书画家及艺术工作者,更获吴紫栋先生赠送冯馆个人书画集。是年秋天,吴先生跟笔者探讨捐赠家珍给冯平山图书馆的可行性。

吴先生对家族文物的永久归处选址非常审慎,有三大基本要求:第一,该处要有保护的设施,可以让吴氏文物在安全环境下供学者参考研究;第二,需要有保存和修护文物的专家和设备;第三,该学术机构要有一定名望,不能委屈状元文物。吴先生认为香港大学冯平山图书馆,是香港历史最悠久的大学中文图书馆,藏书丰富,在海内外享有一定名声,而香港大学亦为香港最高学府,所以冯

---

① 参见 http://ngtsztung.idv.hk/wlpoem.htm《吴紫栋书画艺廊》(2019年6月18日)。

馆很适合作为家珍的永久归宿。

　　吴先生行事谨慎，在落实捐赠前，先做实地考察。在好友陪同下，他参观了位于香港大学图书馆总馆内的冯平山图书馆及其以庋藏宋元明清版本书籍为主的中文善本书库。冯馆善本书库虽然未有华贵书柜，但配有严密的防盗设备和恒温恒湿设施，达到保存珍本的基本环境标准。他随即又参观了港大图书馆在特藏部特设的善本及特藏阅览室。善本及特藏书刊均不能外借，有研究需要的读者，要待在两面墙壁为透明玻璃的特藏阅览室，由馆员送上所需书刊参阅，并只能用阅览室提供的铅笔白纸做笔记，避免善本特藏受损。

　　吴先生对我馆特藏的保护设施和使用环境基本满意，在 2013 年 12 月 18 日，将家族珍藏移送冯馆。香港大学图书馆在 2014 年 1 月 13 日特别举行了一个简单而隆重的捐赠仪式，在吴先生伉俪及好友的见证下，正式接收吴氏家珍，并致送捐赠证书给吴先生。

《彩墨琳琅：吴鲁状元家学》展览、目录及简介

　　因为吴氏家族藏品很珍贵，除学者外，冯馆希望社会大众有机会了解和欣赏吴氏家珍，决定在完成编目及基本保存措施后作公开展览。遂于 2014 年 10 月 6 日至 24 日假香港大学图书馆总馆特藏部，举办《彩墨琳琅：吴鲁状元家学》展，选取部分精华公开展出。

　　以下是该次展品的目录及简介：

　　1. 吴鲁书安顺太守瞿鸿锡禹碑跋文（1906）重刻禹碑跋文，碑石在贵州安顺。1906 年吴鲁途经安顺时所书。是吴鲁书法晚年面貌。

　　2.《百哀诗》（手稿）（1900）是记述庚子事变前后三年的长编史诗，反映义和团事件、庚子教难、八国联军入京、慈禧光绪西逃历史，蕴藉吴鲁忧时伤国情怀。

　　3. 吴肃堂临董华亭龙神感应记（1897）吴鲁临董其昌书，后附弘一法师（1880－1942）题跋。为状元与高僧书法之合璧。

　　4.［陈蓁题签］（1920）吴鲁临龙神感应记册页原装木质封面。陈蓁，号髯

僧,福建举人。1920年陈燝僧题签。2012年吴鲁原本书法重装,改为织锦封面。

5. 吴鲁,吴壳祥合作泥金扇面(1886)吴鲁与清末画家吴壳祥(1848－1903)合作,为吴鲁台阁书体高峰期。

6. 吴旭霖所临书谱(1973)吴旭霖(1904－1978),吴鲁孙,善二王,尤喜临书谱及自叙帖。此卷在恶劣环境下所背临。

7. 吴鲁家藏岳忠武砚题记真迹(1894)清光绪甲午年(二十年)吴鲁督学安徽,皖南得岳忠武正气砚,如获至宝,随笔记之,以示珍重。

8. 吴鲁《百哀诗》原稿(1985)泉州志编委会根据《百哀诗》张立藏本(手稿誊正本)影印。

9. 吴钟善书程子四箴(1932)吴钟善(1879－1935),字符甫,吴鲁季子,清光绪癸卯(二十九年,1903)经济特科,官至广东州判。

10. 吴鲁状元公书对联(1895)吴鲁楷书八言对联。朱红蜡笺描团龙云纹联纸。

11. 吴鲁状元临积雪凝寒帖(1886)吴鲁草书传世不多。此幅大概写在北京于高中状元前。

12. 岳忠武砚(1995)宋朝名将岳飞用砚,清光绪甲午年为吴鲁所得,失于"文革"时期。曾孙吴紫栋于上世纪末,根据守砚庵拓片复制。

13. 光绪庚寅恩科状元吴鲁殿试卷(1890)此卷为光绪十六年(1890)写本。全卷包括策问和对策两部分。

14. 吴元甫书吴梅村七律十四首(1932)吴鲁季子吴钟善所书,为晚年之作。

15. 吴元甫书渔洋山人论诗绝句三十二首(1932)吴鲁季子吴钟善晚年之作。两卷行书,为吴家第二代书法。

16. 天寥阁诗稿(1965)吴普霖(1899－1969),字伯施,吴鲁孙,旅菲华侨,善诗词书法,为吴家书法第三代。本书在菲律宾出版。

17. 守砚庵文集(1941)本书收集吴钟善著作数十篇。其中《先府君行述》一文是研究吴鲁生平权威著作。董作宾题签,在菲律宾出版。

18. 守砚庵诗稿十四卷；荷华生词二卷合刊（1941）吴钟善诗词集，由长子普霖辑录父亲遗稿成书，于上世纪四十年代在菲律宾付梓。

19. 吴鲁临庙堂碑（1921）吴鲁临虞世南孔子庙堂碑。上海尚文书局出版、中华书局发行。

20. 温陵吴氏合族祠堂记（1899）清代泉南楷书名碑。光绪二十五年（1899）吴鲁撰并书。曾孙紫栋于1995年补拓。全文573字，"文革"时损毁，残碑仅存148字。1999年吴紫栋补书425字。为福建省文物保护单位保护文物。

21. ［吴紫栋行书吴肃堂《百哀诗》伤春八首］（2006）《百哀诗》伤春八首行书八屏。吴紫栋书于2006年。2007年曾在香港中央图书馆吴紫栋首次书法展展出。

22. 吴紫栋朱墨篆书心经（2011）吴紫栋写于上海。取秦诏版小篆笔意。在香港中央图书馆第二次吴紫栋书法展展出，并刊载于《道合即金兰》书法集。

23. ［天寥阁自书诗稿］（1961）吴普霖酬铁翁治印手迹。吴普霖文驰誉菲律宾华侨界。

24. 唐老姻世伯母庄太孺人七十寿序（1929）吴钟善撰书寿屏八幅。贺寿八屏为书法酬应大制作。书于晚年。

25. 挽吴钟善诗（1935）吴钟善逝世，毁社杨昌国挽诗，吴普霖代录。

26. 吴且园先生《百哀诗》二卷（1919）吴鲁《百哀诗》台湾铅印版本，1919年间印于台北。为《百哀诗》付梓的最早版本。

27. 《守砚庵墨迹》（1957）吴钟善遗墨。二十世纪四十年代钟善长子普霖在菲律宾编印。凡二辑。

28. 《正气研斋汇稿》（1919）吴钟善编印吴鲁遗著。1919年在台北出版。此是"吴普霖圈点本"，为存世孤本。

29. 蕉隐（2009）2009年吴紫栋绘梅窝书轩南窗实景。有谓狂草笔法。

30. 钓禅（2008）吴紫栋写于2008年。为梅窝海滨所见，得其静远。

31. 光绪庚寅恩科状元吴鲁字肃堂画像（1890）吴鲁画像。附莆田江春霖（1855—1918）撰《清故进士及第资政大夫且园吴公墓志铭》，由晋江曾遒书石、陈槱重录。1920年合装成一卷轴。

吴氏捐赠的文物均极为珍贵，本馆展览场地所限，只能选取部分吴氏家珍展览。其中以晚清状元吴鲁先生的殿试答卷、哀叹八国联军侵华的诗史《百哀诗》手稿、临董华亭龙神感应碑真迹（附有弘一法师的题跋）、吴家四代的书法著作等为至宝。专程前来参观展览者众多，有不少人士更是连日造访。

捐赠本意：吴鲁家学传承与发扬

吴紫栋出生及成长于吴鲁故居，幼时家珍仍在家中，尚未离散，常有机会接触曾祖及先辈遗墨，受书香熏陶。四岁开始分别从母亲及伯父习书法，长而私淑曾祖，是书法行家，曾在中国内地、香港及海外举办多次公开展览，备受称誉。他多次举办个人书法展览及出版书籍，不是要以个人的书法成就骄乡里、求闻达，而是为了传承发扬吴鲁书法与学问，维护家学于不堕。吴先生夫子自道：

> 学习中国书法已经有七十四年之久，由于家庭文化背景影响的原因，数十年来不离不弃，尤其是二十五年前，我开始重整《吴鲁家学》，对我曾祖父吴鲁状元的生平成就和书法，以及传统书法在现代环境下的表现进行了研究。①

吴紫栋对曾祖书法及文物之尊重，可以虔敬来形容。多年来或亲身或托友人，不辞艰辛到处追访吴鲁足迹，搜罗先祖遗翰：

> 有匾额、楹联、屏条、立轴、横披、碑版、墓志、木刻、手稿、书信、朱书吉

---

① 参见 https://dspace.xmu.edu.cn/bitstream/handle/2288/135533/%E5%90%B4%E7%B4%AB%E6%A0%8BUIUC%E6%BC%94%E8%AE%B2%E7%A8%BF.pdf?sequence=1&isAllowed=y 吴紫栋《我对现代书法展览的看法：回到如何认识中国书法这个基本点》2017年4月5日在伊利诺伊大学图书馆个展开幕的演讲稿（2019年6月28日）。

语、泥金扇面,以及著作图书、法帖、印存等。查询范围则循吴鲁足迹,涉及晋江、泉州、闽南一带,远及北京、上海、陕西、安徽、云南、贵州、吉林、宁波、舟山、台湾、日本,以及其他发现墨迹的东南亚地区,如菲律宾、新加坡、越南等地。资料则从文字记载,主要为先祖著作、文史资料,报纸杂志以至社团刊物,博物馆藏及私人收藏。京、沪、福、泉、厦拍卖行目录也在查阅之列。还有友人提供协助,实地考察发现等。①

这充分展现出吴紫栋先生对先祖的孝敬和景仰,对学术文物的尊崇与维护。把多年艰辛觅回的家珍慷慨捐送给冯馆,私器公藏,更展现其胸襟及远见。吴先生近年更斥资维修吴鲁故居,使其免于坍塌,并辟设《百哀诗》首刊百周年纪念厅及吴紫栋书画陈列室等,于 2019 年开放与公众人士参观,引起当地文教界重视。吴氏家学得以维系发扬可期。

---

① 参见 https://ngtsztung.idv.hk/firstpage.htm《吴鲁法书搜寻录》(2019 年 5 月 28 日)。

"民国时期上海的电影文化及相关出版物"研讨班纪实

◎ 何剑叶① 蒋树勇②

摘　要：

本报告记录北美东亚图书馆协会中文资料委员会主办的"民国时期上海的电影文化及相关出版物"研讨班的行程、内容、文化参观等活动。希望通过此报告，让更多的同仁了解研讨会的内容，分享研讨会有关民国电影资源的精彩讨论。

关键词：

民国电影；电影期刊；北美东亚图书馆协会中文资料委员会

The CCM Seminar on Shanghai Film Culture and Related Publications during the Republic Period, a Narrative Report

◎ Jianye He　Shuyong Jiang

Abstract：

This is a report on a seminar organized by the Chinese Material Committee(CCM) of the Council on East Asian Libraries (CEAL). It provides detailed summary of seminar keynote speeches, the activities and cultural visits to museums, libraries and cultural institutions. It is hoped that by sharing this report there are more colleagues learning the wonderful speeches and

---

① 何剑叶，美国伯克利加州大学东亚图书馆中文部主任、中国研究馆员。
② 蒋树勇，美国伊利诺伊大学国际与地区研究图书馆中文部主任、中国研究馆员。

discussions about the film resources of the Republic of China.

Keywords:

Republic of China Films; Chinese Film Journal; Chinese Material Committee (CCM) of the Council on East Asian Libraries (CEAL)

由北美东亚图书馆协会中文委员会主办,上海图书馆、复旦大学图书馆和中国图书进出口上海公司协办的"民国时期上海的电影文化及相关出版物"研讨班于2018年10月12日至16日在上海举行。此研讨班的目的是使北美东亚图书馆的中国研究馆员通过了解民国电影资料收藏情况,对藏有丰富民国电影资料的上海图书馆、复旦大学、上海电影博物馆等处的实地参观和考察,对民国上海文化这一专题有更丰富而全面的认识,进而落实在各自的馆藏建设及其相关的学科服务上。研讨班既有精彩丰富的学术报告,又有趣味横生的文化参观。

一、学术报告和研讨活动(10月12—14日)

1.上海图书馆分会场(10月12—13日)

研讨会在上海图书馆三楼会议室开幕,由上海图书馆信息处理中心的戴梦菲主持。作为主办方和协办方的代表,上海图书馆信息处理中心主任陆健、北美东亚图书馆协会中文委员会主席乔晓勤、中国图书进出口上海公司副总经理丁浩磊先后致辞。陆主任的致辞肯定了研讨班的主题。上海是中国电影的发祥地,这里产生了第一个电影放映处、成立了第一个电影公司、拍摄了第一部影片、建立了第一个电影博物馆。上海图书馆藏有丰富的民国期刊,关于民国电影的就超过300种。在上海举行这样的研讨班,适得其所。乔主席的致辞指出此次研讨班是继2017年图书馆、出版社和书商合作交流关系的研讨活动之后,为进一步提高学员的专业水平而组织的着重于民国电影主题的专项研讨交流活动。他从图书馆馆藏的角度指出了对"民国—上海—电影"这样的主题收藏的重要性。丁浩磊副总经理高度评价了此次研讨班把民国上海电影研究作为主题。他认为可以从民国时期的电影及其相关出版物中一窥上海在中西文化交流史中的地位，也能通过其中记录的上海市井人生百态，感受到近现代以来的上海社会生活史。他也强调上海电影博物馆、上海档案馆和上海图书馆都有着丰富的民国电影资源。

研讨班第一天的讨论以电影资源、电影与教学为主。分别由哥伦比亚大学东亚图书馆的程健馆长和加州大学圣地亚哥校区历史与中国研究教授毕克伟（Prof. Paul G. Pickowicz）主讲。

程健馆长演讲的题目是"上海民国电影资源现状之我见"。他的报告列举了多种电影史的目录和专题史著作；介绍了几个主要的民国电影资源，包括北京电影档案馆、上海音像资料馆、上海电影博物馆、香港电影档案馆和台湾电影研究所的馆藏特点和优势及不足；列举了现今民国电影的网络资源，如"电影网""哔哩哔哩""互联网档案馆"（Internet Archive）、Kanopy①、优兔（Yutube）②、腾讯、优酷和日本放送协会（NHK）等电影资源的收录和检索方式。此外他还重点介绍了北美图书馆所收藏的稀见民国电影资源，以"满铁映画"和"汉奸电影"为例，介绍哥伦比亚大学、加州大学圣地亚哥校区、爱荷华大学等北美图书馆的收藏情况。最后，他对民国电影资源的现状提出了自己的期望和建议：一是各重点电影档案馆资料的公开获取；二是海外图书馆稀见文献的保存；三是利用"互联网档案馆"的平台为公众提供免费、无广告、可以下载的视频服务；四是建立一个"民国电影数字人文平台"数据库，内容包括电影片目、书目、视频、剧本、剧照、人物传记、人物专访等。

与会学员邱葵、李想、张颖、刘静、叶鼎、黄熹珠等相继提问，问题包括电影数字化的成本、民国电影复制的版权、字幕添加授权、翁万戈收藏、捐赠协议的分享等。程健馆长一一作答。他谈到上海电影资料馆电影数字化的成本相当于每部137美元。海森流媒体服务（Hisen Streaming Service）提供国内视频流制作的专业服务，但是目前民国电影尚未向公众开放。为了教学需要的电影字幕添加不需要特别的许可，可以由教授及其团队自己做。他也介绍了印第安纳大学图书馆获得400多万美元的专项基金来做电影的格式转换项目，高度期待

---

① Kanopy 是向公共图书馆和大学按需提供电影和纪录片的在线平台。

② 优兔是视频网站，让用户下载、观看及分享影片或短片。

其他图书馆可以共享其成果。哥伦比亚大学收到的翁万戈电影私藏包括 700 多部中国电影,其中有 18 部珍稀老电影,有 60 部电影就是由印第安纳大学图书馆进行格式转换而成的。他也分享了哥大图书馆的捐赠协议中有关版权部分的条款。

毕克伟教授现身说法,用"中国默片中的女性、性、暴力"为题,通过展示数部电影的片断,探讨图书馆的电影资源如何为科研和教学服务。他特别提出中国早期默片时代正是中国陷入民族危机、探寻"现代化"出路的时候。影片中常常出现的家庭主题,其实是寓意着国家的生存,而电影中总是处于中心地位的女性角色,则被赋予了民族救亡图存的象征意义。他通过对民国默片中女性角色的分析,总结出 11 个关键词:好奇(《大路》,1934),时尚(《情海重吻》,1928),谎言(《桃花泣血记》,1931),阶级(《雪中孤雏》,1929),施暴(《天明》,1934),卖淫(《天明》,1934),妖媚(《粉红色的梦》,1932),规训(《体育皇后》,1933),爱国(《天明》,1934),说干就干(《新女性》,1935),摆脱羁缚(《小玩意儿》,1933)。他的结论是女性之所以成为民国默片舞台的中心,是因为有助于商业推销,与男人主导的社会现实形成对照;同时女性作为从传统的父系社会挣脱而出的角色,其形象丰满有趣,当然,在影片里的男性失去更多,他们的形象显得更弱;而因为"羞愧政治",剧作家刻意塑造美好的女性形象,让男性觉得羞愧,从而奋起救国。

学员代表谢念林、叶鼎、邱葵、黄熹珠、蒋树勇就所引用的民国影片来源、默片的钢琴伴奏、影片的历史背景、历史学家眼中的镜头、影片反映的道德冲突等问题踊跃提问,毕克伟教授都做了简要回答。陈晞特别向大家介绍了毕教授在他的教学中要求学生自己制作微电影并评奖的有创意的实践,引起了大家的浓厚兴趣。

12 日下午的专题演讲和讨论的主题是:民国时期电影出版物,由北美东亚图书馆协会中文资料委员会(Chinese Material Committee,简称 CCM)委员叶鼎主持。上海图书馆的几位老师就上海图书馆藏民国电影期刊、明信片、唱片等特藏做了详尽介绍。

上海图书馆特藏部的解舒匀研究馆员就"上海图书馆藏民国时期电影期刊

概览"的题目介绍了民国时期电影期刊在中国各大图书馆的收藏情况。她的报告对1921—1949年的电影期刊出版年份和出版地分布做了分析,指出电影期刊出版最丰的是1935年。她特别说明了以1921年为分期的起点是因为这一年拍摄了几部电影长片,如《阎瑞生》《红粉骷髅》《海誓》等,还有最早的电影杂志《影戏丛报》的创刊。上海则是出版民国电影期刊的绝对重镇,上海图书馆藏有的370多种民国电影期刊中有320多种是在上海出版的。随后解舒匀以时间为序,分别介绍了20世纪20年代、30年代和40年代的电影期刊。她介绍了20年代初期"左翼风潮"对电影创作产生的较大影响,其中包括《现代电影》月刊1933年3月1日上发的刘呐鸥与黄嘉谟关于电影的"软硬之争";提及当时的三大电影公司,即明星影片公司、联华影业公司和天一影片公司以及他们出版的电影杂志,并着重介绍了《电声》(1932—1941)、《青青电影》(1934—1951)及其文献价值,以及1937—1941年上海的"孤岛时期"电影杂志的出版情况。她介绍了1941—1945年太平洋战争时期出现的一些反映时局的电影杂志,如《东亚影坛》《新影坛》《日本影讯》《华影周刊》《华南电影》。她还重点讨论了1948—1949年民国电影尾声阶段的特点,包括众多标榜娱乐的电影期刊的出现;期刊内容转向以介绍外国影片为主,报道外国影坛的消息;并出现了一些以收集历史资料和深入理论研究为己任的影刊和专门刊登电影故事的影刊。她也选介了《国际影讯》《世界影坛》《好莱坞电影画报》《昆仑影讯》和《影剧天地》等电影杂志。解舒匀馆员总结说,从民国电影期刊史可以了解中国早期电影的发展史。她也向大家推荐了《中国现代电影期刊全国书志》《中国电影明星录》《民国时期电影杂志汇编》等资料以及"上海年华 电影记忆"数据库。

上海图书馆特藏部的严洁琼是"上海年华"项目的组长。她以"老照片、说明书、旧唱片中的民国电影资料寻踪"为题,介绍了上海图书馆所藏1890—1950年间有签名题跋的照片2.3万余张,其中与影人相关的照片有300多张,包括剧照、肖像照、建筑照和活动照。上海图书馆所藏的电影说明书(或称戏单)是21世纪初从海外收回的,20世纪30至40年代很盛行。这些说明书厚薄、大小不一,内容有繁有简,有介绍剧情的,有附录剧本的,以图文并茂的形式记载了当时的电影。民国电影至今大多已经丢失,从保存下来的这些戏单里能够一窥一些失传电影的内容。上海图书馆20世纪70年代成立了"唱片资料专藏组",专门收集老唱片、老唱机,包括蜡筒留声机和圆柱形蜡筒唱片。2009年,上海图书馆着手将老唱片进行数字化转换。目前上图藏有40—60万张唱片,其中有一半是1949年以前的老唱片。800多张是民国电影歌曲和流行歌曲。其中比较罕见的是杨耐梅在《乳娘曲》中第一次演唱的电影歌曲和电影《风云儿女》中的插曲《义勇军进行曲》。

学员邱葵、何剑叶、吴嘉勋、李想、叶鼎、张颖等纷纷提问或者评论。邱葵谈到图书馆对收藏品的价值判断不能有先入为主的主观性,要由研究者决定它们的研究价值。吴嘉勋建议,数字化的电影期刊如果能够全文检索电影的拍摄地点、年份等就更方便了。其他的问题包括《民国时期电影期刊汇编》目录及其《续编》的出版情况、上海图书馆的民国电影杂志是否都已经包括在《全国报刊索引》数据库中、照片特藏能否用一些新的智能app功能来辨识电影人、老唱片如何保存、上海图书馆有无与其他电影资料档案馆合作开放纸质文献资源的计划等。两位报告人对这些问题做了回答。她们特别提到,《民国时期电影期刊汇编》所收录的73种电影杂志都已经数字化,可以通过《全国报刊索引》检索到,购买了该数据库的图书馆还可以全文浏览。

随后,馆员代表团参观了上海图书馆的民国期刊特藏室、老唱片、老唱机展览和馆里正在举办的田汉专题展览,对上海图书馆所收藏的这些特色资源有了实体的观感。

13日上午的报告和研讨活动的主题是"民国电影的音像收藏及特藏、可能的研究取向如数字人文等",由中文资料委员会委员何剑叶主持。

第一位报告人是洛杉矶加州大学东亚图书馆中文部主任程洪博士。他报告的题目是"美国好莱坞电影与民国时期的中国"。他介绍了洛杉矶奥斯卡学院档案馆珍藏的"一部改变世界的有关中国的电影"《苦干》(*The Secret of Unconquerable China*)。这部由雷·斯考特(Rey Scotts)导演的纪录片真实地记录了日本对重庆的大轰炸和中国军民的顽强抗日卫国精神。这部电影的摄制与美籍华人李灵爱有着密切的关系。影片的前言是由林语堂写的,技术指导就是李灵爱。该片对当时的美国政治产生了较大影响。不久前有一部纪录片

《寻找苦干》(Finding Kukan)讲述了在斯考特家车库发现这部老电影拷贝的过程。此外,程洪还介绍了曾经获得1941年奥斯卡"最佳影片"的《威尔基在中国》(Willkie in China)。这是一部"中美结盟的实地纪录影片",是罗斯福总统的特使威尔基(Wendell Lewis Willkie,1892—1944)1942年来华访问考察的记录。威尔基是建议宋美龄到美国国会演讲,说服美国支持中国抗战的关键人物。程洪播放了两部影片的部分视频,并在总结中指出,好莱坞改变了中美关系,而中美关系也改变了好莱坞。

学员们对这两部纪录片产生了浓厚的兴趣。不少图书馆员提问关于这两部纪录片的来源、放映版权和类似特藏资源的收藏地等。

第二位报告人是上海图书馆信息处理中心文献内容策划与组织部的彭梅馆员。她报告的题目是《光影摇曳:〈全国报刊索引〉民国时期上海电影报刊数字资源》。她首先指出上海作为中国电影的发祥地和出版文化中心在中国电影发展史上具有举足轻重的地位。1926年中国有179家电影公司,其中有142家都在上海。《中国现代电影期刊全目书志》《现代电影出版物总目提要》《中国现代戏剧电影期刊目录》等都收录有大量关于上海电影的史料。近代报纸(包括专业性小报和综合性报纸)也有大量的关于电影的信息。彭梅特别提到"全国报刊索引数据库"中海量的民国电影广告资源,该数据库囊括了500多种报纸刊登的1230余万份广告。她提到上海三大制片公司(明星、联华、天一)的电影杂志和特刊,特别是有关电影的图片和广告在数据库中的收录情况,并进一步举例演示使用该数据库进行专题研究的多种途径,比如电影中的时装与时尚,电影中对于女性形象的塑造、解读和叙述,上海电影发展史的纵深感,电影产业与上海城市文化的互动,电影产业与摄影技术、摄影设备之间的关系,电影院与建筑史及电影院与城市公共空间等。

学员们就报告内容与图书馆工作的相关性纷纷提问。蒋树勇、张颖等代表大家询问了电影期刊的全文索取问题。薛燕指出该数据库中目前缺少香港和其他出版地的电影期刊资料,希望以后可以增加到数据库中。彭梅回答说,目前这样的可能性不大。邱葵和吴嘉勋建议数据库用全文光学文字辨识(Optical Character Recognition,简称OCR)技术来提高检索的精确度。彭梅谈到这样工作量会很大，成本会很高，目前很难做到，关键词检索主要是检索题名信息。针对程健馆长提出的是否会过滤一些政治人物的内容的问题，彭梅明确回答，不会有这样的情况。

13日下午的两位发言人分别是上海图书馆采编中心的倪道敏馆员和中国图书进出口上海公司的出口部经理刘怡茜，由上海图书馆信息处理中心戴梦菲主持。倪道敏馆员首先介绍了上海图书馆采编中心概况。该中心自成立以来发展很快，已经逐步获得美国国际图书馆电脑中心（Online Computer Library Center，简称OCLC）权威认证，并通过自动化图书馆可扩展程序（Automated Library Expandable Program，简称ALEP）系统建立了域外数据平台，实现了中国机读目录格式（Chinese MARC communication Format，简称CNMARC）和机读编目格式21（Machine-readable cataloging 21，简称MARC 21）[①]数据的相互转换，为中文文献资料推广和国际交流合作搭建平台。目前采编中心的境外编目小组主要为"上海之窗"国际交换项目的图书编目。中心的编目范围除了图书，也包括连续出版物和音像资料；编目的语种主要是中、英、韩、日、德、法、西、俄。对于未来的发展前景，倪道敏馆员谈到加强自动化图书馆可扩展程序（ALEP）平台建设和管理，向更多国际学校和国外图书馆推广境外数据平台。

作为协办方之一的中国图书进出口上海公司经理刘怡茜向大家介绍了公司的发展历程、图书馆服务业务、部门设置等。她介绍了公司以"厚德载物 唯精唯勤"为宗旨，为境外图书馆提供图书、报刊、音像、电子出版物和其他稀见文献资料，也提供"上架一条龙"的编目外包服务。她希望今后公司与境外图书馆加强合作，并提供更优质的服务。

讨论结束后，代表团参观了上海电影博物馆。学员们对博物馆的各类珍贵展品，包括明星照与实物、电影海报、早期电影拍摄场景和道具、多媒体展示的电影发展史和技术设备等，赞叹不已，印象深刻。

---

① MARC 21是整合美、加两国机读资料格式的新资料格式，如此取名是表示要迎向21世纪。

2. 上海复旦大学分会场(10月14日)

为配合复旦大学图书馆一百周年馆庆,研讨班最后一天的研讨活动移至复旦大学举行。主题是:历史视角下的民国时期上海电影。上午的两场报告者分别是伯克利加州大学图书馆副馆长、东亚图书馆馆长周欣平博士和复旦大学图书馆研究员龙向洋博士。主持人是中文资料委员会委员吴嘉勋。复旦大学图书馆常务副书记侯立强教授首先致辞欢迎中文资料委员会代表团并向大家简要介绍了复旦大学图书馆的百年史和机构设置。他希望复旦大学图书馆与境外图书馆在不断加强交流与合作中提升自己,他也预祝研讨班活动获得成功。中文资料委员会主席乔晓勤也致辞感谢复旦大学图书馆对本次中文资料委员会研讨活动的大力支持。

周欣平馆长演讲的题目是"从伯克利藏中国电影期刊看民国电影发展及社会文化变迁"。他首先向大家介绍了伯克利加州大学东亚图书馆2015年收购的方保罗(Paul Fonoroff)电影特藏的概况。该馆藏是目前北美最大的中国电影资料特藏。他从方保罗电影特藏中选取了大量精美的电影杂志实物图片来演示民国电影期刊所反映的电影发展史,以及当时的社会历史状况。重点讨论了无声电影和有声电影两个时期期刊的概况。他特别选介了在电影史上有重要意义的一些大事记,比如"左翼电影运动"及其创办的电影期刊;抗日战争时期上海"孤岛"的电影以及国统区、沦陷区电影创作的情况;1945—1949年电影史上的第三个黄金时代,及当时出现的优秀作品《一江春水向东流》《乌鸦与麻雀》等。

他的报告结束后,学员们就方保罗档案的购置、独特的期刊种类、整理编目和数字化以及使用等展开了积极的提问。周欣平馆长一一予以回答。购买这一特藏是一次非常难得的机遇。这批资料中有很多期刊是仅此一家的珍藏。目前伯克利正在进行编目整理和数字化,现在已完成大部分电影杂志和图书的编目,其他如电影说明书、剧本、戏单等的编目在陆续进行中。此外,有数百张海报已扫描完毕。他还邀请伯克利东亚图书馆的薛燕、林海青两位馆员对一些数字化和编目的具体内容进行补充回答,分享在电影海报编目方面的经验。

第二位报告人是复旦大学图书馆的龙向洋馆员，他也是复旦大学中华古籍保护研究院的研究员。他演讲的题目是"民国时期电影文献目录"。他分别介绍了关于民国电影的书籍目录、报刊目录和影片目录，以及如何通过这些目录来对上海的民国电影资料概况作出数据分析。在"书籍目录"部分，他谈到1936年生活书店出版的《全国总书目》记载的图书有1万7千种，都分类著录，电影分属"艺术类"，只录有8种资料。《民国时期总书目》中"电影"为四级类目，共有172种（176部）。这些图书54%出版于上海。根据对"电影""演员""影片""导演"等词频的分析，发现55%都与上海有关。在"报刊目录"部分，他从《晚清民国时期期刊全文资料库》中找到9万多条与电影相关的杂志文章记录，其中发表于1920—1940年间的数量最多。在"影片目录"部分，他分享了刚找到的1960年由中国电影资料馆编纂的油印本《中国电影总目录》第一辑，收录了1906—1949年间发行的2400多部电影资料。他对《民国电影总目录》里收录的2468部电影资料进行分析，发现首映地在上海的有1891部，占总数的76.7%。他也从《上海电影志》中查到收录的民国时期电影202部，按类别它们可以分为民国故事片、美术片、新闻纪录片、译制片、科教片。此外，他还在《近代商号名录》中找到300多条关于上海影院地址的记录。最后他介绍了复旦大学藏电影文献约有8000多种，其中"电影电视艺术理论"类有4000多种。

大家对油印本的《中国电影总目录》很感兴趣，希望龙向洋可以分享电子版。程健馆长谈到1957年出版的《中国电影发展史初稿》只收录了1760余种影片，比起《中国电影总目录》收录的影片数量明显少很多，他想了解后者是否也收录了沦陷区（抗战时期被日本占领的地区）的影片。龙向洋也谈到如何利用网上资料来整理影片信息是一个较难的课题，还有中国电影资料馆的数据没有公布也是一大遗憾。

14日下午的两位报告人分别是上海戏剧学院电影专业的孙绍谊教授和复旦大学图书馆杨光辉副馆长，由中文资料委员会委员蒋树勇主持。

孙教授演讲的题目是"上海'歌世摩'：民国时期的电影与城市"，主要是关于1927—1937年上海的电影、文学与视觉艺术。他首先谈到他把cosmo音译为"歌世摩"，是因为无论翻译为"环宇主义"还是"世界主义"，都不足以表达出其意味。所以他借鉴李欧梵的《上海摩登》,保留了音译。他说上海和纽约、伦敦、东京等城市一样,都是全球城市(global city),这样的城市是不受民族国家限制的,其文化即是李欧梵所说的"都市世界主义文化"。他认为在当下中国语境中重提全球城市世界主义很有意义。

随后他以2011年挪威国家电影资料馆发现的1927年上海影戏公司摄制的《盘丝洞》拷贝和2006年日本东京近代美术馆电影中心收藏的中国"鸳鸯蝴蝶派"电影《风雨夜》拷贝为例,说明我们对上海20世纪20年代的电影了解得还很不够。他类比了谢尔盖·爱森斯坦的《战舰波将金号》(Bronenosets Potemkin, 1925)、好莱坞电影《访宝三人组》(The Three Stooges, 1920s)与中国电影《马路天使》(1937),德国电影《大都会》(1927)与中国影片《1933》,叶浅予的"王先生"系列与卓别林形象,秀兰·邓波儿(Shirley Temple)与中国童星陈娟娟、胡蓉蓉等,来说明这些电影里可以看到上海文化的各种流动。随后他以电影《化身姑娘》(1936)、《湖边春梦》(1927)、《化身博士》(1933)等为例,具体讨论了西风东渐带来的"化身的愉悦",一种代表现代性的革命时尚。最后,他谈到作为全球城市和世界主义中心的上海,文化的跨境、交涉是如何发生的,具体情形如何,其可能性与有限性是什么,美学研究是否是一个突破,这些问题都值得进一步研究和探索。

在回答问题的时候,孙教授强调,电影是需要想象的,所以电影研究与其他学科的研究方法也是不同的。他也谈到与美国学者有较多合作。他认为中国的学术界存在"中国主体性"倾向的问题。

第二位报告者是复旦大学图书馆副馆长杨光辉博士。他先给大家放映了浙江省第五批非物质文化遗产代表性项目申报片,内容是关于棠岙纸的制作工艺以及对古籍保护的意义。然后他介绍了2007年中国国务院"中华古籍保护计划"实施后,复旦大学于2014年成立了多学科的"中华古籍保护研究院",挂靠图书馆。该研究院是培养国家级古籍保护专业人才的基地,古籍修复技艺的传习中心,古籍保护科学技术基础实验室,古籍书目数据研究中心,也是数字人文服务中心。他谈到目前复旦古籍保护在学科体系方面的转换,从图书馆拓展到包括构建基础科学、艺术美学和信息科学等多种学科。他也谈到了如何向社会大众普及推广古籍保护的途径，比如举办线装家谱制作培训班等。

  学员们就中国尚未有一种手工纸申遗成功，棠岙纸是否是唯一的修复纸，它的寿命是多久，手工纸的制作是否可以机器化，18—19 世纪的外销画所用的通草纸可否复制，以及中国传统纸与西方纸的区别是什么等各种问题提问。杨光辉不厌其烦，一一作答。他谈到，日本将整个和纸申报为人类非物质文化遗产，而中国纸张种类很多，若只申报宣纸实在可惜。目前各地许多纸张工艺正在恢复，但是缺少科学数据，寿命等指标体系尚不科学，影响更多的申遗乃至对外销售。清代的通草纸现在基本上无法复制。中国传统纸与西方纸的区别主要在于材料，质量并没有大的区别。

二、文化参观（10 月 15—16 日）

1.10 月 15 日文化参观

  文化参观由中国图书进出口上海公司协调安排。15 日学员们参观了上海图书馆徐家汇藏书楼。上海图书馆徐家汇藏书楼的负责人徐锦华先生亲自讲解藏书楼的历史、收藏特点及重点收藏资源。参观过程中大家还饶有兴致地观看了正在藏书楼陈列的由澳门科技大学主办的上海古地图特展。随后大家前往中国图书进出口上海公司总部大楼参观交流，上海人民出版社齐书生、薛羽先生谈了哥伦比亚大学图书馆和上海书店出版社合作出版哥大馆藏的情况，上海辞书出版社王圣良先生主要谈了定向出版、包销图书的情况，图书馆员们与来宾们展开了热烈的讨论。

  下午参观了朵云轩。朵云轩的木版水印传承人林玉晴女士介绍了木板水印技艺的发展历程及特色。研讨班的成员参观了木板水印工坊的各道工序，向工匠们询问了相关技艺的操作细节，对中国传统印刷术有了更多的了解。下午参观的另一重点是苏宁艺术馆。该馆是中国民营博物馆的重要代表。馆藏有唐、宋、元、明、清至 20 世纪的代表性书画作品 200 余件。该馆馆长张中伟先生用了近两个小时的时间为大家亲自讲解。

2. 10 月 16 日文化参观

上午参观上海松江广福林遗址文化创意园。广福林遗址包含新石器时代中晚期的崧泽文化、良渚文化、广富林文化等史前文化的丰富遗存。创意园内的朵云书院是中国图书进出口上海公司的文化创意产业。书院的前身是约 1600 平方米的徽派建筑"明代高房"。这里集阅读购书、会议展览、讲座培训、社交休闲等多种功能为一体。一楼还陈列着二十种和松江人文历史有关的线装古籍，是上海图书有限公司精选提供展示的古籍善本。李国庆老师一时兴起，挥毫留下珍贵墨宝。

下午参观上海车墩影视基地。该基地 1992 年始建于上海松江县，是以影视拍摄服务为主，兼具观光旅游、文化娱乐、休闲度假等功能的综合性旅游区。基地内的主要景点由南京路、石库门里弄群、马勒别墅等多处影视拍摄景观组成，占地面积 80 万平方米，是以民国时期文化为背景的建筑群。此次参观非常契合研讨班的主题，使大家对民国电影的时代风貌有了更鲜活的认识。

本次研讨会以学术研讨结合实地考察，达到了研讨会预设的目标，让学员们获得了关于民国电影资源的丰富知识和生动体验，满载而归。

上海民国电影资源现状之我见

◎程　健[①]撰　何剑叶[②]整理

摘　要：

　　本文综述了与上海民国电影有关的书面资源、电影资料馆藏资源、网络电影资源，以及北美图书馆馆藏资源，并通过这四个方面的介绍，评介了与上海有关的民国电影资源的现状，对这些稀见资源的数字化保存和为研究者提供便利的检索与使用提出了几点建议。

关键词：

　　上海民国电影；日据时期电影；中国电影资料馆；香港电影资料馆；台湾电影中心；网络电影资源

Shanghai Cinema during the Republic Era,
An Overview of Collections, Archives, and Digital Resources

◎　Jim Cheng　Jianye He edited

Abstract：

　　The article has an overview of the published reference sources, collections of several important film archives, web-based film resources and special holdings from North American's research libraries, and reviews the status quo of available resources on the study of Shanghai films during the Republican Period. It also provides suggestions on digital preservation and easy online search and access of such resources.

---

① 程健，美国哥伦比亚大学东亚图书馆馆长。
② 何剑叶，美国伯克利加州大学东亚图书馆中文部主任、中国研究馆员。

Keywords：

Shanghai Films in the Republican Period；Films during the Japanese Occupation Period；China Film Archive；Hong Kong Film Archive；Taiwan Film Institute；Web-based Film Resources

近年来，出于个人对中国电影研究的兴趣，我对上海的民国电影资源作了一些探访和研究，除了对北美图书馆的相关资源较为熟悉外，我对中国的电影资源也作了追踪研究，包括绝大多数出版的电影目录和其他相关的文献资料，主要电影资料馆的收藏和保存、上线，以及越来越多的网上可以获取的信息和资源。通过较为系统的搜集和整理，我对上海民国电影资源现状有了较为全面深入的认识和了解，希望通过本文来分享我的个人研究心得。

总而言之，上海民国电影有着十分丰富的资源，而且随着中国和北美、欧洲学术界对中国电影研究的方兴未艾，原来不为人知或者少为人知的电影资料和文献不断地被发现、收藏和利用，反过来又将会对学术研究起到积极的推动作用。然而，我们也应该看到目前在电影资源的收藏、保存和共享等方面存在的一些问题和挑战，珍贵的影片资源缺乏系统、透明的保存计划和使用机制，由此导致研究者目前和将来在获取资源的过程中遭遇到各种障碍。

下面，我将从民国电影的书面资源、电影资料馆藏资源、网络电影资源以及北美图书馆所收藏的稀见民国电影资源这四个方面来展开介绍和论述，并在最后提出我对目前上海民国电影资源现状的几点期望和建议。

一、书面记载的民国电影资源

这方面的资料很值得参考的目录和专著有不少。在这里举几个例子。

电影史专著方面，由程季华主编的《中国电影发展史：初稿》（中国电影出版社，1980）一书中提到，在1905—1949年间，中国共出品了1336部电影，除了307部为新闻片、纪录片、科教片外，其余都是故事片、动画片和戏曲片。这一千多部电影绝大部分都是在上海拍摄或制作的，只有少量的是在香港、广州和北平摄制的。这是迄今为止最为全面的民国电影片目。但是编者在本书的前言中明确指出,日据时期由日本人控制的"满映",以及华北、南京伪政府控制的电影厂摄制的影片不包括在片目中。

为了填补这一空白,当代著名中国电影学者李道新教授撰写了一部关于抗战期间中国电影的专史书:《中国电影史,1937—1945》(首都师范大学出版社,2000)。在这部书中,他对这一时期的中国电影作了详细的考察。根据他的统计,在这中华民族最为动荡不安的八年中,依然出品了不少电影。其中沦陷区就摄制了 220 部故事片,包括由"日本南满洲铁道株式会社"与伪满洲国政府在长春联合成立的"株式会社满洲映画协会(满映)"制作的 111 部,由日伪将上海的 12 家影片公司合并后成立的"中华联合制片股份有限公司(简称中联)"及后来它与中华电影股份有限公司和上海影院公司合并后成立的"中华电影联合股份有限公司(简称华影)"共制作的 103 部,此外,还有一家早期成立于北京的中国私营电影企业——华北电影有限公司制作的 6 部。根据李道新的研究,那些与"满洲映画"、"中联"和"华影"类似的由日本人与南京伪政府投资的电影公司也摄制了不少纪录片,例如,100 多集的"华北电影新闻",还有在台湾、"满映"摄制的有关纪录片。

除了像以上这样两部电影专史书会有相当的篇幅介绍民国电影资源,还有一些专题书目提供了更多的关于民国电影的信息。比如,如果要了解民国早期香港电影的出品情况,可以查阅香港电影资料馆出版的一套 8 卷本的《香港影片大全》(Hong Kong Filmography,1997—),它是对 1913—1979 年间香港影片的详细综录。第一卷是关于 1913—1941 年的香港电影目录,记录了共 582 部故事片和 39 部纪录片。第二卷是关于 1942/46—1949 年的香港电影目录,记录了共 412 部故事片和 6 部纪录片。

而如果要了解台湾电影资源的话,可以参阅台湾导演李道明编写的 3 册《电影资料库规划案附件》(台北"国家电影资料馆",2002)。第一分册是《剧情片全片目》,收录了 1927—2002 年间影片总目,其中 1949 年前的影片主要是大陆制作的。第二、三分册是《非剧情片全片目》,所记录的 2002 年以前的电影,主要是台湾制作的。

此外,与民国电影相关的稀见目录资料还有:《中国电影目录·第一辑

1906—1949：Mimeograph copy》（中国电影资料馆，1960）、《中国电影目录》（中国电影发行放映公司，1961）、《库存旧中国及敌伪时期影片目录·故事片》（中国电影公司资料处，1977）等。

二、电影资料馆中的民国电影资源

中国大陆和香港、台湾的几家电影资料馆中收藏了大量珍贵的民国电影资料，但是由于种种原因，它们并不广为人知，更不用说查阅和利用了。下面我重点介绍五个重要的电影资料馆以及它们的民国电影收藏和开放使用情况。

中国电影资料馆（https://www.cfa.org.cn/）成立于1958年，1980年成为国际电影资料馆联合会（FIAF）正式会员，是中国电影国际交流的重要平台。目前，它有两个电影资料库房，一个是北京电影资料库，一个是西安电影资料库。北京电影资料库位于朝阳区百子湾南二路二号，西安电影资料库位于西安市临潼区秦陵南路二号。根据网站提供的介绍，"截至2015年7月，北京电影资料库存有国产影片拷贝16600余部，数字母版5500余部，外国影片拷贝13800余部。同时，北京电影资料库还藏有电影文字艺术档案31900余卷，图片艺术档案14500余卷，图书期刊50000余册"。西安电影资料库"存有国产影片素材13900部，外国影片素材约5100部，共计21万余本。其范围和内容包括国内各电影制片厂、制片公司摄制并通过发行影片节目的画原底，片头、片尾、唱词各类字幕原底，片头、片尾衬底，光号卡等电影素材；在中国内地公映的中国台湾、香港及澳门地区摄制的影片资料；译制发行的外国影片素材；与我国台湾、香港、澳门地区及外国合作摄制的影片画原底（或画翻正一套）、光学混合声底等电影素材"[①]。电影资料馆的"电影数据库"页面显示，目前暂无内容。

电影资料馆的网站上有"视频点播"服务，其中有民国电影《女儿经》（1934）、《大路》（1935）、《夜半歌声》（1937）、《十字街头》（1937）、《体育皇后》

---

① 关于中国电影资料馆两个资料库的馆藏介绍请见中国电影资料馆网页：https://www.cfa.org.cn/tabid/532/InfoID/4772/frtid/533/Default.aspx 和 https://www.cfa.org.cn/tabid/532/InfoID/4769/frtid/533/Default.aspx。

(1934)、《马路天使》(1937)、《野玫瑰》(1932)、《神女》(1934)、《桃李劫》(1934)、《松花江上》(1947)、《春蚕》(1933)、《新旧上海》(1936)、《新女性》(1935)、《小玩意》(1933)等 18 部,还有 4 部纪录片。

但是在中国电影资料馆的网站上,目前还没有在线目录可以检索其电影档案,也没有关于档案资料的使用说明。本人由于研究需要,曾经于 1999 年和 2015 年通过爱荷华大学和加州大学圣地亚哥校区的联系付费获得了一些 20 世纪 30 年代的电影资料。

上海音像资料馆(http://www.sava.sh.cn/)(SMG 版权资产中心)"是上海广播电视台、上海文化广播影视集团有限公司(SMG)直属事业部之一","是全国率先对广播电视节目档案进行集中管理的专业机构,也是上海市的专业音像资料馆"。截至 2015 年 5 月,上海音像资料馆对 SMG 旗下 15 个电视频道、11 个广播频率所有音视频资料实施管理。内容资源包括 10 万盘上海影像资料,包括一些上海民国至今的音像资料。[①]

同样遗憾的是,该网站上只是提到"通过内部的媒资网呈现,实现广播、电视、文稿、图片、图书等全媒体资源'一站式'检索、浏览和下载",但是网站却没有一个在线目录可以检索电影,也没有电影档案资料的使用说明。

上海的另一家重要电影资料收藏重镇是位于徐汇区漕溪北路 595 号上海电影博物馆(http://www.shfilmmuseum.com/),其建筑总体面积达 1.5 万平方米,"是一座融展示与活动、参观与体验为一体,涵盖文物收藏、学术研究、社会教育、陈列展示等功能的行业博物馆"。[②] 可是,该网站既没有关于博物馆所收藏电影资料以及开放使用的介绍,也没有在线目录可以查询。

香港电影资料馆(https://www.lcsd.gov.hk/CE/CulturalService/HKFA/index.html)位于香港西湾河鲤景道 50 号,楼高 5 层,楼面总面积约 7200 平方米。该资料馆的网站提供网上检索目录,[③]可以检索香港电影资料馆

---

① 见上海音像资料馆网页:http://www.sava.sh.cn/collection/others/2014－02－18/9.html。

② 见网站的介绍:http://www.shfilmmuseum.com/NewContents.aspx? ID=151&&type=GYWM。

③ 网址是:https://ipac.hkfa.lcsd.gov.hk/ipac/cclib/ipac.jsp? cs=gb2312。

的所有馆藏资料。该在线目录可提供"姓名、电影标题、主题/片种、机构、系列"等检索。值得注意的是该网站的"香港电影检索",可以在专门的在线目录中通过"片名、人物名称、机构或组合名称、电影首映年份"的检索,来查阅资料馆所藏电影。《香港电影检索》系统是基于资料馆所编制的《港产电影一览 1914—2010》,并补充了 2016 年以前的香港电影目录资料,其中 1911—1949 年的民国首映片共 2105 部。

访问者可以在香港电影资料馆内使用这里的大部分馆藏资料,不过需要提前一周在网上填写申请表格,而且遵守该馆制定的《视听资料观赏服务使用守则》。① 因版权、修复或其他原因,少部分藏品不予借阅。此外,资料馆还提供复制藏品服务,但需要经过馆方批准才可以,或者,须经第三方版权持有人的书面同意。有复制价格表,大约每分钟 4 美元的收费标准。

第五个中国早期电影收藏重镇是台湾财团法人"国家电影中心"。② 该中心位于台北青岛东路,前身是台湾财团法人"国家电影资料馆",于 2014 年升格为电影中心。目前,该中心已有 13 座片库的典藏影像史料,包括华语影片 14000 余部,中外影碟及录影带 72000 余片/卷。目前"台湾电影数位典藏资料库"有 157 部剧情片、动画片和实验片;6522 部新闻纪录片。该中心也提供电影数字修复计划,2015—2017 三年中,分别扫描了 20 部、16 部和 39 部影片。中心网站也提供"典藏检索",③ 可以检索 1911 至 1949 年制作的新闻纪录片 45 部,剧情片 17 部。中心还提供影片扫描、转档服务,据 2018 年 5 月 7 日开始施行的收费标准,35mm 底片/35mm 拷贝的湿印扫描,每 10 分钟收费在20000—40000 台币之间;35mm 声片数字化每 10 分钟收费为 1000 台币;16mm 声片数字化每 10 分钟收费为 15000 台币。2009 年,我通过加州大学圣地亚哥校区图书馆付费获得了一批 20 世纪 30 年代和 40 年代早期民国电影数字拷贝。

从以上五个收藏有民国电影的资料馆的典藏品和检索、数字服务来看,开

---

① 申请观看馆藏资料的表格和有关规则的详细内容请见该网页:https://www.lcsd.gov.hk/CE/CulturalService/HKFA/documents/2005525/2007330/LCS726.pdf.

② 网址是:https://www.tfi.org.tw/.

③ 检索目录的网址是:http://search.ctfa.org.tw/TFDBSearch/index.php.

放程度参差不齐。总的来说,不易发现信息和使用,数字扫描、修复、复制等服务或者还没开放,或者收费价格也不菲。

三、网络上的民国电影资源

与有实体馆藏的电影资料馆相对照,越来越多的网络资源补充了前者不易检索、不易发现、较难获取的缺陷。

最值得推荐的网站是"1905电影网"(http://www.1905.com/)。这是国家新闻出版广电总局直属媒体。作为电影频道(CCTV6)旗下的专业级电影新媒体平台,除了提供电影新闻资讯服务和电影评价体系,还为用户提供近万部正版影片的在线播放服务。"1905电影网"是拥有7000余部独家电影和400余部网络大电影的版权集成、代理发行、分销和运营平台。[①] 该网站提供免费注册登陆服务,但广告太多,VIP可以跳过广告,但要付费。

网站的"资料馆"网页提供"按年份"检索,[②] 可以逐年检索民国时候的影片。比如1949年有49部,1948年有65部,1947年有37部,等等。据统计,民国电影共有200多部,不过能直接在线观看的视频不多。视频画面质量高清,还可以下载。

第二个目前在年轻人中较有知名度的网站是"Bilibili/哔哩哔哩"网站(https://www.bilibili.com/),它简称"B站",是商业网站,也是中国年轻人聚集的文化社区。在美国注册不易。网上提供"关键词"检索,但没有高级检索功能,也不能按年代浏览片目。有少量民国电影,可观看高清视频。

第三个电影在线资源是北美的图书馆员很熟悉的位于旧金山的公益图书馆Internet Archive(互联网档案馆)的"Moving Image Archive(电影档案)"(https://archive.org/details/movies),它属于非商业/非政府组织网络档案库。这里收录了1912—1949年的中国电影24部。大部分影片都会有评论,也可以下载。

---

① 见该网站介绍:http://www.1905.com/about/aboutus/? fr=homepc_bottom.
② http://www.1905.com/mdb/film/search/.

第四个网站是众所周知的 YouTube（优兔）商业网站（https://www.youtube.com/）。如果查询"民国电影"，可以找到 70 多部民国故事片和纪录片。可以直接免费观看，但是无法下载。

另一个中国商业网站是"腾讯电影视频"（https://v.qq.com/movie）。VIP 的年费是 198 元。网站的"电影片库"网页可以按年代浏览，里面包含大约 100 多部民国电影，可以在线观看、下载。

还有一个中国商业网站"优酷电影频道"（https://movie.youku.com/）。这里可以免费注册，但只有付费成为 VIP 会员才可以看到没有广告的电影视频。有一个"简单检索"功能，但是检索目录不够准确。该网站大约收录有 50 多部民国电影，可以免费观看、下载。

除了以上中美的网络资源，还有一个日本的网站值得推荐，即"NHK 战争证言网上新闻纪录片视频"（https://www.nhk.or.jp/）。从 1940 年到 1951 年，从太平洋战争之前开始，日本映画社制作了名为"日本新闻"的战时纪录片。在没有电视的战时，"日本新闻"每周在电影院上映，作为太平洋战争期间的视频记录很有价值，其中有不少镜头是在中国的上海等地拍摄的。

四、北美图书馆拥有的稀见民国电影资源

除了以上所介绍的中、美电影资料馆和网络资源外，不少稀见的民国电影资源也可以在北美的图书馆中找到。下面略举几个例子：

《映像の証言滿州の記録》（东京：TenSharp，1994）是 20 世纪 90 年代初期，根据日本公司 TenSharp 从苏联电影档案馆购买的当年被苏联红军从"满映"没收的电影资料中获取的近 3000 尺胶片，并由著名日本电影学者山口猛监制成一套电影资料。共有 30 个音像带（时长 1345 分钟），内容包括日本"满映"拍摄的新闻片、苏联拍摄的日本占领期最后日子的纪录片，还有三部故事片《迎春花》《晚香玉》和《皆大欢喜》。还有一部由中国共产党领导下的东北电影制片厂用"满映"留下的设备和技术摄制的电影《留下他打老蒋吧》。TenSharp 于 1996 年倒闭。这之前山口猛访华捐赠这套资料给中国，目前藏于长春电影厂

与中国电影资料馆,但不对外开放。① 在北美,这套资料仅加州大学圣地亚哥校区和洛杉矶校区的日本研究中心有收藏。

《満鉄記錄映画集》(东京:発売カムテック:販売元コニービデオ,2005)也是由南满铁路和日本映画新社等于1939年共同制作的一套纪录片的复制资料,共12张光碟(时长629分钟)。内容包括国联调查团、"满洲国"十周年庆典等珍贵资料。包括哥伦比亚大学、哈佛大学、普林斯顿大学等11所大学的图书馆在内的美国研究型图书馆收藏此资料。

还有一套稀见的20世纪20年代至40年代的综合纪录片的复制资料,《满洲ニュース映画》(东京:発売カムテック:販売元コニービデオ,2005)。共10张光碟(时长454分钟)。内容包括占据娘子关、蒋介石国民党军队、1931—1932年上海、1937年上海、1939年南京、1939年"诺门罕事件"以及1945年满洲的终结。哥伦比亚大学、耶鲁大学、哈佛大学、伯克利加州大学等9所大学的图书馆收藏了此资料。

有两部与上海有关的稀见"汉奸电影",一部是《万世流芳》(又名《鸦片战争》),导演:马徐维邦、朱石麟、卜万苍。主演:李香兰、袁美云、高占非等。上海:"中华联合制片股份有限公司",1943)。共两盒音像带,片长144分钟。哥伦比亚大学、爱荷华大学和加州大学圣地亚哥校区的图书馆有藏。还有一部是中日合作的《春江遗恨》(日文片名《狼火は上海に揚る》,导演:稻垣浩、岳枫、胡心灵。主演:阪东妻三郎、月形龙之介、李丽华、王丹凤等。上海、东京:大日本映画制作,中华电影股份有限公司,1944)。一张光盘,片长共65分钟。在北美,仅哥伦比亚大学和加州大学圣地亚哥校区收藏了此资料。②

还有几部由李香兰主演的、与上海有关的比较稀见的民国电影,也在北美有收藏。如《蘇州の夜》(1941)、《白夫人の妖恋》(1956)、《上海の女》(1952)、《熱砂の誓ひ》(1940)等。

相对来说,在北美的大学图书馆中,爱荷华大学和哥伦比亚大学图书馆收

---

① Xianwen Huang/黄献文,"Manei","Mantetsu" de ji lu pian gai shu/"满映""满铁"的记录片概述,*Journal of East Asian Libraries*, No. 142, June 2007.

② 毕克伟:《〈春江遗恨〉的是是非非与沦陷时期的中国电影》,《文艺研究》2007年第1期。

藏有较多的民国电影。爱荷华大学图书馆收藏有 34 部,哥伦比亚大学图书馆收藏有 31 部。其中,爱荷华大学图书馆收藏的《蘇州の夜》(川口松太郎导演,1941)、《艺海风光》三部曲之一的《电影城》(朱石麟导演,1937)、《话剧团》(贺孟斧,1937)、《歌舞团》(蔡楚生导演,1937)、《空谷猿声》(陈铿然导演,1934)和哥伦比亚大学图书馆收藏的《粉红色的梦》(蔡楚生导演,1932)、《艳阳天》(曹禺导演,1948)、《化身姑娘》(1936)都是相当罕见的民国电影,而《化身姑娘》是当时被左翼电影评论家称为"软性电影"的作品。哥伦比亚大学还有中国第一次出口的英文版电影《假凤虚凰》(黄佐临导演,1947);被认为歪曲解放军形象的《关连长》(石挥导演,1951);还有第一部讲述美国故事的中国电影《美国之窗》(黄佐临、石挥等导演,1952)。

五、期望与建议

通过对以上民国电影资料的了解和介绍,作为一名电影研究者和北美研究型东亚图书馆的馆长,我也有几点期望与建议:

1.希望国内有关资料馆、图书馆能公开民国电影资源数字化保存计划,并为学者的使用提供方便。

2.希望海外图书馆有计划地尽快保存现有的稀见民国电影资源,因为 60 年前拍摄的胶片已经到了寿命的尽头。例如,目前印第安纳大学和哥伦比亚大学正在进行的 TBM(Time-based Media)保存项目。

3.建议利用互联网档案馆(Intel Architecture,简称 IA)平台对公众提供免费、无广告、可供下载的视频服务。

4.建议建立一个民国电影数字人文平台:一个包括电影片目、书目、视频、剧本、剧照、人物传记、采访等的数据库。

从伯克利藏中国电影期刊看民国电影发展及社会文化变化[①]

◎周欣平[②]

摘　要：

本文以加州大学伯克利分校东亚图书馆2015年购得的方保罗中国电影档案和他在这方面的研究为基础，审视了该馆藏中大量精美的民国电影杂志，追溯了中国电影历史。通过对这些电影期刊的研究，本文进一步探讨了民国时期中国的社会和文化的发展，并分析描述了电影档案如何记录和观察中国电影史上的重要事件和人物，重现了民国时期中国电影史上一些鲜明而生动的历史事件，展示了民国电影史料方面的一些珍贵藏品。

关键词：

民国电影期刊；方保罗；方保罗中国电影资料特藏

[①] 本文由蒋树勇根据周欣平2018年8月在复旦大学由北美亚洲图书馆协会中文委员会主办的民国电影培训班上的演讲稿整理成初稿。

[②] 周欣平，美国加州大学伯克利分校大学图书馆副馆长兼东亚图书馆馆长。

The Development of the Chinese Film Industry and the Changing Social Cultural Trends during the Republic Era as Reflected by the Movie Magazines in the C.V. Starr East Asian Library of University of California at Berkeley

◎ Peter Zhou

Abstract:

Based on the Paul Fonoroff Collection for Chinese Film Studies purchased by University of California at Berkeley's East Asian Library in 2015 as well as his research on those materials, this article examines a large number of exquisite film magazines to illustrate the history of the Chinese film industry, as they relate to the development of the Chinese society and culture during the Republic era. Through analyzing some representative publications, it demonstrates how the film archives have recorded and observed important events and people of the 20th century China. In particular, it contains well-illustrated displays of precious artifacts showcasing the development of Chinese film in the Republic Period.

Keywords:

Movie Magazines in Republic Period; Paul Fonoroff; Precious Artifacts of Chinese Film

一、伯克利加州大学东亚图书馆之电影期刊珍藏

伯克利加州大学东亚图书馆于 2015 年成功收购了收藏家方保罗（Paul Fonoroff）的中国电影档案，建立了"方保罗中国电影资料特藏"。该特藏共有 7 万 4 千多件藏品，其中主要的特色文献包括 271 种 4729 册民国时期的电影期刊；165 种 1172 册影院特刊；239 种 4638 册 1950 年之后的电影期刊；4000多种电影海报；2 万多张影院大堂广告；3000 多种影院介绍和相关出版物；1 万 3 千多张老照片，以及电影剧本、评论等资料。方保罗中国电影档案在伯克利加州大学东亚图书馆的完整入藏使之成为至今为止北美地区最大的中国电影资料特藏。

方保罗一生关注电影，爱好电影，是享有盛名的电影评论家和收藏家。他从20世纪70年代后期开始收集中国电影研究的主要资料，数十年不间断，以他对中国电影的强烈兴趣，独具慧眼，终能集中国电影资料之大成。他的收藏始于中国电影尚未广受关注之时，也基于他对中国电影主题的了解和认知，并得力于他作为一个收藏家的执着和勤奋，更成于他对诸多藏品的苦心探寻和多样题材的追求。他的近作《中国电影期刊——从卓别林到毛泽东，1921—1951》以伯克利方保罗中国电影特藏中的590多帧图片为例介绍了中国电影期刊概况。[①] 本文所举民国电影期刊种种即根据他的专著整理而成。

民国时期电影期刊是"方保罗中国电影资料特藏"的一个主要部分，其中不乏孤本电影期刊的独家收藏。上海图书馆2009出版的《中国现代电影期刊全目书志》可谓至今收录电影期刊最全的一部书，其中收录的民国时期电影期刊共有376种，而伯克利方保罗特藏中有163种电影期刊或影院特刊，均未被这本书所记录。伯克利所藏民国时期的电影期刊在世界最大的图书馆目录数据库OCLC里所得到的记录更是少之又少，仅有可寻的22种记录，由此可见这些期刊的罕见与独特，可填补中国电影资料收藏的空白。此外，伯克利的"方保罗中国电影资料特藏"还具有其它类似电影资料特藏所没有的优势，即它除了华语电影期刊以外，还有粤语电影刊物及广州和香港等地的刊物，以及大量东南亚地区的华语电影资料。本文仅就伯克利这一特藏中的民国电影期刊为线索，对民国时期的中国电影发展及社会文化变化作一深入探讨。

二、民国时期中国电影期刊

李少白主编的《中国电影史》(2006) 将中国电影划分为五个时期：分别为

---

① Paul Fonoroff. *Chinese Movie Magazines*：*From Charlie Chaplin to Chairman Mao*，1921—1951，*with 590 illustrations from the Paul-Kendel Fonoroff Collection for Chinese Film Studies*，*C.V. Starr East Asian Library*，*University of California*，*Berkeley*，Thames & Hudson and University of California Press，2018.

发明时期（1895 之前）、无声时期（1895—1930）、有声时期（1930—1945）、转型时期（1945—1970）及当代（1970—）。① 初创时期的电影期刊几乎无迹可寻。故而本文着重讨论的是 1921 年第一本电影期刊创刊至 1945 年抗战结束之间，即无声、有声两个时期所发行的电影期刊，并于篇末对 1945—1949 的电影期刊稍加讨论结尾。无声、有声两个时期的电影期刊最为兴旺繁荣，也是伯克利"方保罗中国电影资料特藏"的精华部分。

（一）无声电影时期（1895—1930）

《影戏杂志》被公认为中国最早的电影杂志之一，创刊于 1921 年 4 月 1 日，1922 年 5 月 25 日出至第 1 卷第 3 期后停刊，此刊见于馆藏（见图 1）。该刊的编辑为顾肯夫、陆洁、张光宇等，由中国影戏研究会发行，从第 3 期起，转由明星公司发行。此刊的发行宗旨为：发扬影戏在文学美术上的价值；介绍有价值的影片给读者；防止有害影片的流行；以及在影剧界上替国人争人格。② 该刊第 3 期还发表了《明星影片股份有限公司组织缘起》等一些有关明星公司的文字，并首次向中国读者介绍了动画、卡通的制作过程。馆藏中可见的其他几种早期的电影期刊包括 1924 年创刊的《电影杂志》、1926 年创刊的《电影周刊》和《电影画报》等。上海地区一些早期的无声电影制作公司，如 20 世纪 20 年代成立的明星股份有限公司、大中华百合影片公司和天一影片公司等都出版有公司特刊，也都见于馆藏中。

---

① 李少白，《中国电影史》，北京：高等教育出版社，2006。
② 顾肯夫，发刊词，1921。

图1 《影戏杂志》为中国电影史上最老的电影期刊杂志之一。
本馆藏有该刊的第3期,极有可能是孤本。

随着商业电影的发展,从20世纪20年代起,中国第一批电影明星开始出现,电影期刊业也相继开始刊登有关电影明星的内容,例如本馆藏中的《影戏世界》1925年10月号就介绍了胡蝶,1926年刊出并分别介绍了林楚楚、沈化影和丁子明等(见图2)。藏品中还有《中国电影杂志》,该刊在1926年举办了影后评选活动,张织云成为由观众评选的中国第一位影后。她主演了无声片《人心》《战功》;1925年转入明星影片公司后,主演了《可怜的闺女》《新人的家庭》《空谷兰》等。《影戏生活》1931年第24期刊登的无声电影女星钱似莺是中国第一代武打女星,因主演杨小仲执导的《江南女侠》而成名,后被称为"中国第一女侠"。同年第34期刊登女星殷明珠,主演了中国第一部完整无声电影《海誓》。同时期的影星还有《戏剧电影半月刊》1926年第一期刊登的陆剑芬,她于1927年入复旦影片公司,因主演影片《红楼梦》反串贾宝玉一角而成名。此外,《银光》1927年第二期上刊登的女星李旦旦以擅长演少女形象著称,主演过《玉洁冰清》《海角诗人》《天涯歌女》《西厢记》《木兰从军》等片,她饰演的人物至今仍令人记忆犹新。

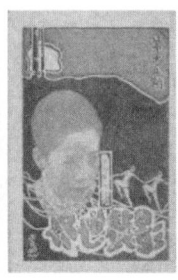

图 2　中国电影史上第一批明星胡蝶、林楚楚、沈化影和丁子明

这一时期的电影期刊创作中也不乏以设计装帧为主的艺术唯美主义者。这些刊物往往讲究封面设计和艺术造型。这一类的期刊尤以上海良友印刷公司 1926 年出版的《银星》杂志为代表,它开创了高档艺术画报之先河。六合影片营业公司旗下的《电影月报》更以艺术期刊为设计理念。六合影片营业公司于 1926 年成立,由"明星""大中华百合""民新""上海""华剧""友联"组成。《电影月报》第八期上刊登了胡适的题字,刊面由 1926 年成立的上海漫画会发起人之一丁悚设计。上海漫画会的成立标志着中国漫画家第一次有组织地联合起来,推动漫画艺术的发展并发挥其社会作用。该刊物 1928 年第十期刊登了由漫画艺术家叶浅予创作的刊面,叶浅予是 30 年代著名影星王人美的丈夫。除了艺术封面的设计,此类期刊也开始展现人体造型的艺术。1928 年出版的《电影月报》第 9 期刊出影星黄柳霜(Anna May Wong)的照片特辑(见图 3)。黄柳霜是好莱坞第一位美籍华人影星,在默片《红灯照》中首次登上银幕,其后又在《上海快车》《羞耻》《海上灾祸》《雷鸣的黎明》等片中出演重要角色。1924 年,在范朋克主演的神话片《巴格达窃贼》中扮演蒙古女奴一角而成名。这些期刊都收入特藏之中。

图 3　好莱坞第一位华人女星黄柳霜（Anna May Wong）

这一时期的电影期刊也显示了西方电影及好莱坞影片开始进入中国电影刊物。《影戏世界》1925 年第一期上刊登了好莱坞女星 Lilian Gish 的照片。值得一提的还有特藏中的 1929 年上海出版的《第八艺术》。此刊仅出一期就停刊，本馆收藏了这唯一的一期期刊，以欧洲女星 Maria Jacobini 为封面。1930 年 12 月出版的《新银星与体育》杂志合刊刊载了于一年前访问过上海并造成轰动的好莱坞影星玛丽·毕克馥（Mary Pickford）的照片。

20 世纪 20 年代后期神怪片、武侠片和古装片开始充斥中国电影舞台，以泯灭艺术家个性为代价，造成商业电影混乱竞争的局面。《上海》1927 年第四期的"西游记"、1926 年 4 月《著名电影特刊》所刊"十戒"，1927 年 3 月《友联特刊》的"英雄儿女"、1927 年 7 月《大中国影片公司特刊》的"封神记"均真实记录了当时影界的怪力乱神。

与此同时，一批影片公司开始国片复兴运动，拍摄新派电影，开启中国电影的第一个复兴浪潮。如《民新特刊》1926 年第一期介绍了民新公司拍摄，由张织云、林楚楚主演的《玉洁冰清》。《大中华百合特刊》1925 年 12 月刊登由大中华百合影片公司拍摄，由韩云珍主演的《风雨之夜》等。这些影片公司后来组成"联华影业"，提出"提倡艺术，宣传文化，启发民智，挽救影业"的口号，并在 1931 年联华影业公司出版的《影戏杂志》第二期上登出，推出以阮玲玉、金焰和王人美为三大台柱的联华明星阵容。

随着国片复兴运动的开展,无声电影时期后期涌现了一批新明星。《电影三日刊》1930年12月刊登了刚加入联华的影星阮玲玉的照片,其代表作有《野草闲花》《神女》《新女性》《三个摩登女性》等。《影戏生活》1931年1月刊登了影星王汉伦的素描,王汉伦1923年出演处女作《孤儿救祖记》。她的代表作有《孤儿救祖记》《玉梨魂》《弃妇》等。《电影月刊》1932年11月刊登了当时最红的第一位武侠女明星,以主演《火烧红莲寺》出名的夏佩珍的照片。

本馆特藏内这一时期的电影期刊种类繁多,刊物维持的时间虽都不长,但保存的资料珍贵,真实反映了当时电影方兴未艾之势。

(二)有声电影时期(1931—1945)

相对于前一时期,这一时期中国电影的发展更加多样,由于社会、政治的复杂状况,这些电影期刊还可细分为几个不同的侧面。

首先是有声电影和其他新兴电影形式的兴起而带来的明星现象或者明星效应。20世纪30年代初有声电影问世,当时明星公司的胡蝶和联华公司的阮玲玉是两个最著名的当红台柱明星(虽然阮玲玉从来没有在有声电影中担任过任何有台词的角色)。以胡蝶为例,1931年3月胡蝶主演的中国第一部有声电影《歌女红牡丹》,在上海新光大戏院公映。1932年,她出演了中国的第一部彩色片《啼笑因缘》(尽管对该电影是不是真正的彩色电影至今仍存争议)。1933年1月,胡蝶以21334的票数当选由上海《明星日报》评选的"电影皇后",同年她主演的电影《姊妹花》成为她表演生涯的代表作。本馆藏《影戏生活》1931年4月刊登了胡蝶在《歌女红牡丹》中的剧照,1935年出版的《星歌集》,虽只出版了一期,也是以1935年胡蝶主演的电影《夜来香》中扮演的卖花女阿香的剧照为封面,而1933年5月出版的《现代电影》杂志则刊登了一幅以"1933年之电影皇后"胡蝶命名的香烟广告,可见胡蝶的影响力。这些罕见期刊都见于此馆藏中。

  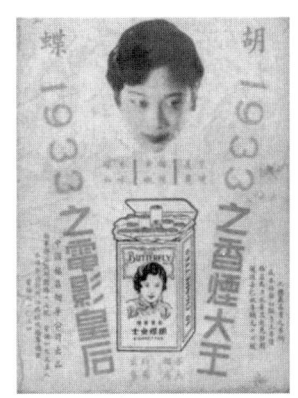

图 4　从左至右——胡蝶出现在《歌女红牡丹》、《夜来香》和香烟广告刊图中

阮玲玉唱演俱佳。1930 年联华出品的《野花闲草》由阮玲玉和金焰主演，虽无对话音，但配有音乐和歌曲，是留存至今唯——部有阮玲玉电影歌曲的影片。馆藏的 1930 年第九期的《影戏杂志》刊登了此片的介绍。此外，早期的有声电影还有其他名星登场。1931 年 6 月的《影戏生活》刊登了电影男星朱飞的照片，称他是"风流小生""东方美少年"，朱飞后死于吸食鸦片。同年四月，这本杂志还刊登了女星徐琴芳的照片，并于同年 6 月出特刊报道她主演的爱情电影《虞美人》，该片讲述了歌剧班女演员沈孤萍与编剧郑少华的爱情故事，史料价值弥足珍贵。

《歌女红牡丹》之后，一部有全部对白发音的华语有声电影《雨过天青》在日本拍摄完成，1931 年在上海上映。由于牵扯日本的关系，遭到国人抵制。1933 年，一部完全由中国人拍摄的全对白发音的华语有声电影《为国争光》上映，成为第一部爱国有声电影。《影戏生活》1931 年 7 月刊登了由宣景琳主演的《雨过天青》的介绍，而《电影月刊》1933 年 7 月刊登了黄耐霜主演的《为国争光》，这两种期刊都收于此特藏内。

(三) 三十年代的左翼电影运动 (1932—1937) 和同一时代的电影期刊

1932 年 "一·二八" 淞沪抗战点燃对日战争战火，至 1937 年 "七·七" 事变全面抗战爆发，中国社会处于巨大转变时期。亡国灭种的忧患和国共两党意识形态方面的斗争,以及日益高涨的抗日救亡运动都导致了"新兴电影运动",或称"左翼电影运动"的兴起,并产生了一大批杰出的电影艺术家和有声电影的经典之作。与此同时,全国范围内电影杂志更加盛行,包括各电影公司的特刊杂志如《明星月报》《联华画报》《新华画报》等。1932年创刊的《电声》和1934年创刊的《青青电影》为民国时期发行时间最长、出版量最大的两种电影杂志。《电声》杂志开始叫作《电声日报》,后改为《电声》周刊,为民国电影第一刊,从1932年到1941年总共发行901期。《青青电影》则是民国时期不间断出版时间最长的电影杂志,从1934到1951年共出了250期。这两种电影杂志多数都较为完整地收录在这个特藏之中。下图为1933年2月3日的《电声日报》和1934年5月出版的《青青电影》。

图5 《电声日报》(电声)和《青青电影》为民国时期两大电影刊物

左翼电影期刊开始兴起,本馆藏内有丰富的此类藏品。比如,由左翼电影人士出版的《电影艺术》为一部研究电影艺术的严肃杂志,而且出版过多期。相比之下,其它左翼电影杂志很多只出版了一期后就停刊了。与其相反,右翼电影人士则反对将电影作为政治工具,把电影视作"养眼的巧克力"。1933年5月由夏衍主编的创刊号《明星月报》杂志刊登胡蝶的剧照。同年出版的《明星月报》第六期刊登了左翼电影《春蚕》的女星艾霞的剧照。电影《春蚕》改编自茅盾的同名小说,作品为处于战乱中人民所受的疾苦呐喊。《明星月刊》1936年5月刊登《马路天使》剧照,反映上海底层人士的生活,由周璇和赵慧深主演。

1933年7月香港出版的《电影半月刊》介绍由沈西苓导演的第一部作品——王莹主演的《女性的呐喊》,1935年12月出版的《明星》半月刊介绍了沈西苓导演、徐来主演的《船家女》。1937年3月《影与剧》介绍了由赵丹、白杨主演的《十字街头》。这些影片都是现实主义电影的代表作,皆收入馆藏中。

联华影业公司与新兴电影运动和左翼电影的发展紧密相关。联华在其短短七年的历史(1930—1937)中,以"复兴国片,改造国片"为旗号,推出了20世纪30年代一系列民国时期电影的经典之作,很多是由孙瑜导演的,如《天明》《火山情血》《故都春梦》《野花闲草》《大路》等,下图中有孙瑜在《影画周刊》上与主演《大路》的女星黎莉莉和陈燕燕的合影。同时联华也出版了一批好的电影刊物,如《联华画报》等。

图6 孙瑜与主演《大路》的女星黎莉莉和陈燕燕的合影

电通影片公司是中国共产党组织的左翼电影阵地,也只存在了一年半(1934—1935)的时间,却拍摄了著名电影《桃李劫》,其中由田汉作词、聂耳作曲的《毕业歌》脍炙人口。该影片与《自由神》《风云儿女》《都市风光》为该公司所拍摄的四大左翼电影。该公司由司徒慧敏参与,夏衍、田汉等领导,音乐家聂耳、吕骥、贺绿汀参与制作。本馆所藏电通公司旗下的《电通半月画报》1935年8月1日刊登了《自由神》剧照,该剧照中间是蓝萍(江青)、同演男演员施超和周伯勋;1935年8月16日刊登了作曲家聂耳的遗照,从这张刊面上我们知道聂耳的英文名为George Njal。《时事旬报》1935年5月刊登了《风云儿女》剧照。

左翼的新华影业公司于1934年成立。从1936年起,摄制了故事片《长恨歌》《狂欢之夜》《壮志凌云》《夜半歌声》《青年进行曲》等11部电影;并于1937年初,派摄影师赴绥远前线拍摄新闻片《绥远前线新闻》。上海租界沦为"孤岛"后,新华影业率先恢复拍片,先后摄制了故事片《貂蝉》《武则天》《岳飞尽忠报国》《铁窗红泪》《木兰从军》《日出》《苏武牧羊》等影片,其中包括一批中国左翼文艺运动领导人提出"国防文学"口号后创作的国防电影。新华影业公司编辑出版的《新华画报》月刊于1936年6月创刊,以探讨电影艺术理论、宣传国产影片、报道影界动态及本公司拍摄花絮为主。以下是该刊物刊登的《夜半歌声》的两幅剧照和由《新华画报》主编、漫画家丁聪创作的一幅金焰和王人美夫妻的画像以及他根据电影《潇湘夜雨》中扮演女主角的貂斑华画的素描。

图7 《新华画报》刊登的《夜半歌声》的剧照;
金焰、王人美夫妻的画像及《潇湘夜雨》女主角貂斑华的素描

(四)商业电影的盛行

与左翼电影运动相比,商业电影在这一时期也广为盛行,以邵氏兄弟经营

的天一公司最具代表性。天一同时也进军香港的粤语电影市场和南洋市场。当时的刊物记录了天一公司拍摄的一些影片的情况。馆藏天津《北洋画报电影周刊》1932年10月刊登了天一影片公司拍摄的有声纪录片《游艺大会》剧照，1935年5月《女神》创刊号刊登了汤杰主演的喜剧片《王先生过年》，《电声》1935年9月刊登主演《似水流年》的女主角叶秋心的个人照，她曾被《良友》电影杂志评选为全国八大明星之一，以"模范美人"著称，后穷困潦倒。《春色》1937年6月刊登"天一"老板邵醉翁太太、女星陈玉梅的照片。陈玉梅演过《唐伯虎点秋香》《福尔摩斯侦探案》《红楼春深》等电影，由于歌唱得好，被誉为"催眠姑娘"。

  这一时期，与电影相关的杂志大量出现，这些杂志大都聚焦于女明星。特藏中可见1935年8月的《影舞新闻》和9月的《歌星画报》，它们是最早报道周璇的杂志（见下图），当时周璇还是一个电台唱歌的小女孩，刚刚涉足电影圈。此外，我们看到天津的《维纳斯》1937年1月刊登了胡蝶的照片，《电影漫画》1935年4月刊登了陈波儿剧照，《花絮》在1935年创刊号上登了胡蝶的照片。北平的《文化萃锦》1932年5月刊登陈燕燕16岁时的照片。上海的《银国》和《影城》分别在1935年4月和7月刊登了徐来的剧照。1935年11月的《大都会画报》登载的是袁美云的照片，《沪声》1936年5月登载童月娟的照片，《厦门电影月刊》和《电影戏剧》分别在1935年7月和1936年1月报道袁美云，而1934年11月出版的《明星家庭》则分别介绍了黎莉莉、徐来、阮玲玉等明星。20世纪30年代女星的泳装照开始出现。上海《戏剧杂志》刊有陈燕燕、《联华画报》刊有黎莉莉、香港《影画》刊有紫罗兰、北平《电影新闻》刊有李莉和广州《优游》刊有林妹妹等女星的泳照。1935年3月8日阮玲玉自杀身亡。有关她的报导很多。《电声》1935年3月15日刊登其生前最后的留影、4月12日刊登阮玲玉种种表情的照片。《玲珑妇女图画杂志》1933年曾刊登阮玲玉的杂志封面，《万影》杂志1937年在阮玲玉逝世两年后刊登纪念一代艺人阮玲玉的专刊。这些珍贵资料都在特藏之中。

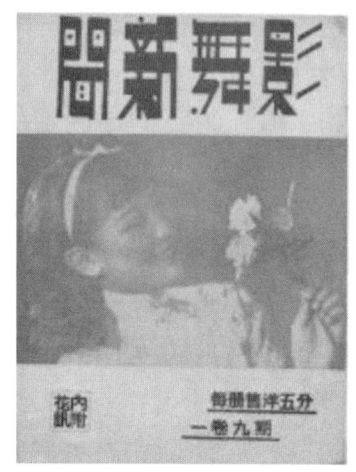 

图 8　周璇第一次出现在杂志封面上

明星照片一直都是电影刊物的宠儿,馆藏中亦有大量明星照片。比如,1934冬,上海良友图书印刷公司出版了一套由摄影家陈嘉震拍摄的《中国电影女明星照相集》。这套标明为第 1 辑的照相集共收入八位女明星的照片,按姓氏笔划排列为:王人美、阮玲玉、胡蝶、徐来、袁美云、陈燕燕、叶秋心和黎明辉。每人一本,全套八册,基本上代表了当时影坛女明星的最佳阵容。后来,《良友》刊出启事,规定凡一次购买全套的,可请八位明星亲笔签名以作纪念。为此,《良友》还特地印了一批供签名的相集。当时能一下子拿出八块银元来买一套的人毕竟不多,因此,有八位明星签过名的照相集在外间流传极少。事隔半个多世纪,这套有八位明星亲笔签名的影集,可说已是一种极为难得的版本了。本馆收藏了的这八本特刊中的七种,仅缺陈燕燕的专集,而且这些藏本中大多有影星的亲笔签名,十分珍贵。以下是黎明辉、阮玲玉、徐来和胡蝶在这套影集中的照片。此外,我们还可以发现一批童星也出现在这个时期的电影期刊封面,如秀兰·邓波儿(Shirley Temple)等。当然男星也不会缺席,如赵丹、金焰、张翼、高占飞也都出现在了本馆所藏的这一时期的各种刊物上。

图 9　由左至右——黎明辉、阮玲玉、徐来和胡蝶

与此同时，我们还发现，一些电影期刊和书籍并没有用影星为刊面，而用艺术封面，如《文艺电影》《十日电影》《中国电影年鉴》《开麦拉》《明星》《联华》《舞台与银幕》等。此外，电影歌曲杂志在这一时期也开始出现，如《当代名歌选》《中国电影明歌选》《时代新歌》《新歌》《努力》等。

(五)全面抗日战争时期(1937—1945)

抗战期间，上海沦为"孤岛"，大部分影业公司停业，明星、联华两大公司关门，天一移至香港，唯新华、艺华和国华三家公司维持孤岛电影事业。期间，本馆所藏的这一时期电影期刊常有这三家公司明星和影事消息。比如新华的当家明星陈云裳在各种电影期刊上的一系列电影剧照，包括1939年出版的《陈云裳照相本》《明星照相本》、1936年的《影物》、1938年的《戏星》和1941年的《明星的家》。艺华则推出该公司女星李丽华与新华的陈云裳竞争，刊登李丽华主演的一系列电影，包括在新加坡出版的《电影圈》1941年4月刊登的《啼笑姻缘》剧照和《华北映画》1942年9月刊登的《复活》剧照。国华则推出当红女星周璇。《影星专集》1941年7月刊和《金城月刊号外：恼人春色》也于1941年出版了周璇的特辑。

"孤岛"电影古装戏走红,出现了《木兰从军》《武则天》《孔夫子》《楚霸王》等大量古装片,亦皆记录于藏品之中。我们看到部分电影期刊和影院刊登了《孔夫子》《貂蝉》《精忠报国》和《楚霸王》的特刊。与此同时,香港出现了一些与抗战有关的爱国影片,比如《中泰》期刊 1940 年 12 月刊登《前程万里》剧照,讲述三位在香港的男女回内地参加抗战的故事。1938 年 12 月《银间世》杂志刊登了在延安拍摄的纪录片《西北线上》和毛泽东的题字。《艺林》1938 年 3 月刊登了描写国民党军队 1937 年上海保卫战的《八百壮士》。《艺林》1937 年 10 月刊登了电影《焦土抗战》中打倒汉奸的剧照。这些皆堪称珍贵收藏。

武汉、重庆、昆明等当时的国统区的电影和电影刊物也持续发展。由 1940 年在重庆拍摄出品,孙瑜编导,白杨、金焰、王人美等主演的《万里长空》出版的特刊,1943 年昆明出版的《电影纪事报》,1941 年 10 月重庆出版的《中国电影》,1944 年 12 月成都出版的杂志《电影与播音》皆可为代表,散见于馆藏中。

抗战时期沦陷区电影和电影期刊传播地区包括北平地区和东北地区。美国对日宣战后,本馆收藏的北平 1944 年 3 月的《华北映画》就干脆刊登日本女人和德国军人的照片了。东北长春的"满映(株式会社满洲映画协会)"活跃于 1937—1945 年间。《满洲映画》1938 年 11 月刊登了以"标准华北美人"著称的"满映"女星李明的照片。《电影画报》1943 年 7 月和 8 月分别刊登了李香兰的广告照片,见于收藏之中。

馆藏中也有许多记录好莱坞电影在抗战时期进军中国的资料。《银花集》1939 年 2 月刊登了娜玛·丝拉(Norma Shearer)、泰伦·鲍华(Tyrone Power)主演的《绝代艳后》(Marie Antoinette)的内容。1938 年 10 月家庭出版社出版了专辑《芝加哥大火》。1940 年 2 月华纳兄弟(Warner Brothers)公司出版电影剧本《江山美人》。澳门出版的《影报》1940 年 2 月刊登了享誉全中国的好莱坞女星狄安娜·窦萍(Deanna Durbin)的照片。同时也出现了好莱坞拍摄的有关中国的电影的消息。如 1938 年 7 月《大地》《热血忠魂》合刊刊登了米高梅公司(MGM)根据赛金花(Pearl Buck)的小说《大地》改编的电影的介绍,以及中美合拍电影《中华万岁》的特刊和《星期影讯》上的介绍。

这一时期也出现了大量的介绍某个电影的电影特刊。1945 年抗战胜利,一些电影期刊分别报道这一重大消息。比如,馆藏《世界影坛》刊登了美国原子弹爆炸的照片,《青青电影》号外刊登胜利特刊,欢迎"国军",天津出版的《商钟》打出了"蒋主席万岁"的口号,《中外影讯》还别出心裁地刊登了一期挖苦"满映"女星李香兰的特刊,称她是"战后第一个被逮捕的电影演员"。

(六)战后电影复兴和兴旺(1945—1949)

抗战胜利给人民带来了希望,也开始了 1945—1949 年民国电影史上第三个黄金时代,前面两个黄金时期包括 1922—1928 年的早期华语电影和 1932—1937 年的新兴电影运动。本馆藏中一些民国期刊的封面反映了当时人们对新生活的热情。比如,1946 年 3 月永安百货公司的《永安》杂志刊登童星胡蓉蓉跳芭蕾舞的剧照,1946 年 1 月《中国影坛》和同年 4 月《艺坛》刊登了当时年方 31 岁的王人美战后复出影坛的照片。战前就已经红遍上海的影星周璇的照片更是频频出现在各种电影杂志上,如 1946 年 6 月的《银都》、1948 年 1 月的《电影界》和 1949 年 1 月的《艺海画报》。

与此同时,我们还可以看到广告类和花边新闻类的商业刊物也在大量出现,如馆藏中 1947 年 11 月出版的《人人画刊》刊登的该刊设计委员孙景路的签名剧照,《上海滩》1948 年 2 月刊登的"白光苦闷找异性"的报道。《艺海画报》同年 10 月报道陈娟娟要出嫁的新闻。《星光》1946 年 4 月刊登电影演员袁美云交保出狱,李丽华千里寻母的新闻。《星期五画报》1948 年 1 月则登出陈琦搞国际恋爱的新闻等。

也正是在这一时期,中国影坛出现了一大批经典之作,为华语电影的丰收季节,如《一江春水向东流》《乌鸦与麻雀》《夜店》《忆江南》等(见下图)。国民政府接管东北"满映"后成立的"中电"一厂和二厂,出品了一系列电影。战后上海的一批电影从业人员去了香港,从而使香港一跃成为了"东方好莱坞"。战后在香港成立的"五十年代影业公司"拍摄了由周璇主演的《歌女之歌》和由李丽华主演的《火凤凰》。大中华影片公司出品了陈娟娟主演的《天网恢恢》。这些都是战后香港出品的具有代表性的华语电影,这些宝贵资料都可在本馆藏中见到。

图 10 民国电影经典《一江春水向东流》《乌鸦与麻雀》《夜店》《忆江南》

战后上海以外的城市也出版了许多新的电影期刊,散见于特藏中。如北平和天津的《电影与戏剧》《电影》《剧坛旬刊》和《银都画报》等。战后在香港、广州、武汉和无锡等地出版的电影期刊有《电影论坛》《影与舞》《影剧诗》《电影世纪》和《剧影论坛报》等。

好莱坞电影在战后的中国盛行了几年。在馆藏 1948—1949 年间电影杂志《水银灯》《西影》和《西影小说》上刊登的好莱坞影星有伊莉莎白·泰勒(Elizabeth Taylor)、埃丝特·威廉斯(Esther Williams)和奥莉薇亚·德·哈维兰(Olivia De Havilland)等的剧照。

1949 年中华人民共和国成立,《青青电影》等电影期刊纷纷刊登庆祝中华人民共和国成立的刊面。1949 年在上海出版的《电影新天地》周刊是中华人民共和国成立后的第一份电影期刊,期盼电影塑造工农兵的伟大形象。民国电影期刊的辉煌至此划下句号。

三、小结

中国电影史料丰富多彩,跨度大,题材吸引人,并具有真实的时代烙印。近年来,方兴未艾的中国电影史研究在学界不断深入。"方保罗中国电影资料特藏"无疑为这个学术题材增添了宝贵的第一手资料。本文仅探讨了本馆藏民国电影期刊的种种方面,还有大量其它方面的馆藏电影研究资料尚待研讨。此外,本文在探讨馆藏时亦依据了学界电影研究方面的成果,在此一并表示感谢。存在错误之处,还祈方家指正。

参考文献

1. Paul Fonoroff. *Chinese Movie Magazines：From Charlie Chaplin to Chairman Mao，1921—1951，With 590 Illustrations from The Paul Kendel Fonoroff Collection for Chinese Film Studies，C.V. Starr East Asian Library，University of California*，Berkeley，Thames & Hudson and University of California Press，2018.
2. 李少白主编《中国电影史》,北京:高等教育出版社,2006。
3. 丁亚平主编《电影史的建构与现代化》,北京:中国电影出版社,2012。
4. 丁亚平编著《中国电影史图志1896—2015》,北京:文化艺术出版社,2015。
5. 上海图书馆编《中国现代电影期刊全目书志》,上海:上海科学技术文献出版社,2009。
6. 杨金福编著《上海电影百年图史》,上海:文汇出版社,2013。
7. 李多钰编著《中国电影百年1905—1976》,北京:中国广播电视出版社,2005。
8. 李道新著《中国电影文化史(1905—2004)》,北京:北京大学出版社,2005。
9. 周星著《中国电影艺术史》,北京:北京大学出版社,2005。

缅怀心中的"李奶奶"——高玉倩

◎ 曹淑文[①]

摘　要：

《红灯记》李奶奶的扮演者高玉倩塑造的艺术形象影响了一代人半个世纪的生活。一位京剧爱好者1970年在北京上小学时，曾饰演《红灯记》中的李奶奶；到了2018年，仍在美国为同事演唱李奶奶。文中叙述了童年记忆中的"李奶奶"；与"李奶奶"见面；从"李奶奶"到京剧传统戏；跟"李奶奶"学做人。个人回忆涉及了样板戏的普及，传统戏的恢复，师生、邻里关系，京剧演员与海外观众的互动。

关键词：

京剧；样板戏；红灯记；高玉倩；海外戏迷

In Memory of Beijing Opera Artist——Gao Yuqian

◎　Shuwen Cao

Abstract：

The role of "Grandma Li" in *Legend of the Red Lantern*, starring actress Gao Yuqian, has influenced a generation for nearly half a century. The author of the article played "Grandma Li" at her elementary school in the 1970s Beijing; she continues to sing the arias in the United States today. Personal memories include the popularization of "model operas", the restoration of traditional operas, the relations among teachers and students, parents and neighbors, and the interaction between Beijing Opera artists and overseas opera fans.

---

① 曹淑文，美国普林斯顿大学图书馆专业馆员。

Keywords:

Beijing Opera; Model Operas; Legend of the Red Lantern; Gao Yuqian; Overseas Opera Fans

2018年12月23日,弟弟转来《红灯记》"李奶奶"扮演者高玉倩老师于当日凌晨仙逝的消息。我心中难以平静。在我心中,"李奶奶"与高玉倩是融为一体的。从小学到大学,从国内到海外,"李奶奶"的形象、"李奶奶"的唱段,伴随了我半个世纪。广播里不断播放的《红灯记》录音、电视里常常可见的《红灯记》录像,如同今天的网络虚拟课堂。虽与高老师只见过一面,但"李奶奶"的形象与唱段铭刻在我心中,我深深感谢这位虚拟课堂中的启蒙恩师,谨以此文表达一位普通观众对"李奶奶"高玉倩的缅怀之情。

一、童年记忆中的"李奶奶"

1970年,我在北京西城区后广平小学上三年级。那时候全国都学唱样板戏,广播里每天放,小孩不用专门教,自然而然地就会唱。学校庄仪珍、李毅、马增涛老师挑选了唱得比较好的学生排演样板戏,其中包括《红灯记》第五场《痛说革命家史》。五年级的李连生演李玉和,三年级的曹淑文(我)演李奶奶,一年级的寇同惠演铁梅。

《红灯记》中李奶奶(高玉倩饰)《痛说革命家史》
据人民出版社1970年版图片编辑

我的同学穆坤和我都住南弓背胡同,我在东口,她在西口。穆坤(随母姓)的父亲杨宝元和母亲穆祥俊爱唱戏,我管穆坤的母亲叫姨儿。每天晚上我都跟姨儿学唱李奶奶。他们家就一间小屋,有时候穆坤睡着了我们还在唱。我从姨儿那里知道了李奶奶是"老旦",铁梅是"青衣"。姨儿还教我吐字和用气,告诉我是"血(xie)来偿,不是 xue 来偿",唱的时候把声母韵母分别发音才更有味儿(比如:真情话＝zh-en q-ing h-ua)。我父亲的同事陈贤瑞住在桦皮厂胡同,我爸带着我和弟弟到陈叔家跟着胡琴唱。就这样,我把李奶奶的唱段练了一遍又一遍。

到学校排戏的时候,我们演李玉和、李奶奶、铁梅的几个人都不用背台词,也不用老师教动作,上来就会表演。因为我们整天从广播里听,早就印在脑子里了。我们有整套的服装、道具(红灯、饭盒等)、布景,画上彩妆,铁梅有长辫子。李津津老师帮我梳好老太太头,还用痱子粉把头发弄白。我们不仅在学校操场的大舞台上演,还到校外去演。有一次到后广平胡同的第一通用机械厂去演出,大礼堂里坐满了人。台上铁梅不小心插上了门,李玉和本应破门而入却进不来。我和铁梅忍不住就在台上笑了起来。还是五年级的李玉和比我们能经事,愣是没笑还继续演,也就把奶奶和铁梅带回了戏中继续演。

那时候我是学校大队委员会的小干部,学习成绩不错,又会演李奶奶,老师就让我在全校家长会上讲是怎么德智体全面发展的,好多人都知道我,我心里可美了。初中和同学在一起时,我也唱李奶奶。还从同学孙晓云那里听了点儿《红灯记》剧组台下的故事。孙晓云住在育教胡同东口,她爸是中国京剧院的。1977 年我从北京三中考上了北京大学。大学时,我唱过《红灯记》李奶奶的"学你爹心红胆壮志如钢"。

"小学三年级"是家里的幽默用语。我女儿常说:"妈你怎么动不动就是小学三年级,好像小学三年级是你最高兴的时候了。"我说:"是啊,就是因为小学三年级时我演了《红灯记》中的李奶奶。李奶奶是我童年最美好的记忆。"

二、与"李奶奶"见面

1989 年春,我到了美国普林斯顿大学,1995 年暑假时回国探亲,弟弟买了《红灯记》的戏票,我带着女儿一起在人民剧场看演出,见到了仰慕已久的"李奶奶"——高玉倩老师。我对弟弟说:你买戏票让我看李奶奶,这比什么礼物都好。

（左）笔者及女儿与"李奶奶"高玉倩合影；（右）笔者及女儿与"李奶奶"高玉倩及"铁梅"刘长瑜、耿巧云合影，人民剧场，1995年7月3日，摄影：曹书元

这是一场中国京剧院复排《红灯记》的演出，袁慧琴演李奶奶，耿巧云演铁梅。高玉倩老师在台下观看，演出结束后她走上台与演员合影。我们在观众席上和高老师聊天，我告诉她我小学时演过李奶奶，一直很崇拜和尊敬她。高老师和蔼亲切，话语平稳。我女儿说："李奶奶和你聊天时一直搂着我。实话实说，看演出时我都睡着了。李奶奶很 nice（善良），我能感觉那天晚上像是你一生中特别重要的事。""李奶奶"高老师在戏单上为我们签了名，与我和我女儿合了影，还与"铁梅"刘长瑜、耿巧云共五人合了影。

与"李奶奶"见面，不仅满足了我的一大心愿，而且对我女儿也有很多影响。她把从中国带来的京剧剪纸、脸谱、画册、扇子等与美国的同学分享，在社区图书馆展出，到纽约看张学津先生排戏。1997年中央电视台拍摄了我女儿和她表弟的《京剧小票友》节目，并从此结识了"武生泰斗"王金璐爷爷和"戏包袱"王展云老师，与他们一家密切往来，近距离地欣赏京剧艺术家的技艺和品德。其中还看到了王金璐与高玉倩两位艺术家的合影。

周末我曾在华夏中文学校教中文，女儿也在此校学中文。女儿五音不全不能唱，我们俩就练《痛说革命家史》的念白，我当李奶奶，她当铁梅，练好了以后还在聚会时表演。得知高老师仙逝的消息后，我们俩在家演《痛说革命家史》的念白，并做了录音，以表达对"李奶奶"的怀念。

三、从"李奶奶"到京剧传统戏

我上小学时,家里买了人民出版社1970年版的《红灯记》,可以随时翻看;从收音机里也老能听到"李奶奶"的唱段。刚来美国时,听不着《红灯记》还挺别扭。回国探亲时,我从西单图书大厦买了《红灯记》的录音带、VCD和卡拉OK MTV盘。这样,我在美国就可以边开车边听李奶奶,边做饭边看李奶奶。还用李奶奶唱段的MTV盘在卡拉OK聚会上唱。与大陆同胞在一起时,我常唱李奶奶的唱段。对于听着样板戏长大的人来说,唱词的内容已不重要,只是重温童年的记忆。但对于来自不同成长背景的华人来说,听着《血债要用血来偿》"容易血压高,心跳得快"。

笔者保存的《红灯记》中李奶奶的录音带、VCD和卡拉OK MTV盘

为了入乡随俗,照顾周围人的感受,我慢慢地试着学唱传统戏中的老旦。李多奎太难模仿了;李鸣岩也难以学到位;赵葆秀、袁慧琴相对来说稍容易一点,但我对剧情不了解,只是简单模仿。我还试着唱老生唱段《三家店》、《沙桥饯别》(孤王在长亭把旨传),都不那么自在如意。需要艰难地模仿、刻意地练

习。每次练习这些时,偶尔在网上、文章、视频中看到李奶奶,我就不由自主地唱起来、念起来没完没了,忘了本来想练习的了。我对传统戏的流派分不清,唱得好坏也不能鉴别。但只要是李奶奶的唱段,不管是春晚还是戏曲晚会,不管是哪个明星模仿李奶奶,我都能挑出错字、多字、少字,也能鉴别够不够味儿,因为李奶奶高玉倩的标准样本我听惯了,刻在脑子里了。我学图书馆专业,是中国《古籍著录规则》和美国《中文善本书编目规则》的编者之一。用图书馆的术语来说,高玉倩老师的唱白,就是饰演李奶奶的"国家标准和规则"。

我弟弟是个戏迷。三十多年中,他不断给我讲解京剧传统戏的知识,与"李奶奶"高玉倩有关的内容几乎是一个不落地转给我。日积月累,我查阅了不少资料、听了一些戏、参与了与京剧有关的活动。2017年,我向来普林斯顿演出的史依弘展示了普大所藏马连良唱片;2018年,我看了普大学生在中国学京剧之后的汇报演出,协助王展云老师完成了"王金璐家庭京剧口述"的国际研讨会论文。即使是参加与京剧无关的活动,也得益于学京剧的训练。2018年圣诞节前,图书馆组织小合唱,分高低音部唱英文歌。我对指挥说:我不识五线谱,小学时唱过京剧,是用听的方法学唱。我在10天内,把三首歌听了上千遍,竟然跟着唱了下来。还是学唱《红灯记》李奶奶时的办法帮了我。

得知高老师仙逝的消息后,我在家一遍遍地唱着李奶奶的唱段,说着李奶奶的道白,并且录了音。我还在图书馆,唱了一段与图书相关的李奶奶的唱段:"我一家饥寒交迫度时光,三代人都不识字,哪里有书在家中藏。"我不用准备,不用回忆,张口就来,不打磕绊。儿时的记忆是刻骨铭心、融化在血液里的。

四、跟"李奶奶"学做人

小时候我父亲一个人80多块钱的工资养活家里六口人,生活艰苦。我们几个小孩就从南小街饭馆、纸箱厂、官园武装部倒的炉灰里拣煤核,能省下每年冬天的16块钱煤火费。我爸说我们是"提篮小卖拾煤渣""穷人的孩子早当家"。母亲把做的好吃的和邻居分享,特别是和隔壁常大奶奶家来往密切。我妈说"有堵墙是两家,拆了墙咱们就是一家子"。

到了美国后,困难时唱唱"打渔的人经得起狂风巨浪,打猎的人哪怕虎豹豺狼";看到不择手段发不义之财的现象,唱一句"我看那富贵荣华如粪土,穷苦人淡饭粗茶分外香";朋友之间需要帮助时,念叨着李奶奶对铁梅的嘱咐"要尽力照顾他们"。

我在不少聚会中都唱过李奶奶的唱段,对剧情含义在不同阶段有着不同的理解。看着美国夫妇领养中国小孩所展现的非血缘大爱,我联想到李奶奶、李玉和、李铁梅不止两代,而是三代人毫无血缘关系,"十七年教养的恩深如海洋";看着社区为饥饿儿童捐罐头食品,我联想到李奶奶给隔壁饿哭的小孩送点儿吃的;看着退伍军人节纪念捐躯者,我联想到李玉和、李奶奶的民族气节和大义凛然。

1990—2018近三十年中,笔者在海外演唱着《红灯记》李奶奶的唱段

高玉倩老师小时候在中华戏曲学校学戏,受过严格的传统京剧训练,尊师、谦卑、忘我,90多岁临去世前嘱咐儿子"不要惊动别人"。为了《红灯记》这出戏,从旦角改唱老旦,塑造了铭刻于观众之心的"李奶奶"形象。《红灯记》剧组演员,在荡涤政治干扰后,留下了精湛的艺术、高尚的品德。京剧之成为国粹,因一代又一代的人倾注毕生心血;从事京剧受人尊重,因一代又一代的演员们恪守行规。京剧界创造了许多吉尼斯纪录,至今仍有身怀绝技、身居平房陋室的国宝级专家。他们应得到更多关注、保护和扶植。但愿中国的国粹、中华艺术精品不因老一代艺术家的离去而渐渐消失。

在特定历史环境下,样板戏《红灯记》在几亿人心中留下了深刻印象,影响了一代人几十年的生活。2019年撰写此文时,我的小学老师李津津、小学同学陈丁也都对《红灯记》的事儿记忆犹新。我就是这其中的一名观众。台上台下的"李奶奶"高玉倩老师活在我心中。

哈佛燕京图书馆的东亚数字人文项目

◎涂丰恩[①]　杨丽瑄[②]

摘　要：

　　近年来有越来越多的在线数据库和工具,供东亚人文社会科学领域的学者使用,这些新资源为人们进行研究的方式带来了深刻的影响,但也给大学图书馆带来了挑战。数十年来,世界各地的图书馆通过将馆藏数字化,并采取开放近用的政策,为这一发展做出了巨大贡献。但数字化只是图书馆为改善其服务而做的诸多工作之一。面对资讯技术为整体研究环境带来的巨大转变,图书馆也需要协助教师和学生探索新领域,寻找新方向。在本文中,我们将介绍哈佛燕京图书馆在过去几年中,为了在东亚研究的数码学术方面发挥更加积极的作用,所做的努力与尝试。比如我们为研究人员创建平台,让他们交流思想,分享经验,展示正在进行的项目,共同讨论在线资源、工具和数码学术的方法。透过这些介绍,我们会说明,在数字人文的时代,图书馆不只是存储书籍的空间,也是学者与知识对接的媒介。

关键词：

　　开放近用；数字人文；哈佛燕京图书馆；数字化；中国哲学书电子化计划；中国历代人物传记资料库

[①]　涂丰恩,美国哈佛大学东亚系博士,美国哈佛燕京图书馆博士后研究员。
[②]　杨丽瑄,美国哈佛大学哈佛燕京图书馆公共服务与东亚数码学术馆员。

East Asian Digital Scholarship Programs at the Harvard-Yenching Library

◎ Feng-en Tu   Sharon Yang

Abstract:

Nowadays we see increasing numbers of online databases and digital tools available for scholars in East Asian humanities and social sciences. These new resources have brought profound impact on the ways in which people conduct research, but they also brought challenges to the academic libraries. In the past decades, libraries around the world made a tremendous contribution to this development by digitizing many of their rare and unique collections, and by promoting the idea of Open Access (OA). But digitization is one of many things that the library can, and should, do to improve its service. What the library really needs to do is to help faculty members and students to navigate through the massive transformation of the research environment brought about by digital technologies. In this paper we introduce endeavors that the Harvard-Yenching Library made in the past few years to play a more proactive role in developing digital scholarship of East Asian studies. One of the things we do is to create a platform for researchers interested in digital resources, tools, and methodologies to exchange ideas, share experience, showcase ongoing projects, and address their needs. As we will argue in the paper, the library should see itself not only as a space where the books are stored but also as a medium through which scholars and knowledge can connect.

Keywords:

Open Access; Digital Humanities; Harvard-Yenching Library; Digitization; Ctext.org; China Biographical Database

一、前言

自 2000 年以来,"开放近用"(open access,简称 OA)的概念成为学术界热烈讨论的话题。以科学界为首,不少学者纷纷投入推广"开放近用"的活动当中,希望将学术研究的结晶从象牙塔中解放出来,促进知识的流动与传播。从 2002 年 2 月的布达佩斯"开放近用"提议(Budapest Open Access Initiative)到今天为止,我们已经看到为数可观的单位,以不同方式支持这项活动。哈佛大学在其中也起到了积极的作用，"开放近用"活动中的要角彼得·苏贝尔（Peter Suber）目前担任哈佛学术传播办公室（Harvard Office for Scholarly Communication）主任，积极将全校学术研究成果予以开放，提供给公众利用，可为例证。

"开放近用"早期的目标，大多是将学者们的研究论文在网上公开，便于各界人士取用阅读，但随着活动的发展，学者讨论的"开放近用"，已不再局限于研究成果，还包括了研究过程中使用的原始资料及研究工具。这项观念上的改变，反映当代数字科技对学术研究更为全面性的影响。在本文中，我们将以哈佛燕京图书馆近年来的实践为例，探讨大学图书馆在这些转变中的作用与位置。

过去几年，哈佛燕京图书馆参与了两项哈佛校内学者所推动的数字人文计划，其一是由包弼德（Peter Bol）领导的中国历代人物传记资料库（China Biographical Database，简称 CBDB）；其二是由德龙（Donald Sturgeon）博士建构的中国哲学书电子化计划（Ctext.org）。图书馆所扮演的角色，包括取得建置资料库与工具所需的资料，协助清理和统整，并厘清资料使用的权利范围等。在本文中，我们将介绍这些实践的过程与经验，包括其中所遭遇的困难，以及尚未解决的问题。从这些实践经验中，我们希望提出的论点是：图书馆不需要将商业与开放的资料库或工具，视为非此即彼的对立关系，也不需要期待"开放近用"可以解决所有的问题；相对地，在多种数字资源并存的环境当中，图书馆可以采用的策略是借由积极地鼓励和协助学者建设开放数字人文工具，同时要求商业公司提供更具有效益的服务，让两者相辅相成，创造出一个更理想的数字研究环境。

二、哈佛燕京图书馆及其收藏

哈佛大学的图书馆系统目前由 70 多个大小不同的图书馆组成，哈佛燕京图书馆是其中之一。如果以藏书量来计算，在校内，它目前是全校第三大的图书馆，仅次于总馆怀德纳图书馆（Widener Library）与法学院图书馆。它也是西方国家最大的东亚图书馆之一,截至 2018 年收藏超过 150 万册藏书,其中包含中文书 90 多万册、日文书 37 万多册、韩文书 20 多万册,另外还有西文以及越南文、藏文、满文、蒙古文等文字的书籍。

哈佛燕京图书馆的历史可以追溯到 1879 年,一位来自浙江宁波、名叫戈鲲化的中国学者,应邀到哈佛大学开设中文课程,后来他为这门课程购买的书籍留在校内,成为哈佛中文藏书的起点。至于日文藏书的起点,则是 1914 年,两位东京帝国大学的教授——姊崎正治(Anesaki Masaharu)与服部宇之吉(Hattori Unokichi)到哈佛教授佛学与东方文化,他们所捐赠的一批日本汉学和佛教出版物。此后,哈佛校内对于东亚历史与文化的研究逐渐增加,这也反映在校内的藏书之上。比如 1921 年知名的语言学家赵元任到哈佛任教,期间就为校内添购了不少图书。

但哈佛燕京图书馆作为一个独立的图书馆,则要算到 1928 年。当时哈佛燕京学社(Harvard-Yenching Institute)甫成立,同时建立了一座汉和图书馆,并由裘开明担任第一任馆长,成为了今天哈佛燕京图书馆的前身。当时哈佛燕京学社在美国铝业大王查尔斯·马丁·霍尔(Charles Martin Hall)遗产的支持下,得以快速扩大藏书的规模,藏书量很快就超过了十万册,同时收藏的内容也更为多元丰富,这也有赖许多学者的协助,如知名的汉学家伯希和(Paul Pelliot)与钢和泰(Alexander von Staël-Holstein),后者精通梵文与藏文,著名中国史学家陈寅恪也曾向他学习。钢和泰为图书馆添购了藏文的资料,而他生前的许多书信,如今还保留在哈佛燕京图书馆内。图书馆收藏与校内学术研究的进展是分不开的,除了前述的藏文收藏外,后来担任哈佛教授的著名内亚学者柯立夫(Francis Woodman Cleaves)与弗莱彻(Joseph Fletcher)也为哈佛燕京图书馆添购了满文与蒙古文资料的收藏。

起初,哈佛燕京图书馆的收藏集中在东亚的文史哲等人文学科,但在第二次世界大战之后,收藏的视野也逐渐扩展到社会科学方面的书籍,甚至是部分的自然科学书籍。这和美国社会科学界对于东亚研究兴趣的增加是密切相关的。美国的基金会在 20 世纪 60、70 年代曾经提供大量经费,挹注这方面的研究,而哈佛是受到资助的重点单位之一,不仅在相关课程上有所进展,图书馆的购书经费也因此提升。1965年就任第二任馆长的吴文津先生，对于推动这样的发展也有着重要贡献。自1951年起，哈佛燕京图书馆也开始收藏韩文书，而越南文的藏书，则要到1973年方才开始收藏。

1965年，原来的哈佛燕京学社汉和图书馆正式改名为哈佛燕京图书馆，另外在1976年，图书馆从哈佛燕京学社转移到哈佛大学图书馆，虽然在经费和组织上仍然与哈佛燕京学社有着密切联系，但运作上则成为全校图书馆系统的一环。1998年，现任郑炯文馆长接任后，除了持续推动馆藏量与服务的提升外，也大力挹注电子资源的发展，包括馆藏的数字化与相关服务。

哈佛燕京图书馆的馆藏，除了数量庞大之外，也有许多珍贵或特殊的藏品，如中文善本就有4200多部，日文善本书3000多种。另外还有许多个人档案或资料集，著名者如蒋廷黻资料集、洪业档案、费吴生档案（George A. and Geraldine Fitch Archives）等，此外还有许多零星的手稿、日记、照片等，其中不少都已经进行内容的编目，可供学者参照与进一步研究。

三、持续中的数字化工程

十多年前，哈佛燕京图书馆开始了几项数字化的计划，将重要馆藏转变为数字格式，以便世界各地的学者访问和使用，这是属于哈佛大学图书馆早期数字化工作的一环。早期项目多半聚焦在馆藏照片，如赫达·莫理逊中国老照片，1933—1946（Hedda Morrison Photographs of China）与克劳德·毕敬士中国穆斯林老照片（Rev. Claude L. Pickens, Jr. Collection on Muslims in China）。前者来自德国出生的摄影师莫理逊（Hedda Hammer Morrison），她在20世纪30至40年代居住在北京，通过影像的方式，她记录了当时中国北方的风景，还有中国人的社会风俗与活动；后者则是20世纪20至30年代之间，关于中国穆斯林的照片。毕敬士是一名传教士，他在两次世界大战的间歇期到了中国工作，同时也开始调查中国境内的穆斯林文化，留下了这些珍贵的影像记录。

而后，哈佛燕京图书馆又开始与各地单位合作，包括"中央研究院"傅斯年图书馆、中国国家图书馆、韩国国家图书馆等,并寻求不同单位的资金资助,将馆藏中日韩文的善本数字化,前前后后分成了 30 个大小不等、各有焦点的计划。目前已经完成的计划如下:

(1)海映光中国穆斯林老照片(Carter D. Holton Photos Collection)

(2)宝卷(Chinese Bao Juan Collection)

(3)中文善本方志(Chinese Local Gazetteers—Shan ben fang zhi)

(4)中国旧海关资料(Chinese Maritime Collection)

(5)中文善本特藏——经、史部(中国国家图书馆合作项目)(Chinese Rare Books——Classics & History)

(6)中文善本特藏——丛部(Chinese Rare Books——Collectaner Section)

(7)中文善本特藏——集部(Chinese Rare Books——Collected Works)

(8)哈特教授藏书(Chinese Rare Books——Hart Collection)

(9)明清妇女著作(麦吉尔大学图书馆合作项目)(Chinese Rare Books——Ming—Qing Women's Writings)

(10)中文善本特藏——特大尺寸(Chinese Rare Books——Oversize)

(11)中文善本特藏——子部(Chinese Rare Books——Philosophy)

(12)韩南教授藏书(Chinese Rare Books——Prof. Hanan's Personal Collection)

(13)齐氏兄弟(齐耀琳,齐耀珊)藏书(Chinese Rare Books——Qi Brothers Collection)

(14)齐如山藏书(Chinese Rare Books——Qi Rushan Collection)

(15)中文善本稀见书目丛刊选目(Chinese Rare Books——Selected Literary Bibliographies)

(16)中文善本特藏稿钞本选辑(Chinese Rare Books——Selected

Titles from Unique/ Manuscripts)

（17）中文善本特藏——稿、钞、孤本（傅斯年图书馆合作项目）(Chinese Rare Books——Unique/ Manuscripts)

（18）民国时期文献(Chinese Republican Period Collection)

（19）大学讲义（Chinese Republican Period Collection——Lecture Notes ）

（20）中文拓片(Chinese Rubbings Collection)

（21）基督教传教士文献(Christianity Collection)

（22）大字报(Dazibao and Woodcuts from 1960s China)

（23）莫理逊中国老照片，1933—1946（Hedda Morrison Photographs of China）

（24）满文古籍(Manchu Rare Books)

（25）"满洲国"明信片(Manchuria Postcards)

（26）蒙古文古籍(Mongolian Rare Books)

（27）纳西东巴经（Naxi Manuscripts ）

（28）毕敬士中国穆斯林老照片（Rev. Claude L. Pickens, Jr. Collection on Muslims in China)

（29）和刻汉籍(Selected Titles from Japanese Rare Books in Chinese)

（30）韩文善本书（Harvard-Yenching Library Korean rare book digitization project，与奎章阁合作）

（31）韩文善本书（Harvard-Yenching Library Korean rare book digitization project ，与 Minsokwon 合作）

（32）韩文善本书（Harvard-Yenching Library Korean rare book digitization project，与韩国国家图书馆合作）

（33）韩文善本书（Harvard-Yenching Library Korean rare book digitization project，supported by Miyoung Lee and Neil Simpkins)

以上所有数字化的成果，都可以在哈佛大学图书馆的线上目录中查找，而且是采取"开放近用"的原则,无论是否具有哈佛大学校内人员的身份,都可以自由使用,我们也一直期待并鼓励来自世界各地的学者使用这些材料,这是根基于一种信念,也就是唯有这些珍贵的资料被多加利用,它们的价值才能够彰显。

历经多年的努力,2017年,哈佛燕京图书馆的中文善本书已经全部数字化完成,其中包括4000个书目,共计约50000册,前后耗时十年,期间曾经资助过这个计划的,包括蒋经国基金会、中国国家图书馆、广西师范大学出版社集团有限公司、中国社会科学院和浙江大学等。这是一个重要的里程碑,消息在网络上发布之后,更获得了中文学界的热烈响应。该消息不仅在脸书和微信上被大量地分享,同时被网络上的义工翻译成中文,中国的报纸或网络媒体也都推出相关的报导。我们秉持着开放的态度,延续着"开放近用"的基本精神,将学术作为公有财产提供给更多学者与社会上对知识有兴趣的读者使用。

在中文善本书的数字化完成之后,其他的数字化工作仍在持续进行,比如:

(1)中文旧方志(Chinese Local Gazetteer——Jiu fang zhi)
(2)费正清与赖世和教学投影片(John K. Fairbank and Edwin O. Reischauer Lantern Slide Collection)

以及其他的计划,都会在未来数年中陆续完成。

当然,众所周知,数字化只是图书馆面对新时代的众多工作之一,事实上,我们经常听到学者们抱怨,大量出现的数字资源,反而成为新的问题。的确,在信息超载的世界,研究者就和一般人一样,很容易迷失方向。我们经常遇到的另一个问题,则是这些工具并非针对东亚语言和相关资料设计的,因此时常需要额外的时间对此进行调整。这些新的问题也刺激着图书馆不断改善它们的服务方向。

四、学者的需求

在过去的几年里,随着越来越多的东亚研究学者投入数字人文的研究行列。因应着这样的趋势,哈佛燕京图书馆开始从数字化进入数字人文与数字学术的领域,协助学者在茫茫的数字资源大海中巡航,提供从资料的整理、分析到呈现等各个环节的支持。这是一项长期的工作,而目前哈佛燕京图书馆所做的是一个面对新时代长期转型的一些起步,这一转型的核心是继续为学术界与研究者提供一流的服务,我们相信在数字时代的挑战,不会归结为一个或几个简单的解决方案,而是需要探索知识生产未来的形式,并作出回应。

我们的计划可以用两个词来概括:协作和连接。我们希望,图书馆一方面可以作为连接的门户,让对于数字学术研究感兴趣的学者和学生可以相互联系,并在教学、学习和研究中,找到所需的资源。另一方面,我们希望通过网络与数字媒体,跨越国界,突显哈佛燕京图书馆在东亚研究的国际社群中能够起到的作用。我们相信数字人文应该也是全球人文。

2016年,哈佛大学的东亚语言与文明学系对其教师和学生进行了数字人文研究的相关调查,并形成一份报告。从这份报告中,我们得知,学者们常常觉得他们没有充分了解可以使用的工具,以及这些工具提供的可能性。一些受访者表示,学习数字人文的技能,是一个独立的"试错"过程,经常面对不知道投入的时间和精力能够获得多少回报的状况。更值得注意的是,多数研究生在面临数字人文研究的相关问题时,并不会第一时间就转向图书馆寻求帮助,或许显示了在多数人想像中,图书馆的定位还是相对传统的,与新颖的数字人文似乎有些距离与落差。

隔年,哈佛大学图书馆也就类似的主题进行了更大规模的调查,根据该报告,学者们认为他们需要更多的协助,以便熟悉数字学术研究工具和方法。目前哈佛校内并没有一个单独的数字人文中心或数字学术中心,因此服务大多分散在各处,也因此引起一些学者的抱怨。投入回报率的问题也一再被提起,有时学者会听说一个有趣例子,但对于实践过程的理解相对模糊,不确定需要投入多少时间才会带来回报。或者说回报会是多少。许多人都提到,希望校内能有专家懂得各种技术性的细节,更重要的是能够整合和消化,并适当地传达给前来求助的研究者。一位受访者说:"我不知道什么是我不知道的,但我不能花三天时间去参加一个工作坊,只为搞清楚这个问题。"好几位受访者则用"一站式服务"来形容他们的需求。此外,特定的工作坊或其他训练课程,也是需要的。他们也强调,在这些训练活动中,重要的不只是一些基本工具的描述和介绍,还需提供参加者数字人文背后的"概念框架"。

除此之外,一些学者强调创造一个数字人文社群的重要性,由于哈佛大学庞大的组织,许多学者或学生发现自己缺乏机会了解同事或同行的工作成果。如果图书馆能够适当地创造空间或创建网站,用来展示校内各种研究成果,那会十分受欢迎。其他人则希望图书馆能担负起保管数字人文计划的责任,让这些以数字化方式呈现的研究成果能够永久保存下去。当然,用什么方式保存,每位学者都有不同的意见。目前有一些学者还是采用自己的服务器,亦或是向外部的商业服务器租用(如亚马逊),这些服务似乎更为灵活,或更容易使用。

当然也有一些学者提出了其他意见,比如传统学术机构对于数字人文研究的怀疑、数字人文研究能否得到足够的认可(这将关系着年轻的学者、特别是尚未拿到终身聘的学者,是否愿意投入这个领域),其他诸如支援网络、资金等问题,也都在这次的调查中被提及。

五、燕京图书馆的实践

目前哈佛大学校内尽管有许多成员投入数字人文的研究,但并没有一个集中的数字人文中心。在这样的情况下,图书馆很大程度上需要回应上述数字人文学者们的需求。近来,哈佛大学图书馆提出了以下策略,以应数字时代学者们的需求,其中包括了几个方向,各个方向下面又有几个具体的目标。

作为哈佛大学图书馆的一员,哈佛燕京图书馆也依循着这样的大方向,推出或计划推出多项新服务,都是希望推进东亚研究领域中的数字学术研究。如同本文前面提及的,我们认为图书馆在推动东亚研究的数字学术研究方面,可以发挥更积极的作用。而且可以作为一个门户,让人们可以相互联系,同时图书馆应该鼓励跨学科、跨国界的合作。2016年9月起,我们启动了哈佛燕京图书馆论坛(Harvard-Yenching Library Forum)东亚数字人文系列(East Asian Digital Humanities Series,后改称East Asian Digital Scholarship Series)。该论坛专注于东亚研究的数字学术研究,迄今仍在延续当中。由于哈佛校内尚未为数字人文研究设立单一的机构,这个论坛就成为了校内少数聚焦于数字人文议题的平台。

这个论坛的目的是为数字人文学者创建一个交流思想、分享经验,同时展示各种进行中的计划的平台。每一次我们邀请一名不同背景的学者,针对他们当前的研究计划进行20分钟的演讲,而后开放讨论。活动迄今,每一场次都吸引了为数不少的与会者,而且背景十分多元。迄今举办过的讲座主题有:

(1) 在数字时代做东亚研究(Doing East Asian Studies in a Digital Age)

(2) 中国哲学书电子化计划简介(Introducing the Chinese Text Project)

(3) 中国古典文学与历史文本的文本分析(Text Analysis for Literary and Historical Texts in Classical Chinese)

(4) 用于拼接和读取的数据可视化(Data Visualization for Piecing and Reading)

(5) 数字人文主义者作为历史侦探(Digital Humanist as Historical Detective)

(6) 中国历史地理信息系统简介(The China Historical Geographical Information System——An Introduction)

(7) 我们是否需要数字人文学科的专业证书?(Do We Need A Professional Certificate in the Digital Humanities?)

(8) 数字人文工具的实验——两个北宋例子中的历史人物形象(Experiments with DH Tools——Representations of Historical Figures in Two Northern Song Examples)

(9) 图绘未知之径——对日本的旅行叙事的数字分析,1860—1920(Mapping Unbeaten Tracks——A Digital Analysis of Travel Narratives to Japan,1860—1920)

(10)地图、涂鸦、亲属——地理信息系统在后期朝鲜王朝(即李氏王朝,1392—1897年)圣山空间分析中的应用(1600—1900)(Maps, Graffiti, Kinship——The Use of GIS in the Spatial Analysis of a Sacred Mountain in Late Choson Korea (1600—1900))

(11)台湾人物传记资料库简介(Taiwan Biographical Database——An Introduction)

(12)参与式日本数字资源简介(Participatory Engagement with Japanese Digital Resources)

(13)首尔作为社会文化体验的空间(Seoul as a Space of Socioliterary Experience)

(14)数据与/在人文科学(Data and/in the Humanities)

(15)数字人文(东亚研究及其他领域)正在发生些什么?(What's Happening in Digital Scholarship (of East Asian Studies and Beyond)?)

(16)地理信息系统在历史聚落地理中的应用(The Application of GIS in the Historical Settlement Geography)

以上讲座涵盖了广泛的主题和领域。我们不仅邀请了教师,也邀请了研究生,还有许多来自世界各地的访问学者。同时,我们也希望兼顾中国、日本和韩国,历史、文学和视觉研究等不同的领域和范畴,以便人们可以从相关领域中学习和获取灵感,跨学科的对话往往特别有成效。我们的想法是:图书馆不再仅仅是人们查找书籍的空间,它也应该是人们交换意见和发现的地方。

除了系列演讲外,我们也建置了相应的网络空间,以提供重要的信息给相关研究者。过去数年哈佛燕京图书馆的馆员已经开发了数个线上的研究资源导航,包括:

(1)Research Guide for Chinese Studies

(https://guides.library.harvard.edu/Chinese)

(2)Research Guide for Japanese Studies

（https://guides.library.harvard.edu/c.php? g=310291）
（3）Research Guide for Korean Studies
（https://guides.library.harvard.edu/c.php? g=310159）

这些研究导航持续地更新，以协助读者跟上最新的线上与线下资源。在前述的活动之后，我们则进一步建设了东亚数字人文实验室（East Asian Digital Scholarship Lab，https://guides.library.harvard.edu/EADH），搜罗相关的线上资料，并展示各地正在进行的或已经完成的数字人文的计划。与过去的研究导航有些不同，在这个新站中，我们根据人文学者一般研究的历程来组织资源，也就是从搜集和管理资料与数据开始，而后进到分析与呈现等步骤。我们希望持续地扩充这个线上导航系统的内容，让未来有意进行数字人文研究的学者与学生，都能在此处找到所需的资源或参考的资料。

我们也在这个站上展示小型数字人文计划，比如将利用开放的时间轴工具，将莫理逊中国老照片中的时间与空间信息，予以视觉化。我们在以上计划中所使用的工具，大多来自西北大学的 Knight Lab（https://knightlab.northwestern.edu/），在过去数年内，这个团队开发了数个开放型资源的工具。透过这些示范型计划的展示，我们希望传达的是，目前已经有许多免费的开放型资源，而且易于使用，一旦使用得当，可以产生出令人意想不到的结果。

东亚数字人文实验室原本定位为一个虚拟的、线上的实验室，但自2018年开始，我们在哈佛燕京图书馆内部也成立了一个数字学术小组，并在图书馆内规划一个新的空间给小组使用。这显示了数字时代对于图书馆带来的影响，并不局限于虚拟世界，而是从线上延伸到了线下，这也代表有许多方面的工作都值得再重新思考。

五、图书馆与数字人文

随着数字人文的发展，不少人文学者都投入了文本挖掘或数据挖掘等领域的研究，这些研究必须奠基于大量的数据或资料之上，但对学者而言，如何取得这样大量的研究资料,本身就是一个挑战。显然,如果不能先获取资料,那么后续的数字人文研究是不可能开展的。如同前面所说,过去包含哈佛燕京图书馆在内的各大小图书馆,花了不少时间与精力将馆藏数字化,但我们也意识到这样的成果,对于数字人文学者而言还是不够的。

传统上,大学图书馆为服务学者研究上的需求,会负责挑选并向供应商订购适合的资料库或相关研究工具。但近年来,在数字典藏与数字人文的影响下,不少学者与学术团体,不再倚赖商业公司,而是自己投身资料库与工具的建置,因此创造了各种规模不一的数字研究资源。

从图书馆的角度,这样的趋势带来的不同的变化:第一,图书馆与资料库之间不再只是单纯的采购关系,很多时候,图书馆也会参与学者的计划,共同参与资料库与研究工具的建置。但在这样的合作关系中,图书馆应该参与的程度以及可以提供的服务,是近年来经常被提出的问题;第二,学者所建置的资料库或数字工具,虽然经常是免费开放使用的,但也因为如此,在品质与长期维护上,可能无法与商业资料库相提并论,对于长期面临经费压力的图书馆而言,如何在这两者之间决定资源的配置,成为一个重要的新问题。

从哈佛燕京图书馆的角度,我们将自己定位为个别的研究人员或计划,以及内容或工具的提供方(包括商业公司和学术机构)之间的桥梁。我们意识到,在数字人文的发展中,图书馆仍发挥着一些独特的、甚至是其他单位难以取代的作用。以下我们介绍两个近期哈佛燕京图书馆所推行或参与的计划。

第一个是"中国哲学书电子化计划"(CText.org),这是由德龙(Donald Sturgeon)博士一手创办和建立的线上开放电子图书馆,其中收录中国历代的文献,根据网站的统计,目前收藏的文本"已超过三万部著作,并有五十亿字之多"。几年前德龙博士来到了哈佛大学工作,哈佛燕京图书馆也有幸开始与他展开合作。我们将数年来陆续完成的五百多万页中国古籍数字资料提供给"中国哲学书电子化计划",再通过文字识别(OCR)的技术,将这些古籍图像转化为可以检索的全文形式。由于古籍版型各不相同,字型也各有差异,为文字识别的过程增添了许多困难,其间图书馆方曾经与德龙博士多次开会讨论,希望通过一部分人工的介入,提高全文的品质。同时德龙博士也通过技术的改良,提高自动辨识的准确率。如今这个计划的成果已经进入"中国哲学书电子化计划"的网站当中,包括哈佛燕京图书馆所提供的影像以及全文,尽管文字识别的结果仍然不能百分之百地准确,但已经足以完善"中国哲学书电子化计划"的整体内容,也能提供基本的检索功能。

对于"中国哲学书电子化计划"的支持,也是表示我们对于开放式资料库的支持,因为这与哈佛燕京图书馆的原则是一致的,我们相信更多的开放可以提供更多学术探索的机会和可能。过去数字人文的研究者经常面临需要大量资料,但却无从取得的窘境,图书馆作为重要的内容拥有者,应该可以在这一点上提供支持。为了在这方面持续努力,从 2018 年开始,我们也与图书馆内的电脑技术人员开始合作,在上述的成果之上更进一步,在校内的目录系统加入全文检索功能。

我们要提及的第二个例子是相当知名的"中国人物传记资料库"(China Biographical Database Project,简称 CBDB),这同样是一个开放线上资料库,其中包含超过 420000 条的人物传记资料以及其人物关系。"中国人物传记资料库"背后的主要推动者是哈佛大学中国史教授包弼德(Peter Bol),"中央研究院"历史语言研究所与北京大学也都参与了此计划。早期"中国人物传记资料库"的资料来自郝若贝(Robert Hartwell)个人搜集的资料,但随着资料库的成长,"中国人物传记资料库"也将搜集资料的范围延伸地更广。"中国人物传记资料库"的资料部分是由人工建立的,但近年来团队工作人员也开始发展和增加自动化的技术,希望通过电脑科技,自动撷取大型文本中的信息,作为建设资料库的素材。

哈佛燕京图书馆的人员近年来也以不同方式参与"中国人物传记资料库"的建设。显然,要建设这样一个庞大的资料库,背后需要大量的原始资料支持。为了支持这个项目,图书馆的人员开始与校园法律人士合作,并与内容供应商就文本和数据挖掘权利进行讨论,我们希望找到一个解决方案,在法律许可的范围之内,让学者与内容供应商能够同时接受并且从中获益。对于图书馆和供应商,这实际上是一个非常新的领域,对双方都是一个挑战,我们需要反复地讨论,并确认彼此对于所谓文本和数据挖掘的认知是一致的。双方都需要确定这样的权利与所订的价格之间是否合理,并且在契约中加入条款,明文规范。当然,并非所有的内容供应商都能接受这样新的合作方式,也曾经碰到供应商对于文本和数据挖掘的理解与学者和图书馆有所不同,因此产生了误解的情形。但无论如何,图书馆有责任解决这样的问题,通过持续与内容持有者的协商,确保学者能够获得他们需要的研究资源。这是图书馆在知识生产上一直发挥的重要作用,未来也将以这样的方式继续。

六、结语

在结束本文之前,我们希望可以再谈谈"合作",特别是学者和图书馆员之间的合作。当然,这议题有点老生常谈,但我们应该继续鼓励和支持开放式的数据库和工具,不能只是口惠而实不至,而是需要提供实质性和体制性的支持。我们需要建立一个生态系统,鼓励从事开放资料库和工具建置的学者。从前文中我们可以看到,从事这方面工作会面临的实际问题,而哈佛燕京图书馆希望借由实质的行动,解决其中的一部分问题,特别是在资料的取用上。

但我们要强调,支持开放的资料库与工具,并不意味着我们应该拒绝商业资料库或供应商,这两者并非对立关系。事实上,哈佛燕京图书馆每年仍然有相当的经费投入在商业资料库或相关工具的订购上。但对于开放资料库的支持,意味着我们对于商业和封闭型的资料库与工具有着更高的期盼,当免费的工具已经可以解决基本的问题,付费的工具则应该解决更复杂的问题,这样才能彰显其价值。过去几年内,因为商业资料库价格不断地上升,已经在图书馆界引起不少议论,我们认为,以这种原则来规划工作,应该是比较合理的。

同样的,我们也需要思考长期保存的问题,因为数字人文的学术成果比想像中的更为脆弱。一本印刷书完成并进入图书馆收藏之后,可以保存很久,但数字化的资源则非如此。过去,人们依赖图书馆来保存书籍,也是借此保存知识,但在未来越来越多研究成果以数字化方式呈现时,图书馆是否还扮演这样的角色,或者应该如何发挥其作用,仍然是一个需要多方尝试和讨论的议题。毕竟,没有人希望看到他们的作品从世界上消失。

在过去十多年的时间里,哈佛燕京图书馆将其许多稀有而独特的藏品放在网络上，而且不多加限制，向全世界开放。数字化让来自全世界的使用者，可以在不亲自访问图书馆的情况下使用这些馆藏，也让图书馆能够接触大学校园以外的读者，这意味着我们的服务范围已扩展到哈佛以外，与国际的东亚研究社群对话。数字技术带来了新的发展，也带来了新的挑战，敦促着我们寻找新的工作和服务方式。

中国研究图书馆员学会章程

一、宗旨

中国研究图书馆员学会(以下简称"学会")是一个在美国注册的非盈利、非政治的学术组织。其宗旨在于为海内外的中国研究图书馆员提供一个开展学术活动、交流专业经验、共享信息资源、促进合作的平台,借此推动以文献资源研究为主的中国研究的发展。

二、成员

1. 学会由中国研究图书馆员或非中国研究图书馆员但有兴趣从事中国文献资源研究者志愿加入组成。

2. 学会成员缴纳一次性入会费180美元,无年费。

3. 学会会员享有参加学会活动、决定会务、选举和担任职务的权利。所有会员地位平等,机会均等。

三、组织结构

1. 学会由执委会和下属五个委员会组成。执委会含主席和六名执委。主席负责全面工作,执委分任执行长和委员会主任。

2. 执委会候选人可自荐或推荐,经会员投票当选,任期两年。得票最多的当选执委为主席,主席不能连任。执委连任最多不超过两届。

3. 当选主席委派当选执委分任执行长,总务委员会、学术委员会、专业委员会、信息委员会和学刊委员会主任。委员会主任邀请学会会员任各委员会委员。委员会人数不限。

4. 执行长协助主席处理全面工作,总务委员会负责财务、会员入会、选举、年会等事务,学术委员会负责各项学术活动,专业委员会负责专业交流与合作,信息委员会负责网站、会员通讯和数据库建设,学刊委员会负责学刊编辑和出版。

5.学会力求发挥所有会员的积极性。在本人同意的前提下,学会将邀请所有会员加入不同的委员会。

6.学会设立顾问委员会。顾问人选由执委会决定,任期两年,可以连任。

四、学会活动

1.学会每年举办一次年会。年会由总务委员会和年会举办地的会员共同组织。年会内容包括工作总结、未来规划、会务讨论和联谊活动。

2.学会的学术活动由学术委员会负责,主要为合作研究项目和举办学术会议。研究项目由会员个人提议,学术委员会立项配合。学术会议可由学会单独组织,亦可与其他团体共同举办。

3.专业委员会协调学会的各项专业活动,包括学会会员的业务交流、组团出访、对外讲学等活动。

4.信息委员负责设立与维护学会网站、发行会员通讯、编辑会员名录,并建立和更新数据库。

5.学会的会刊为《天禄论丛》,由学刊委员会负责。

6.学会将积极展开与其他学术团体的交流与合作。

五、章程修订

本章程的修订需经三分之二以上的会员表决通过。

2010年3月23日于美国宾州费城

Constitution of the Society for Chinese Studies Librarians

I. Mission

The Society for Chinese Studies Librarians (the SCSL thereafter), registered in the United States, is a non-profit, non-political academic organization aimed at promoting scholarly activities, professional exchange, information sharing, and project cooperation among Chinese studies librarians, so as to make contributions to China studies in general and to Chinese resources study in particular.

II. Membership

1. The SCSL members are Chinese studies librarians who join the organization of their own free will. The SCSL also accepts applicants who are not Chinese studies librarians, yet possess a strong interest in conducting research on materials related to China studies.

2. The SCSL members pay a one-time entry fee of $180 to be officially affiliated with the organization. No annual membership fee is required.

3. The members enjoy the privileges of participating in SCSL activities, playing a role in decision—making, voting in important matters, and serving as officials of the organization. All members are entitled to equal rights and equal opportunity in the organization.

III. Organizational Structure

1. The SCSL is composed of a board of directors and five working

committees under the board of directors. The board of directors is made up of the president and 6 board directors. The president is in charge of general SCSL affairs. The 6 board directors assume the positions of Executive Director and chairs of 5 working committees respectively.

2. The SCSL members can self-nominate or nominate others for candidacy for the board directorship. The election of the board directors is decided by a vote of all of the members. The tenure of the board directors is two years. The elected board director who receives the most votes will serve as the SCSL president. The SCSL president can serve only one term; the board directors can serve for a total of no more than two consecutive terms.

3. The president-elect assigns the board directors-elect to be the general secretary or to chair a working committee. There are a total of 5 working committees, i.e. the committee for general affairs, the committee for scholarly activities, the committee for professional activities, the committee for information exchange, and the committee for the SCSL journal. The committee chairs will in turn invite the SCSL members to join the working committees. There is no limit for the size of each committee.

4. The Executive Director assists the president for general SCSL affairs. The committee for general affairs is responsible for the SCSL finances, new member admissions, elections, and annual membership meetings. The committee for scholarly activities is responsible for academic events. The committee for professional activities is responsible for professional cooperation and outreach. The committee for information exchange is responsible for the SCSL website, newsletters, and database construction. The committee for the SCSL journal is responsible for the publication of the society journal.

5. The SCSL encourages the full participation of all members. On the premise of personal agreement, the SCSL will invite all members to join one of the five committees.

6. The SCSL sets up an Advisory Committee with its members decided by the board of directors. The term for an advisor is two years, and could be reappointed as the board sees appropriate.

IV. Activities

1. The SCSL holds a membership meeting once a year. The annual meetings are jointly organized by the committee for general affairs and the local members of the cities where the annual meetings will be held. The agenda of the annual membership meeting includes work reports, future plan reviews, general affair discussions, and member networking.

2. The committee for scholarly activities is responsible for organizing the SCSL academic activities, including cooperative research projects and academic conferences. Research projects may be initiated by individual members, and approved and coordinated by the committee for scholarly activities. Academic conferences may be held independently by the SCSL or in cooperation with other organizations.

3. The committee for professional activities coordinates professional activities among the SCSL members, including but not limited to professional exchanges, overseas visits, lectures and workshops.

4. The committee for information exchange is responsible for setting up and maintaining the SCSL website, publishing newsletters, compiling the SCSL member directory, and constructing and updating databases.

5. The *Tianlu Luncong* is the academic journal officially published by the SCSL. The committee for the SCSL journal is responsible for its publication.

6. The SCSL actively seeks cooperation and partnership with other academic organizations.

V. Revision of the Constitution

Any revisions to the constitution must be voted and approved by two thirds of the SCSL members.

March 23, 2010, Philadelphia, PA, United State of America